西方供给侧经济学译丛

欧美经济学家论供给侧

20世纪80年代供给侧经济学研讨会会议纪要

Supply-side Economics in the 1980s: Conference Proceedings

米尔顿·弗里德曼（Milton Friedman） 詹姆斯·M. 布坎南（James M. Buchanan） 等著
托马斯·J. 萨金特（Thomas J. Sargent）

亚特兰大美联储银行 埃默里大学法律与经济中心　赞助

武良坤　译

上海财经大学出版社
SHANGHAI UNIVERSITY OF FINANCE & ECONOMICS PRESS

本书为上海市新闻出版专项资金资助项目

图书在版编目(CIP)数据

欧美经济学家论供给侧:20世纪80年代供给侧经济学研讨会会议纪要/(美)米尔顿·弗里德曼(Mileon Friedman)等著;武良坤译. —上海:上海财经大学出版社,2018.1
(西方供给侧经济学译丛)
书名原文:Supply-side Economics in the 1980s:Conference Proceedings
ISBN 978-7-5642-2757-9/F · 2757

Ⅰ.①欧…　Ⅱ.①米…②武…　Ⅲ.供应学派-文集　Ⅳ.①F091.352.4-53

中国版本图书馆 CIP 数据核字(2017)第 140833 号

□ 策　　划　黄　磊　陈　佶
□ 责任编辑　袁春玉
□ 封面设计　杨雪婷

OUMEI JINGJIXUEJIA LUN GONGJICE
欧 美 经 济 学 家 论 供 给 侧
——20世纪80年代供给侧经济学研讨会会议纪要

米尔顿·弗里德曼
(Milton Friedman)

詹姆斯·M. 布坎南　　　等著
(James M. Buchanan)

托马斯·J. 萨金特
(Thomas J. Sargent)

亚特兰大美联储银行
　　　　　　　　　　　赞助
埃默里大学法律与经济中心

武良坤　　　译

上海财经大学出版社出版发行
(上海市中山北一路369号　邮编200083)
网　　址:http://www.sufep.com
电子邮箱:webmaster @ sufep.com
全国新华书店经销
上海叶大印务发展有限公司印刷装订
2018年1月第1版　2018年1月第1次印刷

710mm×1000mm　1/16　18.25印张(插页:1)　328千字
印数:0 001—3 000　定价:49.00元

图字:09-2016-242 号

Supply-Side Economics in the 1980s:Conference Proceedings
The Federal Reserve Bank of Atlanta

Translated from the English Language edition of *Supply-Side Economics in the 1980s:Conference Proceedings*, by The Federal Reserve Bank of Atlanta, originally published by Praeger, an imprint of ABC-CLIO, LLC, Santa Barbara, CA, USA. Copyright © 1982 by The Federal Reserve Bank of Atlanta. Translated into and published in the Simplified Chinese language by arrangement with ABC-CLIO, LLC. All rights reserved.

No part of this book may be reproduced or transmitted in any form or by any means electronic or mechanical including photocopying, reprinting, or on any information storage or retrieval system, without permission in writing from ABC-CLIO, LLC.

2018 年中文版专有出版权属上海财经大学出版社
版权所有　翻版必究

总　序

改革开放近40年来,我国国民经济发展取得了举世瞩目的巨大成就,初步实现了从集中决策的计划经济体制向分散决策的市场经济体制的平稳转型,并成功跻身于世界第二大经济体之列。同时,我们也必须看到,中国经济在发展过程中,由于改革的不全面、不彻底、不及时,也逐步累积了新的问题和新的矛盾。一方面,过剩产能已成为制约中国经济转型的一大障碍;另一方面,中国的供给侧与需求端的"错配"已非个案,总体上是中低端产品过剩,高端产品供给不足。

为此,2015年11月10日,习近平总书记在中央财经领导小组第十一次会议上正式提出实行"供给侧结构性改革"。这是中央在我国国民经济发展进入新阶段和新形势下提出的一项新的重要任务,随着改革的不断推进,其内容也在不断发展丰富。"供给侧结构性改革",顾名思义就是要从经济结构的供给端着手,针对我国经济发展中的供需结构性失衡问题,尤其是无效供给过剩,而优质供给不足,从去产能、去库存、去杠杆、降成本以及补短板这些结果导向的具体目标出发,解决经济发展中所面临的"瓶颈"。

当然,除了经济结构的失衡,中国还面临体制结构的失衡和治理结构的失衡。这三个失衡层层递进,经济结构的失衡是表象,体制结构的失衡是深层原因,治理结构的失衡是内在根源。这三个失衡问题如果得不到解决,中国经济还将会随着政策的松紧而不停上下波动,形成过去几十年来反复出现的一放就乱、一乱就收、一收就死的循环。因此,改革的目的,就是要矫正这三个结构性失衡,通过改革、发展、稳定、创新和治理"五位一体"的综合改革治理,提高社会生产力水平,实现经济社会的持续健康发展。

想要顺利推进供给侧结构性改革,实现我国经济的转型升级,会涉及许多重要方面,例如:产能利用率的调节,全要素生产率和经济增长质量的提升,要素配置扭曲的矫正,简政放权、减税降成本的具体落实,等等。显然,这是一项规模庞大且各环节关系错综复杂的系统性改革工程,另外,还必然会与经济增速、通胀水平、贸易差额、就业情况以及社会稳定等硬指标存在密切联系。在这一背景下,从理论角度,便对供给侧结构性改革政策的成熟性提出了非常高的要求;而从实践角度,也需要能在前人的基础上,有所借鉴,通过去其糟粕、取其精华,为我国的供给侧结构性改革保驾护航。

总体来看,经济发展存在其阶段性与规律性,而供需失衡的结构性矛盾是其主旋律。供给经济学正是针对这一矛盾,从供给侧入手,系统阐述经济失衡矛盾产生的根源及应采取的政策措施的西方重要经济学流派。作为20世纪70年代初才于美国出现的经济学"少壮派",却已经在美国里根执政时期、英国撒切尔夫人执政时期等发达国家经济发展的重要阶段大显身手,为其摆脱经济发展困境、重新注入发展动力,实现当时这些国家经济的二次腾飞,发挥了不可估量的作用。

供给经济学的形成有其必然性。当供需结构性矛盾日益凸显,而传统凯恩斯主义宏观经济调控手段失灵时,自然会促使有社会担当的经济学家、知识精英去重新审视问题的本质,探索全新的解决手段,其中就不乏阿瑟·拉弗、万尼斯基、马丁·费尔德斯坦等代表性人物,也形成了一批诸如"拉弗曲线"的经典思想。

供给经济学的核心要义可以归纳为:(1)经济失衡的原因在于产能利用率与有效供给不足,且两者的提升并不会造成通胀、阻碍经济发展;(2)应采取特定的减税政策,降低经济部门与劳动者的生产经营与纳税成本,为其注入经济活力;(3)应减少政府干预,即简政放权,促进自由市场竞争;(4)萨伊定律,即供给能自行创造需求是有效的,仍应注重对经济的供给端调节。如此看来,经济发展的进程有其惊人的相似之处,供给经济学无疑能为我国此轮供给侧结构性改革提供非常有价值的理论思想借鉴。

"他山之石,可以攻玉。"上海财经大学出版社此次精心筹划推出的"西方供给侧经济学译丛",准确把握住了中央大力推行供给侧结构性改革的理论需求,精准对接了中央顶层设计在学术层面的要求。

此套译丛包含6本供给经济学派代表性学者的重要著作:其一,对供给经济学理论体系做出了完整介绍,并注重阐述其思想要点;其二,回顾了一些发达国家的供给侧改革进程及曾面临的问题,以借鉴其宝贵经验;其三,以专题形式对供给侧改革中的关键抓手进行了富有启发性的深入探讨;其四,鉴于此轮改革中金融资本供给端的重要性,专选著作对此方面进行了分析。

《供给经济学经典评读》系统介绍了西方供给经济学的核心思想、理论基础及关键要义,很好地填补了国内系统了解学习供给经济学派方面的空白。同时,本书的一大亮点在于,其深入分析了美国和英国当时非常重要的供给侧改革事件,可以说,能很好地兼顾研究供给侧改革的读者在理论完善和案例研究方面的需要。在供给侧改革理论方面,本书开宗明义指出,供给侧改革需要对凯恩斯经济学模型做出修正,讨论了拉弗曲线模型的意义与适用性,以及如何在供给经济学中借助不断发展的计量经济学进行分析等一些需要明确的理论基础;在案例研究方面,书中探讨了美国总统里根为推行供给侧改革所施行的经济改革项目,供给经济学思想演化的完整脉络,以及什么才是真正合适的货币政策和财政政策等。本书难能可贵的一点是,不仅充分涵盖了供给经济学的全部重要理论,而且很好地将其与供给侧改革中的重要事件结合起来,实现了理论与实践并重。

1982年4月,在美国亚特兰大联邦储备银行召开了一次非常重要也颇为著名的供给侧改革会议。《欧美经济学家论供给侧——20世纪80年代供给侧经济学研讨会会议纪要》一书就是将当时会议中具有代表性的演讲文章按照一定顺序集结成册,为我们留下了非常宝贵的供给侧改革方面的学术研究资料。出席此次会议的人士中不乏经济学界泰斗,如米尔顿·弗里德曼、托马斯·萨金特、詹姆斯·布坎南等,也有美国当时的政界要员,如杰克·肯普、马丁·费尔德斯坦等。就本书内容的重要性而言,完全可以作为研究供给经济学的高级读物,甚至有媒体评论认为,应作为研究供给侧改革的首选读物。书中内容反映了在美国着力解决供给侧改革问题的过程中,经济学界顶尖大师的真知灼见。

《货币政策、税收与国际投资策略》是供给经济学派代表性学者阿瑟·拉弗与维克托·坎托的一部研究供给侧改革政策理论基础与实践效果的核心力作,通过对货币政策、财政政策、国际经济问题以及国际投资策略以专题形式进行深度讨论,重点阐述了刺激性政策和不利于经济发展的因素会如何影响经济表现;同时,书中探索了一套与众不同的研究方法体系,帮助读者厘清政府政策在经济中的传导路径。本书第一部分探讨了货币政策制定目标和通货膨胀相关话题;第二部分聚焦于对供给经济学的运用,分析了政府施加的经济刺激和约束性政策的影响;第三部分遴选了一些国际经济方面的热点话题,如贸易收支情况与汇率表现,展示了从供给侧视角进行分析所能得出的结论;第四部分着重讨论了资本资产税收敏感性投资策略,以考察供给侧经济学思想可以为微观投资者带来的优势。

减税，是供给经济学的一项重要政策主张。《**州民财富的性质与原因研究——税收、能源和劳动者自由怎样改变一切**》阐述了为什么在美国州一级减免税负会促进经济增长并实现财富创造。书中对税收改革的思路进行了充分讨论，揭示了即使是美国一些人口很少的州也能从正确的政策中获益颇丰。以拉弗为首的多名经济学家评估了美国各州和当地政府施行的政策对于各州相应经济表现和美国整体经济增长的重要影响，并以翔实的经济数据分析作为支撑。另外，对美国的所得税等问题进行了详细严格的考察，深入分析了经济增长表现以及由于不合理的税收政策所导致的不尽如人意的经济局面等话题；同时，采取了细致的量化分析，探讨了对于国家和个人金融保障会产生巨大影响的政策措施，具有很高的研究价值。

1982年，拉丁美洲的一些发展中国家曾爆发了严重的主权债务危机，《**拉丁美洲债务危机：供给侧的故事**》从供给侧角度对这一事件进行了全面且深入的回顾分析。当时，许多经济分析师都着重于研究债务国在经济政策方面的缺陷，以及世界经济动荡所造成的冲击，很少有将研究重点放在危机蔓延过程中该地区的主要债权人——私人银行——上面。作者罗伯特·德夫林则对拉丁美洲债务危机事件采取了后一种研究视角，基于丰富的经济数据资料，指出银行其实才是地区债务循环中不稳定的内生因素，当该地区发展中国家经济蓬勃发展时，银行会存在过度扩张问题，起到推波助澜的作用；而当经济衰退时，银行会采取过度紧缩措施，造成釜底抽薪的后果。本书的一大价值在于，揭示了资本市场供给侧状态及调节对于发展中国家经济稳定的重要性，所提出的稳定银行体系的措施具有现实性启发意义。

《**供给侧投资组合策略**》是阿瑟·拉弗与维克托·坎托基于供给经济学思想，阐述微观投资者该如何构建投资组合的一本专著。书中每一章会分别详细探讨一种投资组合策略，并检验其历史表现情况。具体的讨论主题包括：如何在供给侧改革的大背景下投资小盘股、房地产等标的，对股票市场采取保护主义政策会造成的影响，以及美国各州的竞争环境等。值得注意的是，本书在充满动荡和不确定性的经济环境下，明确指出了采取刺激性政策的重要性。书中的分析配备了大量图表数据资料，能帮助读者更直观地了解基于供给经济学理论构建投资组合的效果。

中央领导同志已在中央经济工作会议等多种场合反复强调，要着力推进供给侧结构性改革，推动经济持续健康发展，这是我国当前阶段要重点实现的目标。同时也应理性认识到，"工欲善其事，必先利其器"，改革需要理论的指导和借鉴。供给经济学虽形成发轫于西方发达国家的特定历史时期，当然基于不同的国情、国体,在了解学习其思想时,须持比较、思辨的态度;但是综合上述分析,显然供给经济学的诞生背景、力求解决的问题和政策主张,与我国经济发展在新形势下所要解决的问题以及政策方向有相当的契合度,这也在一定程度上,体现了经济发展阶段性与规律性的客观要求。

我们期待上海财经大学出版社此套"西方供给侧经济学译丛",与我国供给侧结构性改革实践,能够碰撞出新的思想火花,并有助于我国实现供给侧结构性改革这一伟大的目标。

是为序。

田国强

上海财经大学经济学院 院长
上海财经大学高等研究院 院长

序　言

难得我们有这样成熟的机会来组织一次全国性的经济研讨会。

供给侧经济学在美国的兴起，其实是一场意外。还没等大家如何把这个称呼与某个经济学学说联系起来的时候，刚在华盛顿执政的里根新政府就启动了立法程序，将供给侧经济学的原则法制化。

实际上，几十年来有很多人支持供给侧学说，其主要观点就是税率政策对储蓄、投资以及劳动力的影响。实际上，供给侧学说强调的是"供给"（或者说生产）方面的经济学，出现时间比强调消费（或者需求）方面的凯恩斯经济学要早。但是，在公众发现供给侧学说的前提条件成为国家法律制度前，它几乎还未经受过大量的学术争论。

在亚特兰大美联储银行，我们看到了组织一场经济论坛的必要性。这次大会汇集了全国优秀的经济专家，大家互相交流了关于正在兴起的供给侧经济学的看法。亚特兰大美联储银行董事会主席威廉·A.费克林（William A. Fickling, Jr.）、联储主席威廉·F.福特（William F. Ford）、研究员鲍勃·凯勒赫（Bob Keleher）还有本人都认为我们可以通过这次研讨会发布一份声明。这或许可以帮助我们澄清那些被忽略但又疑惑不解的问题。

埃默里大学法律与经济中心是一个促使律师和经济学家相互理解各自研究领域的机构，所以算是组织本次会议的一个理想的伙伴。法律与经济中心主任亨利·G.曼尼（Henry G. Manne）也非常赞同组织一个关于供给侧经济学的全国研讨会议。

通过近9个月的筹划，终于完成了本次会议。里根政府的政策制定者、2名诺贝尔经济学奖获得者、3名国会议员、企业界和学术界的经济学家，甚至还有1名来自英国专门探讨撒切尔经济计划的嘉宾都出席了本次会议。

本次会议于1982年3月17日～18日在亚特兰大希尔顿酒店召开，与会人数332人，包括银行家、企业执行官、学者代表等。来自全国各地的纸媒和广播媒体记者也参加了本次会议，他们将把会议上观察到的言论传播到各自的读者群和观众群。

里根政府认为供给侧经济政策是成功的，而我们的媒体专家团有时却不这么认为。考虑到本次会议的目的就是为供给侧经济学这个争议话题提供一个平衡的观点，所以媒体专家的反对也就变得自然而然了。但是，他们却不得不承认，通过一种经济学思想引发国内众多优秀的经济学专家彼此交流他们的看法，本次会议在这方面还是成功的。

媒体专家团的观点不一定代表亚特兰大美联储银行、美联储系统或者埃默里大学的观点。

唐纳德·L.科赫
（Donald L. Koch）
亚特兰大美联储银行高级副主席和研究中心主任

嘉宾简介

迈克尔·伯斯金(Michael Boskin)：斯坦福大学经济学教授，斯坦福大学新设立的经济政策研究中心第一任主任。研究方向：经济中政府的作用，具体包括政府税收、政府支出以及社会保障计划。除斯坦福大学的职务以外，迈克尔·伯斯金还在哈佛大学和加州大学(伯克利分校)任教过。

詹姆斯·M. 布坎南(James M. Buchanan)：自1969年以来，詹姆斯·布坎南一直是一名优秀的大学教授，而且一直在弗吉尼亚理工学院和州立大学共同创办的公共政策研究中心担任总负责人。他不仅是美国艺术和自然科学学院的会员，而且还是美国企业研究所的挂靠学者(adjunct scholar)。詹姆斯·布坎南著述很多，而且埃默里大学法律与经济中心曾因他的《自由的界限》一书向他颁发了法律和经济学奖(Prize in Law and Economics)。1982年，弗吉尼亚州社会科学协会授予詹姆斯·布坎南突出贡献奖(Distinguished Service Award)。

小杰罗德·P. 德威尔(Gerald P. Dwyer, Jr.)：1981年9月成为埃默里大学助理经济学教授。之前，他曾在得克萨斯农工大学担任过类似职务。研究方向：宏观经济学、货币经济学和银行业监管。

阿尔·F. 埃巴尔（Al F. Ehrbar）：1974年以来一直担任《财富》(*Fortune*)杂志撰稿人。1978年后，成为《财富》编辑董事会董事。在货币政策、税制改革、联邦赤字以及里根政府经济计划等经济问题上，阿尔·F. 埃巴尔已经发表过大量的评论文章。他也多次获得国家级记者奖项，包括约翰·汉考克奖（John Hancock Award），以鼓励他在商业评论文章撰写中的突出贡献。

马丁·费尔德斯坦（Martin Feldstein）：现任哈佛大学经济学教授、国家经济研究局局长。1982年曾被里根总统提名为总统经济顾问委员会主席。研究和教学方向：国民经济问题、公共部门经济学。他还撰写过大量涉及面非常广的论文。

小威廉·A. 费克林（William A. Fickling, Jr.）：查特医疗公司总裁和首席执行官。该公司总部位于佐治亚州，在全球各地拥有并管理着众多医院和健康医疗设施。在Fickling & Walker公司做了7年执行副总裁后，威廉·费克林在1969年成立了查特医疗。1978年3月后，他开始担任亚特兰大美联储银行行长，1980年至今，担任董事会主席。

小马尔科姆·S. 福布斯（Malcolm S. Forbes, Jr.）：美国最悠久的商业管理出版物之一——《福布斯》(*Forbes*)杂志的总裁、首席运营官、高级编辑。作为福布斯家族的第三代掌门人，小马尔科姆·福布斯要为每期杂志撰写社论，这是他的杂志社工作之一，也是家族的传统。除了在《福布斯》杂志上发表文章，他还经常在纽约公共电视台上发表经济评论。1977年，他撰写了一篇题为《人之所谓"贪婪"》(*Some Call It Greed*)的文章，发表在《福布斯》创刊60周年的版面上。这篇文章为他赢得了纪实类文章奖。

威廉·F. 福特（William F. Ford）：亚特兰大美联储银行主席，负责美联储银行系统第六区内的银行活动管理。加入美联储前，威廉·F. 福特在旧金山富国银行的管理服务部担任高级副总裁。他管理过经济事业部，担任过公司的法务委员会副主席，在富国银行两大子公司的董事会担任过董事。1971年前，威廉·福特是美国银行业协会执行董事和首席经济学家，之后便从华盛顿转到了旧金山。在加入协会之前，他曾在密歇根大学和弗吉尼亚大学执教过。

米尔顿·弗里德曼（Milton Friedman）：因在经济学中的突出贡献，1976年获得诺贝尔经济学奖。现任斯坦福大学胡佛研究所高级研究员。弗里德曼从1946年开始就一直在芝加哥大学任教，并被评为杰出的在职保罗·斯诺登·罗素经济学教授。他现在在国家经济研究局担任研究员，而且还是《新闻周刊》（*Newsweek*）的特约编辑。弗里德曼曾经担任过美国经济协会会长，出版和发表过很多图书与论文。他在公共政策问题上也撰写过大量文章，而且对公共事务很热心。

纽特·金里奇（Newt Gingrich）：1978年成为众议院代表前，纽特·金里奇是凯罗顿西佐治亚学院的历史及环境研究方面的教授。作为一名佐治亚州的共和党议员，金里奇同时在公共设施和交通委员会、住房管理委员会任职。现在，他联合了一批保守派民主党人士，打算成立一个"国家生存特别小组"，目的就是增强美国国家军事防御力量。

威廉·菲利普·格莱姆（William Philip Gram）：1978年当选并入职美国国会，1980年和1982年再度当选。作为一名得克萨斯州国会议员以及主张削减联邦支出的重大立法议案的共同起草人，威廉·菲利普·格莱姆还曾在预算委员会工作过，包括能源和商务委员会以及退伍军人常设委员

会。1983 年 1 月之前,他刚被一名共和党委员接管预算委员中的职务;之后他又辞掉了国会中的职务,同时宣布他将以民主党身份再次参加国会竞选。

詹姆斯·G. 格沃特尼(James D. Gwartney):自 1977 年以来,一直担任佛罗里达大学的经济学教授。研究方向包括市场歧视经济学、劳动经济学、宏观经济学理论、公共选择以及教育经济学。他曾撰写过众多论文和多部著作。1979 年 4 月,他在佛罗里达州立大学"政策科学计划"支持下的税收和经济发展会议上担任负责人。他还担任过电影《贫困陷阱》剧组的特邀顾问。

罗伯特·E. 凯勒赫(Robert E. Keleher):1981 年 11 月当选亚特兰大美联储银行研究员。在 1976 年加入美联储银行成为财政经济学家之前,罗伯特·凯勒赫曾在位于孟菲斯市的第一田纳西国家公司担任银行首席经济学家。他现在是多家专业协会的会员,并从印第安纳大学获得了哲学博士学位。

杰克·坎普(Jack Kemp):现任众议院共和党协商会议主席,1982 年再度入选国会,这是他第七次入选。作为一名纽约共和党员,杰克·坎普已经被公认为推动供给侧经济学的倡导者。他曾提出一项税收改革法案,即大家熟知的《坎普—罗斯法案》(Kemp-Roth Bill),旨在鼓励资本形成和创造就业。

劳伦斯·R. 克莱因(Lawrence R. Klein):1980 年诺贝尔经济学奖获得者、宾夕法尼亚大学经济学和金融学教授、沃顿 EFA 公司专业董事会主席。劳伦斯·克莱因是国内外计量经济学预测分析模型的领军人物。在 1976 年的总统大选中,他曾担任吉米·卡特(Jimmy Carter)的重要经济顾问,并在卡特政府担任非正式经济顾问。

唐纳德·L. 科赫（Donald L. Koch）：亚特兰大美联储银行高级副主席和研究主任，负责经济问题、公共信息和银行关系等方面的研究。亚特兰大美联储银行主席目前在联邦公开市场委员会（Federal Open Market Committee，FOMC）上拥有表决权，而唐纳德·L. 科赫则担任 FOMC 助理经济学家。作为高管委员会成员，他负责监管亚特兰大美联储银行的管理职能和央行职能。1981 年进入美联储银行前，他曾在佛罗里达的杰克森威尔的巴内特银行做了 8 年的执行官和公司经济学家。

杜威特·R. 李（Dwight R. Lee）：公共政策研究中心研究员、弗吉尼亚理工研究所助理教授。杜威特·李从圣地亚哥加利福尼亚大学取得了哲学博士学位，并在 1968～1971 年从该校获得了布莱森·P.戴维斯会员资格。他不仅撰写过大量的论文和书籍，而且还为美英两国的教师、神职人员、记者和政府官员提供过诸多经济类教育计划。

艾伦·C. 勒纳（Alan C. Lerner）：信孚银行公司高级副总裁、货币市场经济学家。主要负责信孚银行持有的美国政府债券、城市债券管理和负债管理。目前，艾伦·C. 勒纳每周要撰写一份新闻简讯——《信贷市场展望》。此外，他还是一名挂靠在纽约大学商业管理研究生院的经济学和金融学教授。1974 年加入信孚银行前，他曾在所罗门兄弟公司担任经济学家。

大卫·洛马克斯（David Lomax）：1980 年以后，一直在英格兰担任威斯敏斯特银行的组织经济顾问。大卫·洛马克斯先后从剑桥大学和斯坦福大学毕业，现在已经发表了大量文章，并成为一名固定广播节目的主持人。1981 年，他撰写的《欧洲市场和国际金融政策》（*The Euromarkets and International Financial*）一书出版。

亨利·G. 曼尼（Henry G. Manne）：1981年至今，一直担任埃默里大学法学教授以及法律与经济中心主任。1974～1980年，他曾在迈阿密大学担任类似职务。他不仅是伊利诺伊州律师协会、纽约律师协会以及美国高级法院的成员，而且还是某经济研究所的主任。该研究所的教育对象为法学教授、联邦法官以及负责健康护理事务的政府官员等。亨利·G. 曼尼因在私人企业教育方面做出的突出贡献而在1979年的Valley Forge颁奖典礼上被授予自由基金组织奖。

大卫·I. 梅瑟曼（David I. Meiselman）：1971年之后，一直在北弗吉尼亚的弗吉尼亚理工研究院和弗吉尼亚州立大学担任经济学教授和研究生经济学计划负责人。现在，他还担任《政策评论》（Policy Review）编辑董事会主席、纽约经济政策研究国际中心主任和财务部长、美国企业研究院公共政策研究室挂靠学者，税收基金以及美国商会货币和财政政策顾问委员会的顾问董事会成员。

乔治·R. 麦隆恩（George R. Melloan）：1973年至今，一直担任《华尔街日报》（Wall Street Journal's）社论版副编辑。他是社论撰稿人全国大会委员。现在，他们夫妻二人已经合著过一本书——《卡特经济》（The Carter Economy）。该书已于1978年出版发行。乔治·麦隆恩来自印第安纳州的格林伍德市，他从印第安纳波利斯市的巴特勒大学取得了新闻学学位。

弗兰克·莫里斯（Frank Morris）：1968年8月开始担任波士顿美联储银行主席。1974～1975年，担任美联储银行系统主席大会总负责人。他曾经还在某些特别系统的委员会中担任过职务。这些委员会成立的目的就是对联邦公开市场委员指示下的国内货币政策的制定和执行进行审查。在担任波士顿美联储银行主席前，他是Loomis Sayles公司的副总裁。

鲁道夫·S. 彭纳（Rudolph S. Penner）：美国企业研究院税收政策研究主任、常驻学者。现已撰写大量关于税收和政府支出问题的著作和文章。每月在《纽约时报》（New York Times）月度专栏发表文章。国家经济学家协会董事会主席、协会教育基金负责人。

艾伦·雷诺兹（Alan Reynolds）：Polyconomics公司副主席和首席经济专家。1976年以来，一直担任芝加哥第一国家银行副总裁和经济学家，担任银行《芝加哥第一世界报道》（First Chicago World Report）编辑。在1981年1月制订里根政府的经济计划时，他曾与美国政府管理和预算局局长大卫·斯托克曼（David Stockman）紧密合作过。在1980年的总统竞选中，他曾协助撰写里根总统的演讲稿，最近又担任过财政部顾问，并在中情局担任过职务。

保罗·克雷格·罗伯茨（Paul Craig Roberts）：他以前曾在乔治城中心担任高级研究员，曾担任《华尔街日报》助理编辑，1976~1977年，在美国众议院少数人预算委员会担任首席经济学家。保罗·克雷格·罗伯茨现担任着很多学术职务，而且还出版与发表过若干著作和文章。

托马斯·J. 萨金特（Thomas J. Sargent）：现任明尼苏达大学经济学教授。托马斯·J. 萨金特曾是哈佛大学经济学访问教授，曾在国家经济研究局担任研究助理。他不仅在明尼埃波利斯美联储银行担任顾问，而且还为众多经济类刊物担任助理编辑。他曾在1976年入选计量经济学协会。1979年，他因在经济学领域当年做出的杰出贡献而被芝加哥大学授予了玛丽—伊丽莎白—摩根奖。

里昂纳德·希尔克（Lenard Silk）：《纽约时报》经济学专栏作家。在 1970 年加入《纽约时报》之前，希尔克曾在布鲁金斯研究所担任高级研究员。1954～1969 年，他一直在《商业周刊》（*Business Week*）工作。希尔克曾在卡内基—梅隆大学产业管理学研究生院工作，而且还是一位杰出的福特研究教授。现在，他是佩斯大学杰出的经济学访问教授。他曾在 1961 年、1966 年、1967 年、1971 年和 1978 年获得罗波商业和金融新闻杰出奖。

贝利尔·W. 斯普林科（Beryl W. Sprinkel）：1982 年 3 月，被议会任命为财政部主管货币事务的副部长。在被里根总统提名前，贝利尔·W. 斯普林科已经在芝加哥哈里斯信托储蓄银行工作了 28 年。作为该银行的副总裁和经济专家，他还是银行的经济研究室负责人。

理查德·斯特鲁普（Richard Stroup）：内政部政策分析办公室主任。1980 年至今，一直在蒙大拿州立大学担任经济学和农业经济学教授，并在该大学的政治经济和自然资源中心担任联合主任。他以前还曾在佛罗里达州立大学、西雅图大学以及华盛顿大学执教过。

诺曼·B. 图尔（Norman B. Ture）：1982 年，从负责财政部税收和经济事务的副部长职务上辞职后，再次进入经济咨询行业。在被里根总统提名前，诺曼·B. 图尔曾在税收经济学研究所和诺曼·B.图尔公司（一家经济咨询公司）担任主席。现在，他担任着很多政府职务，而且还撰写了大量关于公共政策问题，尤其是税收政策问题的著作和文章。

默里·L. 韦登鲍姆（Murray L. Weidenbaum）：1982年以前曾担任里根总统经济顾问委员会主席。1982年，他辞职重返圣路易斯华盛顿大学。此前，他离开华盛顿大学已经很长时间。他在华盛顿大学获得了马琳·克洛德杰出大学教授的称号。目前，他在企业、政府和学术界担任着很多职务，并且还出版和发表了大量著作和文章。

引 言

小威廉·A. 费克林

本书汇编了我们在亚特兰大召开的供给侧经济学讨论会内容,而我非常荣幸能够向大家介绍本书。很多发言嘉宾是来自政府部门、学术界以及商界的重要人物。他们齐聚本次为期两天的讨论会,而本书则记录了经过整编后的本次会议发言的内容。

相信这次会议演讲人的水平会让本书即便是在正常经济时期里也会产生重大影响。然而,这几年美国经济是反常的。20世纪80年代初,美国出现经济衰退,同时还遭受着其他经济方面的打击。国内失业率已经升至"二战"之前的最高水平。几项令人抓狂的经济措施也受利率原因而一一出台。虽然我们在抗通胀中取得了一些重大进步,但公众仍然质疑美联储还有本届政府能否维持并将经济带上稳健、无通胀的增长之路。

在这样不确定的背景下,我们也就不奇怪全国都在瞩目里根总统的经济计划——我们可以称之为"供给侧经济学",或者自由市场经济学,甚至是"里根经济学"。供给侧经济方法兼顾了新经济机遇带来的美好愿景和另辟蹊径固有的各种风险。因此,在大家(对供给侧经济学)兴趣都很浓厚之时,我们召开了讨论会。关于供给侧经济思想,支持者和反对者都将彼此的见解开诚布公,恰逢此时,本届新政府打算对经济政策做出重大调整。

考虑到公众也在关注供给侧经济思想,所以来自国家和地方新闻媒体的40名记者也会出席这次会议。他们在会议期间以及会后数月之内会将这次会议的讨论内容以新闻报道和广播的形式在全国范围内宣传。

或许是造化弄人,这次讨论会最终成为一生只有一次的聚会。现在,如果有谁想再重新组织一次,(他/她)会发现(曾经出席过本次会议的)很多重要人物已经换了新角色。(比如)曾帮助政府制定供给侧经济政策的经济学家——

像诺曼·图尔（Norman Ture）和默里·韦登鲍姆（Murray Weidenbaum）——自会议结束后就离开了政府部门。现在至少有一名学术界人士已经和政府部门站到一队，他就是曾被里根总统任命接替默里·韦登鲍姆担任总统经济顾问委员会主席的来自哈佛大学的马丁·费尔德斯坦（Martin Feldstein）。另外，得克萨斯州的国会议员菲尔·格莱姆（Phil Gramm）当时是以民主党身份发表演讲的，而现在他是一名共和党。

我尤其要感谢那些费尽心力组织本次会议的人：亚特兰大美联储主席威廉·F.福特，（亚特兰大美联储）研究中心主任唐纳德·L.科赫，研究员罗伯特·凯勒赫，埃默里大学共同主办的法律和经济中心主任亨利·曼尼，担任本次会议协调专员的凯洛琳·文森特（Carolyn Vincent），唐·贝德韦尔（Don Bedwell）——他的出版团队为本次会议的论文集提供了编辑服务，还有所有在幕后默默付出以确保会议圆满召开和本书成功付梓的工作人员。

威廉·福特为这次讨论会确定了主题，同样也将在本论文集的开篇撰写概述，并对本书核心演讲内容的演讲者进行简要介绍。威廉·福特之前曾就职于加利福尼亚富国银行，后来我有幸将他劝出私人企业，加入亚特兰大美联储，并在1980年8月担任联储主席。他来到这里后，在保持亚特兰大美联储业务增长方面做得非常出色。他其中的一项任务就是发起一系列讨论会——这次会议是第三个——目的是把亚特兰大美联储塑造成一个看得见摸得着的论坛，专门讨论像供给侧经济学一样的国内问题。接下来，他会介绍供给侧经济学。

会议宗旨及概述

威廉·F.福特

我们很多人在大学学经济学的时候,教授们教导说通胀和失业是负相关的。因此,如果我们在需求侧刺激经济增长,同时承受更高的通胀水平,则我们可以预期失业率会降低。但是实际上,通胀和失业之间的长期关系是正相关的——我们面临的是一组痛苦组合:高失业率和持续通胀。对于需求主导型经济政策无法在国内刺激非通胀型的经济增长,国家政策制定者还有商界领袖早就感到很失望了,我认为,好像正是这种失望才让经济学家们提出了供给侧经济学。

因为国人对现行经济政策的表现趋势如此失望,所以一种新经济观念的探索开始出现,而且大家希望这种新观念可以指导政府调整经济政策。供给侧经济学就是这种新观念。这次讨论会的目的就是探讨两大基本而且密切相关的问题:第一,供给侧经济学能否解决我们目前的经济问题?如果不能,我们想在20世纪80年代和90年代恢复我们的经济活力,还有其他办法吗?

正常情况下,一项经济政策在经历重大转变前往往需要经过一段长期的学术争论。比如,凯恩斯勋爵提出他的经济学通论时,花费了不少时间才将其思想逐渐让学术界接受并被纳入真正的经济政策考虑范围中。

然而,供给侧经济学是其现代理论支持者在自己的学术理论基础上提出来的,而且在很短的时间里就被推进经济政策制定的圈子。我并不是说供给侧经济学是一种新兴的经济思想,它至少和亚当·斯密(Adam Smith)的经济思想一样历史悠久。但很显然,在大家将供给侧经济学推崇为经济政策制定的核心内容前,大家并没有对供给侧理论展开诸多学术争论。因此,本书开篇将对供给侧经济学纯粹的逻辑思想——供给侧经济学在以经济增长为目标的宏观经济中的理论基础——进行回顾梳理。这么做是很有用的。

首先，我们呈现的是埃默里大学法律和经济中心创始人、本次会议的共同组织者亨利·曼尼主持的会议内容——关于供给侧的经济思想的正面阐述。他会向我们介绍总统经济顾问委员会主席默里·韦登鲍姆以及后续重要的与会嘉宾。

然后，我们呈现的是美联储最受欢迎的经济顾问米尔顿·弗里德曼（Milton Friedman）的演讲内容。如果现在仍有人怀疑美联储不愿接受大家的批评，我相信本次会议可以消除大家的这种误解。

亚特兰大美联储首席经济学家唐纳德·科赫主持的会议会对供给侧经济思想的地位提出反驳。在他主持的会议上，诺贝尔经济学奖获得者拉里·克莱因（Larry Klein）和其他著名的发言嘉宾将对供给侧经济学思想的各个方面做严肃的探讨。这是会议的一大亮点。他们质疑了先前的讨论内容并提出了一些其他思想观念。

现在关于供给侧经济学最前沿的学术研究正在全国学术界内不断开展，对这方面课题抱有浓厚兴趣的演讲嘉宾，我们会专门组织一次会议。这个会议将由经济研究员、全国经济研究小组的负责人、供给侧经济学界的领军人物之一的鲍勃·凯勒赫主持。

负责税收和经济事务的财政部副部长诺曼·图尔发表完重要的经济评论后，我们会介绍本次会议的新闻界代表，因为从各个角度上说他们对本次会议都有着重大影响。我们邀请媒体界重要人物的目的不仅仅是报道会议，而且还要使报道成为人们关注的热点。四名财经记者分别是《福布斯》的小马尔科姆·S.福布斯（Malcolm S. Forbes）、《纽约时报》的里昂纳德·希尔克（Leonard Silk）、《华尔街日报》的乔治·麦隆恩（George Melloan）以及《财富》的阿尔·F.埃巴尔（Al F. Ehrbar）。他们将分别对供给侧经济政策发表自己的观点。

四名财经媒体人演讲结束后，得克萨斯州国会议员和佐治亚州共和党代表纽特·金里奇会展开讨论。像之前已经发表过演讲的国会议员杰克·坎普（Jack Kemp）一样，他们会针对供给侧经济管理思想展开一场大讨论，并向我们分享他们的会议观点。

会议结束时，还有一位来自美联储的供给侧经济支持者、负责货币事务的财政部副部长贝利尔·斯普林科（Beryl Sprinkle）会向我们发表一些评论。

目 录

总序/001

序言/001

嘉宾简介/001

引言
　　小威廉·A. 费克林(William A. Fickling, Jr.)/001

会议宗旨及概述
　　威廉·F. 福特(William F. Ford)/001

第一部分　增长型宏观经济的基础
会议主持人:亨利·G. 曼尼(Henry G. Manne)

1　政府管理角度下的供给侧经济学
　　默里·韦登鲍姆(Murray L. Weidenbaum)/003

2　供给侧经济学的经验评价
　　迈克·伯斯金(Michael Boskin)/009

3 供给侧经济学是一场美国的文艺复兴吗？
　　杰克·坎普(Jack Kemp)/019

4 货币学派与供给学派之间是否存在冲突？
　　大卫·I. 梅瑟曼(David I. Meiselman)/031

5 供给侧经济学的理论基础
　　保罗·克雷格·罗伯茨(Paul Craig Roberts)/039

6 供给学派的经济政策：我们自此走向何方？
　　米尔顿·弗里德曼(Milton Friedman)/042

第二部分　关于供给侧经济学的另一种观点
会议主持人：唐纳德·L. 科赫(Donald L. Koch)

1 实现稳定且无通胀型经济增长的其他政策途径
　　劳伦斯·R. 克莱因(Lawrence R. Klein)/055

2 货币总量在未来能否成为美联储货币政策目标？
　　弗兰克·莫里斯(Frank Morris)/064

3 来自华尔街的观点
　　艾伦·C. 勒纳(Alan C. Lerner)/077

4 金本位是供给侧经济学的一部分吗？
　　艾伦·雷诺兹(Alan Reynolds)/086

5 消除通胀的非渐进式措施
　　托马斯·J. 萨金特(Thomas J. Sargent)/092

6 撒切尔经济政策是对供给侧经济学的一场实践？
　　大卫·洛马克斯(David Lomax)/099

7　供给侧经济学的概念基础
马丁·费尔德斯坦(Martin Feldstein)/124

8　赤字对政治经济的影响
鲁道夫·S. 彭纳(Rudolph S. Penner)/141

第三部分　专门关于供给侧经济学的论文
会议主持人：罗伯特·E. 凯勒赫(Robert E. Keleher)

1　通货膨胀与政府赤字之间是什么关系？
小杰罗德·P. 德威尔(Gerald P. Dwyer, Jr.)/157

2　我们的经济现在处于拉弗曲线的什么位置？从政治角度考虑的一些问题
詹姆斯·M. 布坎南(James M. Buchanan)、德维特·R. 李(Dwight R. Lee)/162

3　边际税率、避税以及里根政府的税收削减
詹姆斯·G. 格沃特尼(James D. Gwartney)、理查德·斯特鲁普(Richard Stroup)/175

第四部分　落实供给学派经济政策
会议主持人：威廉·F. 福特(William F. Ford)

1　落实供给学派经济政策
诺曼·B. 图尔(Norman B. Ture)/193

第五部分　媒体观点
会议主持人：唐纳德·L. 科赫(Donald L. Koch)

1　里昂纳德·希尔克(Leonard Silk)/207

2　阿尔·F. 埃巴尔(Al F. Ehrbar)/211

3　乔治·R. 麦隆恩(Joe Melloan)/217

4　小马尔科姆·S. 福布斯(Malcolm S. Forbes, Jr.)/220

第六部分　供给侧经济学中的政治观点
会议主持人：威廉·F. 福特(William F. Ford)

1　关于政府支出的供给侧经济学
威廉·菲利普·格莱姆(William Philip Gramm)/229

2　供给学派经济政策的政治含义
纽特·金里奇(Newt Gingerich)/235

3　里根经济学中的货币主义因素
贝利尔·W. 斯普林科(Beryl W. Sprinkel)/245

4　"20世纪80年代供给侧经济学研讨会"与会人名册/253

参考文献精选/261

第一部分

增长型宏观经济的基础

——会议主持人：亨利·G.曼尼

通常人们听到"法律和经济学"时——像"法律和经济中心"或大家熟知的"法律和经济学"研究——会提出疑问:"法律和经济学之间到底是什么关系?"这里,我就不发表枯燥无味的长篇大论来阐述法律对经济学的学术意义或者经济学对法律的学术意义,但我长话短说,"注意啦,现在美国哪两大人群很显然就是搅局者?显然,就是律师,还有渐渐浮出的经济学家。"律师与经济学家之间总是喜欢惹是生非,所以我们的法律和经济中心的任务就是努力调和他们之间的关系。

我们的法律和经济中心非常乐意和亚特兰大美联储银行共同研讨供给侧经济学。显然,我们就是为了表明我们不能单纯地用经济学理论术语解读经济政策发展趋势,也不能单纯地从政治和法律维权层面解读。经济政策从根本上讲是一门综合了法律与经济的学问。

本次会议选择里根政府经济学的重要代表人物总统经济顾问委员会主席作为首位演讲嘉宾,自然是合情合理的。默里·韦登鲍姆凭他丰富的专业领域经验达到了今天的地位。他已经在政府部门、商界和学术界担任过很多重要而且影响力巨大的职位。

他曾在尼克松政府担任过财政部经济政策助理秘书。在加入里根政府之前,他担任过美国商业研究中心主任,并且还是马林克罗特公司在圣路易斯华盛顿大学的著名教授。

你们当中有不少人第一次听说他的时候,他还是一名专栏作家和多产作家,其中,最出名的著作是《政府强制性价格上涨》。这本书真正开启了从学术角度讨论政府商业管制成本的先河。

1

政府管理角度下的供给侧经济学

默里·韦登鲍姆

我记得有句老话说："刚穿上盔甲的人别在卸下盔甲的人面前夸口。"现在我穿上这副盔甲已经快一年了，回头看看并重新审视一下1981年1月新政府上台时我们提出的一些假设和期望，感觉还是很有用的。

政府把资源和决策权从政府部门转移到私人部门的观念仍然像以前一样值得提倡，这是一个很值得大家注意的重要观点。我们想实现一个更强劲的经济形势，那么，减少税负、放松政府管制、降低政府开支增速和信贷增速都是必不可少的措施。不过，坦白地讲，这样的政策原理已经得到广泛认可，虽然它没有把每一个经济决策或者过去一年的决策产生的结果纳入其中，但却再次证实了我们前辈积累下来的大部分智慧。

我举的第一个例子是税收的关键环节以及政府支出与税收之间的关系。虽然我们的一些朋友对两者的关系持积极态度，但一开始里根政府就假定天下没有免费的午餐，并以此为出发点展开分析。在我们所有的政策文件和声明里——1981年2月18日的《经济白皮书》是第一份文件——我们常常把想要实现的税率降低幅度和政府支出削减幅度联系起来。具体来讲，我们公布的预估数据往往表明，政府在按照我们的建议降低税率后，带来的政府收入还没有我们面临高税收情况下的政府收入多。这就是为什么我们更关心而且也想更努力地把预算支出削减下来的原因。

回顾以往，显然在现实世界中天下确实没有免费的午餐，大范围的所得税税率下调可能促进经济更快增长、税基扩大，但是它所带来的政府收入增加幅度不会像没有降税情况下的高。关于具体的例子，我们以 1983 财年预算的经济假设为基础，1983 财年的政府收入因为受 1981 年颁布的《经济复苏税收法案》的影响会比该法案颁布前的收入少 920 亿美元。

为避免大家误解，我想重点强调的是，随着时间的推移，大范围的税率下调对经济增长速度是有积极作用的，而且还能带来更多的收入。最近，下调资本利得税的事实告诉我们，一些特殊税种的税率越低，带来的收入就越多。另外，把个人所得税的最高限额从 70% 降到 50% 同样有相似的影响。然而，特别是在短期内，大范围的税率下调会扩大预算赤字。我承认这不是什么新论调，只不过是再证实一下前人的智慧。或许这个说法在罗宾汉式的经济社会里并不适用，还好我从来对中世纪的浪漫故事不感兴趣。

1.1 实现减税

我还得承认一点：对合乎常规的东西，我们还是忘掉一些好。我会尽我所能地从税收和支出之间的最新关系出发给大家解释这句话。削减税收不能确保相应幅度的政府支出也会减少。我很坚定地认为，我们既需要减税，还需要缩减支出。不过，显然减掉 7 000 亿美元左右的税收要比削减 700 亿美元的政府支出更容易。如果想要支出少一些，国会必须减少调拨资金。我记得看过一部老卡通片，怒气冲冲的主人朝着家中超肥的大狗狂喊，不让它挤进明显并不宽敞的狗屋里。如果我记得没错，狗屋上写着"债务上限"，但是（税收与支出之间的关系和这个卡通片的）基本观点是一样的。

我说一个数据来解释一下协调税收与支出的关系到底有多难。在 1981 年 2 月里根政府颁布的《经济白皮书》中，政府预测本年度的政府支出占 GNP 的比例为 21.8%，比 1981 财年的 23% 下降了。现在，政府预测 1982 财年的政府支出占 GNP 的比例为 23.5%，可能会比上年略高一点。虽然占比上升一部分是因为政府开始就把名义 GNP 估低了，但政府支出的增加还是主要原因。我们预计，下一财年政府支出占 GNP 的比例将开始下降。

这自然就引出了财政赤字的话题。我们知道，实践既可以证明我们前期获得的知识，也可以对其他我们预想的观点提出质疑。比如，经济学家并不是一直反对不支持预算赤字的人，或者说，至少我们并不是一直把众多不好现象的原因都归结为政府入不敷出。我和同事们在无数场合中已经提出，人们往往认为通胀产生的各种后果是过去的预算赤字造成的，其实将赤字货币化的不合理的货币政策才是元凶。我们认为，紧缩的货币政策——把 1979 年和 1980 年飞快的货币供给速度大幅度降低——会遏制赤字开支产生的潜在通胀。

目前的经济形势启发了我们。现在,在财政赤字不断扩大的同时,通胀水平已经大幅回落。1982年财政赤字很可能在1 000亿美元左右,比1981年580亿美元的财政赤字高出很多。然而,同时我们发现受关注度很高的通胀率指数——消费者价格指数(Consumer Price Index,CPI)却从1980年下半年的12%~13%下浮至最近几个月内的4%~6%。虽然我不是政党的铁杆粉丝,不会认为某个政党执政下的财政赤字肯定要比其他政党低,但我还是认可一个隐藏在上述观点背后并开始显现的事实——对经济发展形势来说,税收减少带来的财政赤字与增加政府支出带来的财政赤字相比只是个小问题。

我认为,通胀率的降低主要得益于美联储以及去年一直坚持的货币政策。不过大家请注意,我这里的措辞和里根总统最近对美联储货币政策及目标表示支持的演说是一模一样的。有时候,我真希望他们能完善一下目标,不过之后他们确实完善了。

我们还发现,过去这一年,很多金融市场中的参与者也在认真研究联邦预算,尤其是关于未来财政赤字的报告。在这点上,正式的经济类文献的观点或许自相矛盾或者模棱两可,但至少在现在的经济环境下,投资者和他们的投资顾问更愿意看到更高的财政赤字及更高的利率水平。尽管计量经济学的证明可能不是非常有说服力,但是却能表明预算赤字融资规模确实减少了——实实在在地没有提高个人储蓄和外资流入规模,否则它们就能为个人投资提供资金来源。

赤字的确是很严重的问题,但我认为还不至于严重到妨碍降低市场利率或者终止现在迫切需要的经济复苏。我相信,未来我们成功降低利率水平对经济复苏速度的精确性和力度具有强有力的影响。我不是在淡化赤字问题的严重性。我的意思是我们在对待预测的赤字水平时应该谨慎考虑,而不是在全国范围内歇斯底里地发泄。

目前,巨额的赤字在很大程度上是经济衰退暂时产生的,而未来几年,我们预期会有规模相对较大的赤字。这或许对我们算是一点安慰吧。

下面所说的情况有些讽刺。如果有人盼着谴责一心抵制赤字融资却造成大量赤字的执政党,我觉得并不奇怪。对于那些虽然是后来者但又提出赤字融资的人,尤其是他们发现了收入支出更加趋于平衡的优势后,我必须承认,有时候这真的是出乎我的意料。现在对这种新型的赤字的追捧已经在前面很多场合里出现。

1.2 传统的调整方法

公众对预算赤字的担忧不断加重,而代表小规模公共部门利益的人从中发现了一丝积极的变化。我希望公众所渴望的稳健型政府财政的目标主要针对的是降低政府支出的持续高速增长,而不是增加税收负担。

或许大家已经注意到,我没有向你们展示社会经济如何运行的宏大观点,无论是新学说还是旧观点。这里,我想起格特鲁德·斯坦恩(Gertrude Stein)说过的一句很少人知道的话,他说,美国人的问题是在他们应该努力去解决复杂问题的时候却往往把问题简单化。要将经济结构的基本面迅速调整,其中所固有的困难肯定就是问题中某个复杂的地方。

隐含预期就是例子。用技术人员的话来说,隐含预期就是在解决历史遗留问题时所面临的困难。具体而言,我自己的通胀预期和 80 年代不断攀升的两位数的通货膨胀率差别非常大。

虽然自由市场经济学派主张私人部门能迅速调整适应政府新政策,但是到现在我们还没有见过这种迅速且自然无痛的调整。一方面,政策粘性部分反映了社会重要经济部门里存在工资和定价僵化的现象;另一方面,它也反映了私人部门对新政策可信度的疑虑。遗憾的是,70 年代"走走停停"的经济政策遗留下来的问题让金融市场和私人部门基本上都有各自充分的理由来质疑政府任何新政策的寿命。

我发现,政府能够在经济衰退之前把现在通货膨胀的增长速度降下来确实是一件很让人激动的事情。因此,政府在未来经济复苏时期还要继续保持一个适度的货币供给速度,并继续降低通胀增速。

1.3 隐含的进步

现在我们又重新看到那些被我们低估了的政策变动。对于本届政府提倡的政府管制改革或者管制宽松,我还是赞成的。不像税收法案或者预算调节法案,现在没有单独一条法律能够涵盖政府管制计划,进而来控制公众的注意力。确切地说,政府应该在各个方面努力减少管制行为,并在过程中加入经济分析方法,而其努力不一定使所有的政策发生变动,即便是微小的变动都算是取得了成功。尽管如此,政府还是出台了很多具体措施来减轻我们经常因为严格遵守大批联邦政府指令和禁令而带来的无谓的压力。

我现在敏锐地意识到,有人说现在政府已经在重走过去几年政府管制成果的老路。说实话,在某些经济领域,比如交通运输业,我对政府管制很失望。但是,一些人把新经济政策看成一种失败的措施,而我比较倾向于保留对新政策的看法。新政策中断甚至阻断了更强劲的经济复苏。

虽然如此,我们可以套用夏洛克·福尔摩斯(Sherlock Holmes)的台词来形容政府管制最近的重要进展情况——政府监管部门不要插手才最具决定性意义。过去一年没有一项重大的政府管制法律被立案,政府机构也没有提及颁布新的重要的政府管制计划。这是几十年来联邦政府监管部门首次没有干预经济行为。能够最直接揭露企业和政府之间微妙而变幻莫测的关系的证据(如果是坊间传闻的话)就是位于华盛顿的律师事务所就业率下降,而私人公司在华盛顿的办公室出现关门歇业而不是开门营业。虽然这种情况仍然存在,但是某些高成本的社会资源却被重新分配到生产效率更高的部门。

1.4 理想与现实

对现在的经济形势更加不满的人或许会说,去年的经济表现更凸显了理想与现实之间的差距。当然,现在对"里根经济学"做出一个非常明确的评价还是太早了。但可以肯定的是,每一个想要提出并努力落实一项雄心勃勃的综合型政策的政府显然都面临着很多困难。

坦白讲,我支持政府削减政府预算。在我去年的多次演讲中,我提到政府削减预算的目的就是要实现预算编制人的经济目标——平均分配不满意度。我可以说现在全国各地都对政府预算充斥着不满情绪,但是,明确地说,这种不满意情绪没有像我希望的那样被平均分散。现实表明,至少在现在,政府削减企业、农业补贴要比削减教育支出容易得多。举这个例子,目的并不是特别想为学生贷款和其他教育计划争取政府费用,只是想说明某个预算削减计划在酝酿之中。但我建议,现实情况并没有反映出"里根经济计划"理论基础的根本缺陷。相反,现实情况却再次表明想用一种综合统一的方式来改变现状面临着重重困难。

我们已经努力避免前期犯过的错误——虽然我们以后肯定还会犯新错误。但我估计,削减预算的整个过程还是有利于实现更强劲的经济的,更有助于理解经济政策的运行。相比去年我们已经看到,"里根经济计划"(具体指的是降低税收负担和减小通胀压力)初期成果的有力证据。随着"里根经济计划"的细节部分逐一落实——我们已经多次表明在这些细节上,我们并不是固步自封的——随着经济逐步走出目前的衰退期,我们可以预测将来会有更多的政府收益,尤其是经济增长和不断上升的就业水平。

本次经济复苏的精确时间、速度和力度会受到目前高利率水平下降的影响,我们要知道这一点。预算赤字改革取得的成绩会在1982年对利率浮动产生重大影响。

总体而言,不管我是回顾以前还是展望未来,我们需要政府出台更多的经济变革政策,而不是提出大胆的新计划。这也意味着政府要做出持续艰难的选择。

很坦白地说,这也是为什么我喜欢本书能有这种观点的文章。对所有艰难选择的评价不仅与像我们一样参与制定经济政策的人相关,而且还与做出最终决定的消息灵通的民众相关。

2

供给侧经济学的经验评价

迈克尔·伯斯金

会议主持人曼尼：下面这位发言嘉宾将首次为本次会议带来正式的学术观点。从多年参加学术会议的经验中，我有个总结，就是别对大学教授所演讲或者所撰写的话题抱有太多信心或者过于看重。过去苦涩的经历告诉我，大学教授可能会做出让步发表一个指定话题的演讲，但是他总会有办法把演讲内容的焦点转移到任何他目前正在研究的问题上来。

因此，我们的工作就是找到那些正在研究你感兴趣的话题的人，并且让他们提出任何你感兴趣的广义但又具综合性的主题，然后，你就可以从这样的人那里获取你自己想要的信息。

按照上述逻辑，下面有请来自斯坦福大学的迈克尔·伯斯金来与我们共同讨论关于供给侧经济学的经验证据。伯斯金先生是加州本地人，并在加州大学完成了全部大学教育。他是国家经济研究局的中流砥柱，尤其是在斯坦福大学分局。他在宏观经济学，特别是在税收政策领域完成了大量的经验证据的分析工作。

大量的事实证据——有时是相互冲突的证据为我们前人积累下来的知识提供了基础，这里，你们将会读到一些这样的观点。我可以向你们表明，对这些观点还有另外一种解读，而我会尽量向大家展示我最好的解释。

第一，我们应当知道，"供给侧经济"已经被经济学家关注很久了。就在之前的数百年里，供给侧经济学早已成为经济学重要的组成部分。直到 19 世纪晚期，古典经济学派开始真正地主要关注供给增长问题。

还好我们知道，价格和产出总体上是由供给与需求的情况决定的。凯恩斯经济学派关注短期政策，非常强调短期决策因素，比如支出和投资的决策。他们的观点盛行了几十年，其中大部分时间里肯定对我们的经济决策行为产生巨大影响。但是，在供给—需求的相互影响中，我们应当把凯恩斯经济学派的观点视为摆钟的一个极端，按照更长期的历史观点说法，而不是把它作为经济学逻辑最基本的核心内容。

第二，需要说明的重要的一点是，关于当前政府经济政策或者国会修正过并已经实施的政策会对我们的经济产生影响，我们在准确把握其实质效果之前，可能需要经历很长的时间才能评价它。

将主要目标集中于长期经济结构转变，并为实现更稳定的长期经济增长奠定基础的经济政策，我认为，在各个经济领域内的表现不会有立竿见影的效果。关于政府行为，至少我确实想表扬的是，它对美国经济政策对话的核心内容做了大幅变革——对公众认为合理并且可能会解决我们经济问题的其他方面做出的变革肯定也让人惊讶。

虽然我们在目前衰退的经济形势中很少有人提出通胀问题，但往更早的时候看看，在我们进入衰退期之前，大家自问，虽然国内通胀水平非常高，但我们并没有看到对工资—价格管制政策议论纷纷的情形，这种情况最近发生在什么时候？此时经济处于衰退期，大家自问，对政府大规模扩张计划的广泛关注和公开支持的情况，更别说对公共服务部门就业率缓慢下降的关注和支持，这些现象在最近什么时候没有出现的？因此，现在我们在这几个常见问题没有出现的时候，那些解决经济问题既可行又适当的措施、整个经济政策对话内容以及辩论内容都已经出现了巨大转变。虽然我对"里根经济计划"的一些特别部分略有异议，对其他部分存在重大分歧，但我还是支持这项计划大部分框架结构的。举个例子，想要知道前面提及的变动到底影响有多大，最好的方法就是去考虑一下经济政策对话内容的变化。

无论在什么情况下，我的目的不是想对"里根经济计划"的每一部分给出一份草率的评价。恰恰相反，我现在说一下供给学派的经济政策的经验证据，然后再做评价，顺便可能还要解决关于供给侧经济学的一两个众所周知的谜题。

我不赞同把经济学家分为供给学派和需求学派。相比"供给侧经济学"的称呼，我还是喜欢"刺激型经济学"或者就是"经济学"，但是我想现在我们都已经习惯了供给侧经济学的叫法。

经济刺激措施能为国家创造收入和财富，但很显然，严重阻碍并刺激措施的因素实在太多。比如,过去几十年,国内政府经济活动一直存在,它对私有经济活动存在巨大的挤出效应,而在过去 10~12 年的时间里,这种挤出效应一直大幅加速扩大;通胀水平居高不下且起伏不定,工资收入以及投资收入的边际税率已经很高,而且整体上还一直在不断扩大,但也存在例外,像 1978 年削减资本利得税;通胀水平和未指数化的税收制度之间的暗中较量;没有资金支持的退休储蓄的替代品金额增长速度;政府管制力度增加;政府支出从商品和服务支出,尤其是从资本支出和研发费用支出转向个人转移支付,以致让我们的生活水平超出了消除贫困的基本计划所带来的水平,而且我们也努力着手在社会中大范围地推广收入再分配。

现在争论的基本问题在于:经济刺激措施的影响到底有多大?这些影响多快开始出现?哪些是重要的?削弱经济刺激的潜在重要补救措施是什么?哪个节点正好是我们的付出最划算的时候?

相比短期内对经济波动的担忧,关注长期经济增长速度放缓问题的重要性已经在政界和某些媒体领域内普遍遭到轻视。虽然目前严峻的经济衰退是一个重大问题,但是采用一种更长期的观点来看待我们的经济低迷问题还是有意义的。

当然,如果在不久的将来经济按照目前的增长形势发展,那么一个典型美国人的生活水平将会比一个典型西欧人的生活水平低——在某些方面确实如此——而且不久就会比一个典型日本人的生活水平还低。实际上,国内经济在过去 9 年里没有出现增长。我们一直都在汇报真实 GNP 增长,这更让我们从根本上无法理解上述表达。70 年代末,出生在"婴儿潮"期的一代人首次加入劳动力大军,而且女性劳动者也不断加入劳动力大军,这大幅提高了美国的就业率和劳动力供给,而我们的 GNP 增长却并没有做相应修正。因此,如果再按照每人(雇员)或每人时的标准来看经验修正后的真实 GNP 增长,国内经济实际上已经有段时间没有出现增长了。

政府政策带来的结果严重阻碍了国家收入和财富的增长,这既是我个人的观点,也是从技术分析和经验分析中认真研究该课题专家的观点,而且专家队伍不断扩大。我不是指这些政府政策至少偶尔而且至少有一部分没有重要的社会影响或者其他高尚的目的。但是,这些刺激就业、储蓄、投资和创新的措施带来的不利后果却在政策制定过程中被普遍忽视了。

虽然贫困阶层不想依靠政府福利生活并希望有份工作,但他们却不得不面对高税率的现实,于是我们从中发现了前面所提到的问题。现任政府出台的所有政策所产生的累计影响削弱了对经济的刺激作用,我们从中也发现了前面所提到的问题。虽然每一个单独的计划或许仅能发挥一丁点作用,但是它们却从整体上抬高了有效税率,尤其是提高了边际税率。因此,现在我们已经走到了一个历史当口,在这里,占据着美国人口最高比例的劳动人口面临着一个巨高的边际税率,大概占收入增量的 35%～40%。

70 年代居高不下而且还在增长的通胀水平,的的确确导致国内的真实净收益(尤其是长期投资回报)出现严重下滑。本来我们的净储蓄率以及某种意义上的投资率就不高,而 70 年代的通胀给经济带来的削弱性影响实在过于严重,让很多经济学家认为这就是导致净储蓄率和投资率出现大幅降低的主要原因。

我们需要知道重要的一点,就是大量的前期证据表明通货膨胀率方差的扩大并没有和通胀水平的上升保持相应的速度,而且不同产品、不同行业的相对价格水平和收益率水平在通胀水平较高的经济环境下比在较低的环境下变动更大。因此,一旦通货膨胀水平和波动性上升,尤其是隐藏在长期投资里的巨大风险也就会增加。

最近几年,我们已经做了大量的经验分析,虽然没有尽善尽美地让我们对刺激型政策的经济作用有所理解,但还是增进了我们对它的了解。这些工作多亏有大量辅助材料的帮忙,包括:政策变迁以及解读变迁的尝试所带来的真实历史资料;基于计量经济学研究的统计推测,而计量经济学有时关注不同社会群体长期时间序列数据,有时关注家庭调研数据;还有长期跟踪的目标家庭所带来的纵向数据库的扩大。这种数据的扩大让我们研究出了新的统计技术,使我们不仅可以把临时效应和永久效应区别开来,而且还能从笼统的效应中分辨出某年或某年代的短期效应。

即使是开始着手搜集并存档这些研究成果可能就得需要整整两天时间。这里我就长话短说,至少在过去 10～20 年,我们的传统观念认为生产要素的供给在通胀和征税后,至少在美国对收益率没什么影响或者对劳动真实净报酬没什么影响。现在很多研究质疑这种传统观念,并开始把观点偏向短期可支配收入,将其视为像消费—支出选择一样的决定性经济因素。

专业经济学家提出的经验分析的核心思想被不断涌现的令人印象深刻的证据所证明,而凯恩斯式的偏好短期经济行为和短期经济决策因素不但不能为经济发展方向提供一个正面的解释,而且还与这些证据不相符。我们现在已经开始逐渐把焦点转移到对未来收入、通胀、相对价格变动等长期预期上来了。

在评价补救经济抑制因素的政策效果时,分析一些主要的要素供给决策非常重要,下面请允许我简单地讨论一下这些决策内容。第一个重要方面是劳动以一种或者另外一种形式创造了大部分社会收入。我们约 3/4 的收入都与提供劳动服务所创造的收益或者附带利益相关。

你可以用经济学家喜欢说的"包络思想"来考虑经济中的劳动供给问题。它不仅包括你是否出售自己的劳动力或者自己创业或消费自己的闲暇时间等问题,而且还包含个人或者家庭每天或每周或每年能够在市场上提供多少个小时的劳动等问题。此外,我们还关注人力资本投资、接受正规教育和职业培训、职业流动性、提高孩子潜在生产力的费用支出,当然,还有工作努力强度等方面的问题。

我已经完成的经验研究评估结果表明,中等收入的劳动者和家庭是主要的敏感群体,但其他条件要保持不变,比如,税收导致他们的真实工资降低或者减税能提高他们的真实工资。他们的工作时间和劳动参与积极性对他们的真实净工资是非常敏感的。

人力资本投资更是一个复杂的问题。因为从其本质上讲,人力资本投资大部分都属于预期的收入,而我们对预期收入并不征税。比如,在你读大学的时候,很可能会在外面做点什么事儿挣钱养活自己,但我们并不对隐含的收入或者预期的收入征税。不过这一部分的人力资本投资很快就会被人忽略或者就放在一般注释里,而且由此可知,它也确实可能对有效回报率的大幅下跌没有什么影响。

但是,我记得20年前泰德·舒尔茨(Ted Schultz)在向美国经济协会做主席演讲时说过,很多人力资本不属于预期收入,它们不会因为税收等类似原因而贬值。

我们在人力资本投资决定因素上的经验研究要比在简单的劳动工时,当然甚至是人力资本衡量方面的研究更落后;像回答消费闲暇的成本是多少等问题,则就更难了。

然而,更坏的是,关于劳动努力强度的影响、寻找不同职业途径的偏好,包括来自对政府转移支付严重依赖并希望能够持续好几代人的家庭成员的偏好,或者社会上层和底层的不同工作形式等问题,我们对它们的了解并不充分。在大多数人凭工作时长获取报酬而不是按照计件获取报酬的社会里,想要衡量一个人的工作努力强度一点都不简单。关于现有社会环境下我们的税收制度和其他性质的经济政策是如何影响工作强度的,我们已经开始经验研究去解决这个问题,不过我们的前沿研究还非常简单。

我推测,随着我们的社会越来越富裕,劳动人口也因为真实工资收益变得越来越有钱,人们已经开始想找少一些辛苦、多一点安逸的工作。想把这种信息从数据中区分出来实在太难了。

对于劳动人口的主力军——壮年男劳力——而言,工作时长和劳动积极性好像对大多数收入分配的真实净回报率不太敏感。可以肯定地说,各项税率大幅调整——比如有的人在他们的有效税率在70%、80%或者更高的时候,意味着他们要牺牲自己的收益,此时决定是否外出工作或者依赖政府收入维持政策——非常可能严重抑制劳动就业。潜在纳税行为受经济活动配置的影响,当然,如果税率上升到非常高的水平,经济活动的重新组织以及合理的避税等很多类似措施至少的确可能对上述配置行为产生重大影响。

正如默里·韦登鲍姆所说,锁定的税收削减目标并没有给我们带来任何损失或者根本没有减少太多收入,当我们最终有数据来评估这个锁定目标的影响时,或者将其与大规模综合性的全面税率削减相比时,将税率上限从70%调低至50%或许是一个很好的例子。

因此,我的观点是,虽然劳动力供给刺激因素被削弱会造成一些重要影响,但可以肯定的是,现在有充分证据表明,除了税率大幅下降外,其他措施对短期劳动力供给产生的作用可能很小甚至没有。然而,在壮年男性劳动人口方面,我们要看到一个重要的问题,不要简单从劳动努力强度、择业性质、人力资本投资回报、边际税收负担重与负担适中社会之间差异的代际传递等方面考虑潜在的长期影响。现在我们担心,随着福利条件越来越改善,我们的社会变成一个拥有高额边际税收的社会。至少,对于来自其他地下经济规模非常大的社会坊间传闻而言,这种担心确实是有些证据的。走进一些国家的某个商店,你可以看到四种报价形式:现金结算或者用支票结算;用当地货币或者美元结算。不过,真实汇率不是官方汇率。

储蓄对它的预期真实净回报率并不敏感,直到最近我们才把这句话归结为"丹尼森法则"(Denison's law)。大量的计量经济证据和一些非常出色的分析成果表明,美国国内私人储蓄的增加量对它的真实净回报率上升有些敏感。我自己做的计量估计模型显示,长期真实的税后回报率上升1个百分点,比如从3%上升至4%,将有12%~15%的私人储蓄增加量。

关于储蓄的敏感反应到底有多快、储蓄对税法某个特定构成特征的反应——比如现在刚提出的普及个人退休账户(IRA)——以及对不同收入水平下储蓄的不同影响(这是本人正在研究的一个课题)等方面,大家有很多分歧。有一点也很明显,无论是整体降低税率还是税法结构调整带来的边际税率下降,都能提高经济中的私人储蓄量。这不过是数量和速度的问题。

虽然储蓄率不可能像官方预测的那么快地做出反应,但肯定比悲观主义者的想象得快很多。他们认为储蓄率无论如何都是没有反应的。

经济学家们现在大多赞同,如果我们的财政政策大环境允许,下一个重大的税制举措应该是通过一个更理性、更贯彻的方式重新调整税法,从而将某些形式的个人支出而不是收入以及其他形式的支出作为征税基础。现在已经有人对税收目标逐渐转向个人支出做了大量研究,而且这些研究带来的潜在效益也已经成为很多人模拟课题的对象,结果表明,税制改变可能大幅增加人口的社会福利。

在资本形成(capital formation)公式的投资需求一侧,我们很容易发现,美国国内投资需求对资本成本很敏感。我们的很多税法制度的特别之处,包括最近的很多制度变革,比如加速折旧和去年《经济复苏税法法案》中的税率下调,肯定对资本成本有着重大影响。

简单来说,市场对新资本的需求好像比较敏感。这意味着,假如我们同时增加资本供给,这些增加的刺激投资的因素——或者,可能更加准确地说,阻碍通货膨胀和非指数化税制带来的刺激因素的现象的减少——能够大幅提高资本形成率。

不过,我们要注意,刺激投资的因素本身只有增加对新资本需求的可能。如果为投资提供融资的资本供给没有出现增长,那么新追加的投资需求只会推高利率,最终玩火自焚。增加资本供给——也就是像富余的私人、公司或企业的储蓄等,或者像减少政府动用的储蓄金或增加的外国资本引入——是提高资本形成率的必要条件。

研发支出和税收优惠、创新速度之间到底是什么样的关系?我们对这层关系还有刺激创新的措施等的认识很不到位。虽然如此,可以说,研发支出与创新在整体上有着密切的相互作用,而且与投资进而是长期经济增长之间相互影响。

虽然现在的计量分析方法还无法细致、准确地记录这些相互作用到底有多大,但是这种相互影响可能有两大主要假设:第一,出于成本考虑,假设大部分新技术必须由新资本产生;第二,假设存在大量的"干中学"现象。也就是说,随着投资速度加快,我们从投资本身收获的意外新投资及其新成果的价值总量、数目以及类型也会增长。

如果其中任何一个假设要有大量现实依据的话,那么,相对于其他国家,我们现在的创新速度以及最终长期的经济增长对现在非常低的资本形成率还是有影响的。

因此,我们现在的税收制度、通货膨胀还有很多削减了资本供给的其他制度之间的相互影响很可能降低未来几年的经济增长速度,而其中的资本供给本来是要为长期风险项目准备的。

关于要素供给的经验证据,我们到底了解多少?就在这个问题的启发式讨论下,政府提出了很多颇具特色的方案,内容涉及税收、预算、货币和政府监管等改革,从而引导我们重建长期稳定型经济增长的基础。这些方案整体上反映了政府不仅对我们曾碰到过的刺激(优惠)作用削弱情况的关心,而且还对边际税率降低、通胀指数化、降低储蓄的两位数税率、弥补历史成本折旧的损失等问题特别关注。

政府预算的大部分变动正在从转移支付——特别是从生活在贫困线以上百姓的支付以及个人现金支付——集中到政府商品和服务支出上,包括大量的新资本投资,目的就是扭转上一届政府大力削减政府资本形成的作风。

政府的这套计划是否连贯一致以及能否用一种可以把我们尽快带出经济衰退的方式取得资金支持?对于这些问题,肯定还存在很多争议。我的观点是,政府提出的这些改革中很多重要的结构特点还是靠谱的,而且从某种意义上讲,是一万年都不会变的。通过它们,我们可以实现目标更具针对性、成本更加节约的政府开支;这些方案不靠不正当地使用税法把占据收入分配60%的税收降低到50%来转移50美元的税收负担,而是通过集中降低边际税率削减任何税种的税收,从而部分弥补这种刺激政策被削弱的情形以及其他作用。

很多经济观点都是关于赤字的,但我必须破个例,想简要地探讨三个重要问题:第一,赤字预测规模;第二,政府支出水平给定,赤字与实际经济活动之间的潜在关系;第三,过时的政府财务核算方法对赤字的测量。

很多我觉得看上去非常合理的经济设想,包括考虑到预算外的借款、联邦赞助机构财政赤字的借款和融资表明,1983财年赤字预测规模更接近2 000亿美元,而不是1 000亿美元。

在让大家吃惊之前,我们得分析一下真实的赤字或者通胀调整后的赤字规模到底有多大。我们还要自问一下,能够说明赤字与联邦政府货币化赤字压力或者更高的利率之间密切相关的证据是什么?

李嘉图曾提出一个经济原理,而且已经被当代很多经济学家通过经验分析和统计分析研究过。该原理表明,给定政府支出水平,无论是通过增加税收还是发行政府债券来融资,最终给支出和真实经济活动带来的影响没有太大区别。这个有时被称为"李嘉图等价原理"的经济原理在经济学界还存在一些争议。它的基本观点是:政府发行的债券让未来纳税人必须准备好一笔未来税收,其现值大约等同于现在发行债券的价值。在经济运行良好的资本市场,消费者会通过预测这种未来税收并调整自己的储蓄等类似行为,从而适应将税收融资调换为债券融资的情形。

我觉得,至少有些情况是符合这个理论的,而且现在经济学界正努力研究到底有多少种情况。如果给定政府支出的水平,那么至少在适度的情况下,税收融资和债务融资的结构组成并不会产生很大的影响。记住,我说过,这是在政府支出水平给定的前提下。

我想提的第二个问题是,如果我们站在历史的角度上看,想要证明美联储早在过去就已经把政府债务货币化了是不容易的。然而,在这个问题上,历史证据不足为信。如果确实有证据,可信性也不大。

此外,如果我们回头看看 70 年代,举个例子,想要找出高赤字、通胀率和利率之间的因果关系,我们发现默里·韦登鲍姆所说的典型因果关系似乎与政府监管程度无关。使用政府过时的财务核算流程至少能够部分地解释上面的结论。

第一,政府预算再也不具备综合性。预算外借款、为联邦政府赞助机构融资借款、贷款担保还有许多其他至少介于政府与私人经济行为之间灰色地带的借贷行为全部加总起来,严重地削弱了政府预算对过去的综合性,更别说预算预测未来的综合性了。

总统出于对经济增长、通货膨胀、失业以及想要在国会通过总统经济计划等各方面的考虑,提出预算外借款和联邦赞助机构借款。因此,我们在政府账簿上预测的 980 亿美元赤字后面,可能还得补充大约 300 亿～400 亿美元的上述借款。这是做出各个经济假设的两大理由之一。它不仅影响了我曾经提出的政府预算赤字缩减计划,而且还可能让其在国会获得通过。

第二,在通货膨胀中,前期政府发行的债券的真实价值出现了大幅贬值,注意到这一点非常重要。在 70 年代,政府前期发行的债券的真实价值缩水一般不小于政府官方的赤字规模;也就是说,按照实际价值,有时候虽然我们看上去是财政赤字,其实是财政盈余。这就部分解释了为什么在 70 年代没有关于名义赤字规模、利率、通胀等之间关系的经济分析了。

第三,决定赤字规模大小的重要问题还受很多其他因素的影响,比如社会保险制度中的隐性债务、专门用于分析资本支出和折旧的资本账户未能被单独列出。

然而,我有个看法,就是我们预期 1983 财年的财政赤字规模非常大,1983 财年政府前期发行债券的真实价值缩水幅度将仅占这些赤字的一小部分,而且我们预测可能性较大的赤字规模远远超出了历史范围水平。这让我们在近期的历史经验推断中产生了一些忧虑。

最后,请允许我说一下结论,我们肯定已经对创造社会收入和财富的刺激政策做出过严重的阻挠。居高不下而且还在攀升的税率、通货膨胀、政府监管增加等已经削弱了它的刺激作用。我们的经济需要大量追加资本形成和创新,不管是来自公共部门还是私人部门。

提出完全忽略短期稳定经济政策的说法,或许有点过早,但我们肯定再也不能继续向经济环境中微小的变动退步了,并且改变我们原本想要恢复刺激型措施来创造收入和财富的努力方向。

人们对工作的欲望越来越多并且越来越明显的表现就是选择储蓄、投资或者开展一些创新性活动,而且我们必须一直得解释这些刺激型措施在我们制定税收、支出、货币和监管等方面的政策时的作用。经济刺激措施的削弱恰好杂糅了上述的各种表现。

3

供给侧经济学是一场美国的文艺复兴吗？

杰克·坎普

会议主持人曼尼：对于国内很多人来讲，杰克·坎普和华盛顿几乎每个人一样都支持减税并且为政府带来不同的政策计划。他在一次采访中被称为前任职业橄榄球运动员——他的儿子目前正在洛杉矶公羊队效力——他把代表蓝领的第三十八国会选区，即纽约州的水牛城变成了自己共和主义招牌不大可能的大本营。在1980年的投票选举中，他拿到了82%的选票，在整个过程中，他作为立法领导人，在思想和政治领域取得了难得的成就而且是近代史上最为突出的成就之一，因为他为供给侧经济学赢得了胜利。

不过，本次会议的目标是判断供给侧经济学是否真的取得了胜利。我可以补充一句，它还没有赢得满分。

埃默里大学和亚特兰大美联储让很多与会者有机会在有生之年参加对国内和西方世界而言最为重要的一次研讨会，我对此表示祝贺。目前，国内的经济形势不仅对美国和西半球而且对全球各个国家而言都绝对是至关重要的。

我赞同前面的嘉宾关于供给侧经济学的评论。供给侧经济学并非新生学说，实际上，它是源自亚当·斯密，或许我还可以说是源自让·巴蒂斯特·萨伊(Jean-Baptiste Say)、阿尔弗雷德·马歇尔(Alfred Lord Marshall)、里昂·瓦尔拉斯(Leon Walras)等的一种古典经济学。

我下面所讲的内容主要是表明需求侧经济学既包括一些凯恩斯主义又包含一点货币主义。但是，我想让大家知道，我绝对属于少数派。

一位东方哲人曾经说过,世界上存在很多种智慧,可惜却分散在茫茫人海之中。作为参与这场经济革命的人——但现在,至少在华盛顿某些政策小团体中,又凑巧属于少数派的人——我想通过本次演讲与大家分享自己的一点点想法。

即便如此,我还是很期待正在进行的会议辩论,因为我认为辩论能够带来出人意料的结果。世界上除了正确的思想的威力,没有其他什么终极手段可以消除错误的思想观念。这方面,我认为本次会议辩论将会有效地为我们找出一些大家希望的都认可的思想观点。这样,我们就可以为国家找到发展方向,实现充分就业、物价稳定以及所有的期望和机会等。老实讲,我认为如果一个政党或者政党领袖存在的目的不是为实现这种机会,那它/他是没有任何存在的理由的。

如果一个政党领袖没有做到这一点,不管是在东方世界还是西方世界,他终究会被选民们用一种或者其他方式换下来。这是政治市场中的残酷法则,当然,经济市场中也一样残酷。关于这个说法,我想下面的评论观点不仅仅有点挑衅意味儿,而且我希望能够为本次辩论带来一些小小的看法。

请允许我简单地提一下我的朋友、杰出的经济学家、来自经济顾问委员会的默里·韦登鲍姆。他在早先时候发表的演讲中说到免费午餐并赞成免费午餐的说法。他还对货币主义学派的一些朋友提出了质疑,认为政府削减税收并不会减少政府支出,现在不会,以后也不会。他还认为,我们应该让政府支出和税收保持同等的削减幅度,或者至少我们应该让它们的削减幅度大体上保持一致。

供给侧经济学确确实实始自亚当·斯密时代。《国富论》很明确地讨论了税收政策并讲到税收应该有个度,以免因税收过度而打击劳动积极性。很显然,当税收过度并成为压制劳动积极性的一种负担后,它不仅给宏观经济而且还对财政部的财政收入造成事与愿违的影响。

我们可以从现在到会议结束一直讨论我们现在处于税收曲线的什么位置或者讨论我们的研究分析到底走到了哪一步。但是,我认为无论是左派还是右派,从凯恩斯经济学派到货币主义学派,都会认可以下观点:税收一旦超过某个限度,就会出现反作用;价格理论适用于税收;报酬递减理论存在。

这是斯密曾经说过的,也是凯恩斯、拉弗(Laffer)说过的,更是我们现在努力想要表达的。正如约翰·F.肯尼迪(John F. Kennedy)在1962年所说的,削减税收的目的不是为了制造政府赤字,而是增加投资、促进就业并实现预算平衡。

艾伦·雷诺兹曾提到一句约翰·梅纳德·凯恩斯说过的话。凯恩斯说，税收可能太高，结果毁掉了自己的政策目标。假如我们有充足的时间来实现政策目标，那么削减税收的政策比为了平衡预算而提高税收的政策更有效。

我说这些并不是攻击任何人或者把它搞得像个人决斗似的。我想把说过的话仅仅局限于思想领域里。不过，据我所知，国内曾把税收改革作为绝对、必须的一项任务，而且现在也是。有人认为改革货币政策是降低利率、促进美国宏观经济发展的绝对必要手段。在这里，我想讲点关于税收改革还有货币政策改革类型的内容。

大家知道，我不是经济学家，而是一名国会议员。实际上，当年我从圣地亚哥闪电队以 100 美元身价转到水牛城比尔队的时候，关于货币和兑换的概念就开始出现在我脑海里了。当然，那时候的美元还是"像黄金一样贵重"。现在，我打算发挥国会议员身份的比较优势，而不是以经济理论家的身份来发表评论。

无论是 1980 年选举前还是选举后，政治人士面临的一个最大问题还是由经济学造成的。在这个问题上，你们还没出现太多的分歧，反而各个学派出现了不可思议的统一的看法。左派代表罗伯特·勒凯赤曼（Robert Lekachman）警告说："经济增长的时代结束了，出现各种限制的时代马上来临。这说明我们国家的政治风向开始变了。"他接着就强烈建议收入再分配，并把它作为解决问题的方法。右派代表弗雷德里希·范·哈耶克（Friedrich von Hayek）说："我们太害怕再次出现经济大萧条了，结果没能真正抗击通货膨胀。"他还说："如果没有萧条，通货膨胀是控制不住的。"

来自布鲁金斯研究院的巴里·博斯沃思（Barry Bosworth）曾说："我们能够实现像 60 年代早期那样的低通货膨胀率，但得承受 10 年严重的经济衰退。"凯恩斯经济学派的诺贝尔经济学奖获得者肯尼斯·阿罗（Kenneth Arrow）说："自由主义学派的地位已经被严重削弱了，因为我们无法协调充分就业与稳定物价之间的关系。"

赫布·斯坦（Herb Stein）这样概括结束通货膨胀的计划："我们现在可以先在开始的时候慢慢地通货紧缩，就是通过货币和财政政策抑制需求增长，从而一点一点地降低通货膨胀，直到实现一个适合生存的水平。虽然这个阶段可能就 5 年，但具体到底有多长、要承受的失业率有多高，我们还不清楚。"我觉得他比较符合保守派的身份。

我的好朋友贝利尔·斯普林科是货币主义学派的，他在入职财政部之前说过："未来几年我们不得不采取紧缩政策，而失业率区间会上升到 8%～9%。"这些紧缩政策,他说,可能会把每年的通货膨胀率区间从9%~10%降低到6%~7%。

在联邦储备委员会,大家由于一致认可上述观点,于是就将问题集中在了一点上。艾伦·雷诺兹最近向我提到1981年公开市场委员会会议纪要中的一段话:"会议委员们普遍赞同如果经济活动存在其他不足并且可能还伴随着更多的利率下调,那么这或许有利于维持经济活动。"

我必须要说,这种说法真是让从政的人进退两难。我们知道,经济增长会带来通货膨胀和高利率,而且赤字也能带来通货膨胀和高利率。因此,我们应该放缓经济增长并削减赤字。但是,如果经济增长放缓了,赤字规模会扩大。如果我们通过提高税收来缩减赤字,经济增长会变得更慢。不过,就在此时此刻,崇尚自由的民主党和信奉传统的共和党同样聚集在华盛顿紧锣密鼓地想要采纳下面的政策建议。

关于菲利普斯曲线的共识,其源头是约翰·梅纳德·凯恩斯。他说,需求不足会导致失业问题,而过度消费又会产生通货膨胀。因此,一旦出现失业问题,我们应该刺激消费;一旦出现通货膨胀,我们应该抑制消费。深陷这种(政策选择)绝望困境的罗纳德·里根之所以会被大多数人选为总统,原因在于只有他是坚决要挑战菲利普斯曲线的总统候选人。

凯恩斯提出解决通胀问题的办法使我莫名地联想到了拿破仑。拿破仑曾将一名士兵拉出来,并草草地因士兵的懦弱而把他枪决了,曾有人问他这是为什么。拿破仑回答说:"杀一儆百。"需求管理人将失业作为刺激劳动者减少工资需求的手段,把破产视为鼓励企业降低信贷需求的途径。然而,在他们积极地推行这种做法后的几年,我们发现自己面临着滞胀问题——通货膨胀和经济停滞同时存在。需求管理人能给我们的建议是,适应通胀和经济停滞之间不断恶化的权衡关系。

七八年前,有人首次提出解决这种经济困境的"供给侧"方法。供给学派指出,除了向老百姓口袋里送钱或者从口袋里掏钱,还有很多其他经济政策。百姓既是支出人和消费者,又是生产者、储蓄者、投资者和企业家。虽然使用货币和财政政策可以刺激需求或抑制需求,但供给学派提出了不同的策略建议。货币政策可以稳定美元,而同时采取的财政政策可以刺激个人和企业生产、储蓄和风险投资。关键是两种政策要同时施行。

简而言之,这已经成为供给学派的双重目标:降低税率并取消管制,从而恢复政策刺激性,同时推行稳健的货币政策以稳定美元。虽然抑制支出很重要,但供给学派说,整个财政政策的输赢要看经济形势的好坏。通货膨胀、利率、经济增长或失业等问题发生的变动自发产生的效应至少会影响赤字规模80%的变动。

我的观点是，里根政府开始执政的16个月已经算是成功和失败共存的历史。其中的一个失败是，在政策大洗牌时，里根政府想要通过财政刺激措施来缓和通货紧缩直接带来的不良后果，结果却没能成功。本来里根总统原先的计划能够在1982年1月前把所得税降低20%，结果却只实现了5%。因为美国家庭在去年仅有1.25%的税收减免额度，财政部测算1981年的税收增加了150亿美元——相当于每个劳动者多交了150美元的税金。美国家庭在没有任何优惠计划的保障下承受了货币政策带来的冲击。很难但又不得不相信，现在美国经济的税负比吉米·卡特(Jimmy Carter)时期的还重。

传统观点认为，增加税收并"节省收入"能够缩减预算赤字。现在这种观点又重出江湖了，所以才有上面的结论。不过，从7月份开始，国内经济从滞胀阶段陷入了严重的衰退期，而且赤字规模越来越大，没有变小。当然，现在一小部分反对者向里根总统进言，说正是他的未来减税计划产生的预期才导致1981年的经济衰退。但是，去年政府没有选对时机就增加了税收，结果是可以预测的，因为实际上我们大部分人确实猜到了。

虽然国会的动作迟到了，但它的行动就已经是我们的成功了。这是自1948年以来，政府在经济衰退期间为了取得一些良好的成绩，及时首次推行了税收激励措施。虽然我们的政策还要继续深化，但现在至少我们已经控制住了税收负担的增长。只要国会不再做出不明智的行动来中止经济复苏，这些税收激励措施将有利于为长久的经济增长打下基础。

税收削减后的前3个月，个人储蓄率上升了17%；去年，新的公开股票发行量投资规模达到了历史新高。公司投资没有出现新水平，但这却真正地反映出与肯尼迪政府类似的税收削减计划所产生的一模一样的结果：个人储蓄造就了大部分的资本形成，最终流向了企业。

看到新闻报道说商业圆桌会议现在正呼吁取消个人税率削减计划，这挺讽刺的。当然，大财团反对个人税收削减的事情并不新鲜。不知道为什么，大公司一直反对削减他们的员工、股东和顾客的税收。我所知道的是，1978年政府降低了资本利得税，结果非常成功地促进了新生企业的产生，而它们还是反对。这个例子告诫我，如果我经营着一家大型公司，要谨慎对待对里根总统税收法案胡搅蛮缠的公司的提议。

然而，最令人心痛的是，现在我们没有供给侧方面的货币政策。依我看，在货币问题上，货币学派和供给学派的解决方法是无法调和的。有个比较随意的公式给 M1 货币做出了定义，货币学派将 M1 作为货币政策目标。从 1979 年 10 月开始，美联储就已经推行了货币学派的这项政策主张。现在我相信几乎每个人都看到了这种政策的错误。

这个政策的问题是两面性的。首先，它正好陷入了凯恩斯所描述的问题之中："如果人无法实现欲望目标（就是钱），而且这种欲望需求又无法控制，那么他们是不会被雇用的。"解决货币供给量的问题，就算能够成功，也会迫使实体经济而不是银行系统去适应货币需求中的任何变动。因此，货币学派的主张让利率和真实产出出现了不必要的循环往复。这就是我们为什么在历史上首次承受两年内两次往复的经济衰退，而且无论是民主党还是共和党执政，银行优惠利率也首次出现 20% 的水平。

第二，无论央行的银行家怎样定义货币，人们通过自己的聪明才智能够而且确实给这些定义换个叫法。但很明显，凯恩斯学派和货币学派都低估了人们在这方面的实力。看看现在的货币市场基金、隔夜回购协议和隔夜欧洲美元等井喷式地出现，它们没有一种属于 M1 货币。即便人们对 M1 货币的历史发展速度了如指掌，结果也是无济于事的，因为将特定货币定义作为政策目标并不能让人们的经济行为受历史影响。

这意味着，对货币供给量目标产生的负面影响，我们所能避免的底线是美联储丧失了货币供给的控制权，进而是制定货币政策的权力。或许总统经济顾问整篇报告——彻头彻尾的货币学派的宣传册——中最令人感兴趣的地方是这样说的："在以后的货币体系中，美联储将对 M1 货币严格控制。现在我们正在逐渐把它向这个方向上发展，并时时适当地调整。"

我个人认为，现在的货币体系正在迅速地分解成零碎的货币政策目标。法国和英国已经试行过将货币供给量作为政策目标，但已经失败。如果这种情况出现在美国，有人肯定会抱怨，以前的货币主义主张不但没有失败，反而是从来没被尽力地施行。不过，货币学派提出帮助美联储更好地实现经济目标的措施——比如与市场挂钩的折旧率——就直接表明，是（货币）价格而不是（货币供给）数量决定着货币市场。

我想，事实上很多美联储的官员都想摆脱货币政策目标。因为他们现在看到货币主义的主张失败了，从这个角度上看，我理解他们。但是，如果他们想要放弃政策目标，重回他们自己一言堂的老路或者说为了实现"经济再通胀"，那么我们的经济将岌岌可危。货币学派有一点说得十分正确，我们需要一些规则来制约货币政策。但现在唯一的问题是，他们提出的规则是错误的。

虽然我不是经济专家，但我认为大部分现代经济学家忽略了一个很简单的现实情况：无论是经济学家还是政府官员都无法决定货币供给。货币供给通过无数个体达成的共同协议由市场来决定。货币需求量也是由无数个体的需求总量严格确定的。因此，认识到这个现实后，我们也只能非常接近地去评价货币的定义和数量。政府除了在作为货币使用人的职能权限内，无法决定货币供给或者货币需求。

根据凯恩斯的说法，我们之所以出现经济衰退，是因为经济再也无法依赖个人支出。因此，我们必须让政府代替个人来承担费用支出，从而解决个人对费用支出的抵触心理。货币学派对赤裸裸的政府干预主义并不买账。但是，他们真的反对凯恩斯主张的政府管理费用支出的必要性吗？还是仅仅反对他实现这种管理行为的措施？梅尔·罗斯柴尔德男爵（Baron Meyer Rothschild）应该已经说过："让我来管理一国的货币吧，我才不会关心货币规则的制定者是谁。"如果大家认为只有货币才是真正重要的东西，那么，你们可以去支持一下解决除了货币问题之外所有问题的自由市场派的主张。凯恩斯学派提倡用政府赤字来管理费用支出，而货币学派则提倡用美联储的公开市场操作来管理费用支出。

这里，我再次声明一下，这些是我这位国会议员而不是经济学家的观察，但它们都是根据很多美国人真实经历的第一手资料获得的。我们现在恶化的货币形势给这些人的经济、社会和家庭生活带来痛苦的折磨。我可以告诉大家，老百姓不会用经济学家的抽象眼光去看待货币。他们把货币作为一种标杆，一种价值标准。

面对想要维持"平均"货币标准的政府，老百姓总是会有很多问题，这好比遇到 1 英尺今天是 11 英寸而后天是 13 英寸的问题。政府或许会说，"按平均水平"尺子就是 12 英寸长。但是，如果你想盖房子，想必会非常奇怪，因为它每一部分都量不准。我们经济的各个部分也测不准，因为美联储正打算把货币标准维持在"平均水平"上。想想吧，按平均水平，你在水牛城是不需要冬大衣的。

不管我们喜不喜欢，货币和信用都包含着一层道德含义。"信用"这个词，拉丁语的字面意思是"他相信"。人们彼此之间能够及时地交易是因为他们相信自己不会被货币变动所欺骗。如果他们不再相信，那么就不再往外贷款或者收取高昂的保险费以防风险发生。这就是为什么利率这么高以及为什么只有货币改革才能降低利率的原因。

如果这听着有些像哲学，那就让我以水牛城国会议员的身份把上面的话放到艰难的政治环境里。诚实货币（honest money）是民粹派、蓝领阶层、中产阶层面临的一个民生问题。如果你是富人，你可以通过买付息债券、投资不动产或者雇用律师、会计师和经纪人来设计包含税法及期货市场的复杂理财计划等,从而保护自己免受无利可图的货币所带来的风险。但是,你存的钱越少,他们(中等阶层)就越确信自己与货币或者利息极低甚至没有利息的存款息息相关,因为他们的货币或存款的周转频率肯定很高。因此,每次严重的通货膨胀对辛苦工作的中产阶级带来的冲击最大。

在我的老家纽约州,最近职业员工联合会(Professional Employees Federation)刚与州政府谈判达成的合同里约定:"雇主在发现存在不可控制的通胀可能并严重削弱美元信用和购买力时,应该用交换媒介而不是现行的美国联邦储备券去赔偿员工的损失。交易媒介包括但不限于金、银、铂、金银块和铸币以及/或一种或多种外币。"一名工会发言人对《华盛顿邮报》(*Washington Post*)说:"我们不是建议让州长去科罗拉多淘金,然后给我们金粉作为报酬。我们只是想收到等同于金、银价值或者其他价值指数的报酬。"有谁愿意向他们解释一下劳动力中存在的"货币幻象"?

曾经规定成立美联储的法律中仍然约定,一旦出现需求,美国联邦储备券在法律程序上是可以"兑换成合法货币"的,这是一个很奇怪的现象。我知道曾经有人在大概10年前想努力搞清楚这句话到底是什么意思。他在给财政部部长写的信中这样说:

先生,您好!

我这里附上了两张面额100美元的联邦储备券,上面写着:"可在美国财政部或者任何美联储银行兑换成合法货币。"一张由小亨利·摩根索(Henry Morgenthau Jr.,1934)部长签发;另外一张由亨利·H.福勒(Henry Fowler,1950)部长签发。

我写信的目的就是想兑付这种承诺。虽然我不知道你们支付给我的合法货币到底是什么,但你们肯定知道美国财政部在1934年和1950年做出承诺时的合法货币是什么。

谢谢!

敬启
C.V.迈尔斯

他得到的回信是这样的:

尊敬的迈尔斯先生:

部长已经收到你的信件,并移交给我回复。

你信件中提交的两张面额100美元的联邦储备券就是合法货币。美元钞票和美元铸币也是合法货币。

我们在此已经将这两张面额100美元的联邦储备券返还给你，请查收。

敬启

J.P.普拉尔

特别助理司库

换句话说，联邦储备券是一种可以用来兑换自己的票据。约翰·埃克斯特（John Exter）给它起了个很恰当的名字，叫"无债借条"（I Owe You nothing 或 IOU nothing）。我们已经有过"无债借条"（IOU）的历史案例：约翰·劳（John Law）和密西西比河泡沫、法国大革命期间的纸券、欧洲大陆美元、"内战"期间的美钞。在以上每一个案例中，"无债借条"最终被人们在市场中抛弃。它们带来的是高价格、高利率、对真实价值的追逐和整体性的经济滞胀。

自1968年美国政府叫停可用固定重量的黄金兑换美元的政策后，我们的经济形势已经出现了上面案例中的一些特征，这可不是凑巧。无论哪种情形，政府除了重新规定可将"无债借条"按需兑换成固定重量的有价值的某种媒介之外，没有其他方法可以稳定物价、降低利率或者恢复金融紧缩和长期信心。

我感谢大家提出的质疑，因为我习惯了与大家讨论。比尔·夸克（Bill Quirk）是这样恰当地描述的，在黄金还是非法的年代（这里是指1934年以来）里成长起来的几代人曾在《经济学Ⅰ》中学到，黄金没有任何特殊之处——它只是被很多喜欢它金光闪闪的原始人类推崇的软黄金属。一些最原始的货币体系也受到它的影响。总之，黄金热只是人类迷信和浪漫相结合的产物。然而，美国早已经迈入了更高的历史进化阶段。当然，这就是为什么我们曾把偷过5美元印度头像金币的人关进监狱的原因。

黄金兑现可能不流行了，但我相信它现在是非做不可了。原因很简单，如果我们不再把黄金货币化，人们会在市场中渐渐地停止流通美元。

我们只是世界经济的一部分，我们所认为的欠自己的债，其实大部分都跑到外国人手里了。对于这种现实，我们在很久以前就是轻松放过，没有留意。不管现在的货币体系是凯恩斯学派主导还是货币学派主导，它的内部都是不稳定的。我们必须在通货紧缩及破产和通货膨胀及抽离美元之间做好权衡。

在现行政策下，迫在眉睫的危险是物价持续下跌、信用清算攀升。但是，如果我们转向"再通胀"，外国人会发现他们持有的美元资产的收益突然减少甚至贬值。如果他们真的抛售了大部分的数以千亿的短期美元债权，结果将会造成资产严重贬值和美元抽离。为了应付被世界认为是美国的"倾销行为"，世界各国"以邻为壑"的压力会变得异常巨大。

一段时间之前，我提了一些支持货币改革的建议，包括一些可以立竿见影的建议，还有那些需要行政和立法手续的建议。

第一，美联储应该放弃把货币目标作为政策工具的做法。

第二，除了实现涉及预付税金票据的短期债券管理之外，公开市场操作应当停止。美联储持有的联邦债券到期之前不能归还。

第三，美联储应该把仅限于短期商业票据的再贴现窗口作为创造美联储新信用和银行新存款的首要措施。但是，贴现率应该是一种浮动政策工具，而不是一种固定目标。

第四，货币政策的新目标应该能够标示物价水平。综合商品价格指数或者硬通货汇率可以作为次优选择，但最优选择是黄金的美元价格。国际清算行前行长杰里·泽吉尔斯达（Jelle Zjilstra）曾建议，形势可能的话，应该同我们的大型贸易伙伴的央行一起协商这个货币政策。现在，这个政策可能意味着停止黄金价格下跌，但同时也给黄金价格设置了上限。

第五，政府应该立刻开启立法程序，把美元重新和固定重量的黄金挂钩，并为联邦储备券和信用按需兑换成黄金提供便利。

最后，美国应该组织一次类似布雷顿森林会议的会议来讨论重新建立一个国际性货币体系。在这个我们想要创建的体系中，官方国际结算用黄金完成。会议还有一个目标就是讨论剩余官方美元存量的结算。

贴现率机制会有用的，因为它允许在短期内货币供给量要服从货币需求量。根据数量规则，利率和产出会存在巨大但又不必要的波动，而贴现率机制会避免以上情况。不过，重点不是稳定利率，而是维持物价稳定。不管你是想要努力固定住某个利率水平，还是想要稳定住一定数量的货币，都是不对的。

我们需要黄金兑换，因为仅仅有货币政策法则是远远不够的，还必须有一种将政策付诸实践的机制才行。我们见识过的最稳定的货币机制就是曾经的古典国际金本位制度。如果不是因为银行系统存在缺陷产生了美联储，金本位制度在国内的表现会更好。布雷顿森林体系虽然存在瑕疵，但还是维持了超常的金融稳定。

现在一个很显然的问题来了：如果我们将来不再把联邦债券货币化，是不是意味着我们需要财政改革啊？当然是！如果我们停止货币化联邦证券，所有联邦信用操作都必须从我们的净储蓄中筹资。这意味着，我们必须得尽我们所能——比如进一步削减税收去增加私人储蓄，并在预算内和预算外减少联邦信用活动。再次强调一下，增加税收是没道理的。

最近我向一位很博学的经济学家朋友罗伯特·蒙代尔（Robert Mundell）请教了一个问题，是不是可能没有其他方法来实现债券货币化？他想了一会儿，然后回答我说:"如果你问我怎么样去伦敦,我会告诉你一直往东飞就可以。我也可以告诉你往西飞也能到,但是这条路太差了,连想想它都浪费你的脑细胞。"

确实,如果黄金兑换机制发挥它最佳的状态,现在的货币体系就真的太可笑了。黄金堆在保险库里,因为人们普遍想要持有可兑换的美元纸币来收取利息,但黄金不行。同样,我们的国防力量最厉害而我们最贵、最先进的武器却被束之高阁,看上去没啥用,因为我们的敌人不敢威胁我们。我想,你买了寿险但没有去死,道理也是这样的。(正如我的战友阿瑟·拉弗所观察的,黄金兑换就是一种针对货币质量的保单。)只有当我们相信这些储存的东西太浪费了而且可以被利用掉的时候,我们才迟到地发现自己之前错了。

货币学派的朋友告诉我们,金本位相当于"固定物价"。他们说,如果我们想按照1792～1971年把美元与一定重量的黄金挂钩,那么这就好比把小麦或五花肉的美元价格给固定了,两者都会受到争议与反对的。不过,这也表明,美元纸币赋予了黄金一定的价值,而不是黄金赋予了美元价值。国会议员亨利·罗伊斯(Henry Reuss)在1968年时预言,如果黄金兑换制度中止,黄金价格会从一盎司35美元跌到6美元。然而,现在一盎司黄金价格超过了300美元,已经快接近850美元了。

实际上,货币学派应该是满意金本位思想的。毕竟,在米尔顿·弗里德曼和安娜·施瓦茨(Anna Schwartz)合著的大作——《美国货币史》93年的历史中有80年都存在黄金兑换制度的影子。如果美元能够再次像黄金一样贵重,人们会追逐更多的美元。M1货币量可能会增加,谁知道呢?——第一年15%,第二年或许10%,第三年7%,第四年5%,第五年3%,第六年3%,第七年3%。米尔顿·弗里德曼可能会大呼:"结果,最后他们终于做对事儿啦!"

共和党于1980年在全国范围内公布了一项它们的政治纲领,呼吁一个稳定的货币标准。然而,如果只有一个政党才能提倡币值稳定,那就太可惜了。伦敦《时代》杂志前任编辑威廉·里斯·莫格曾观察到,黄金不讲政治:

> 黄金体系通过货币供给发挥作用,而且不需要复杂精致的控制系统;它应该会受到政治自由人士的欢迎。黄金具备国际性,是全球货币供给的来源;一个人如果对黄金的价值信奉不移,那么从未来发展看,他自然地属于国际主义者而不是国家主义者。黄金价值稳定;它不仅代表着良好的秩序,而且通过准自动机制建立秩序;它应该会受到保守机构的欢迎。黄金就是公正;它让人与人之间能够公平交易,让过去、现在和未来的交易也能实现公平。它不会劫贫济富。它会受到追求社会正义的人和社会民主人士的欢迎。

坦白地讲,共和党的前途和西方文明的前途相比,我更担心后者。我们参加这次会议的目的不是讨论供给侧经济学的未来,而是讨论民主资本主义的未来。如果我们失败了,我们只能看看周围国家的情况——希腊、法国等其他国家——看看另外的出路是什么。就像里根总统说的,如果我们不作为,那么谁作为?如果现在不作为,那么何时才作为?我想他发出的疑问不仅仅针对的是某个政府或某个政党,而且还有整个美国。

我们拯救美元不单是为自己的人民负责。1944年黄金美元本位制度开始在世界范围内流行,1971年美元本位制度开始流行。如果我们没有成功,那么受到伤害的,不仅是我们自己,还有我们的欧洲伙伴国和世界其他国家——墨西哥、加拿大、智利以及货币和命运与我们息息相关的所有其他国家。像在其他很多事情上的评论一样,在这一点,亚历山大·索尔仁尼琴(Alexander Solzhenitsyn)说得对:如果美国不去领导自由世界,那么自由世界就没有领导者了。恢复美元和黄金挂钩,从而开始恢复西方文明的标准,是我们的特殊使命。

4

货币学派与供给学派之间是否存在冲突？

大卫·I. 梅瑟曼

会议主持人曼尼：大卫·I. 梅瑟曼毕业于波士顿大学，而且曾在芝加哥大学担任过米尔顿·弗里德曼的合作人。实际上，他对利率期限结构研究的论断已经成为领域内重要的研究成果之一。

虽然大卫·I. 梅瑟曼没有担任显要的政府职位，但确实曾为很多重要的政府官员出谋划策过。他的咨询领域除了政府事务，还延伸到了银行业务和私人企业。在这里，我也很高兴地告诉大家，他很欢迎学术界的朋友给他提提建议。

通常，在每种知识界，总会有这么一个人，在圈里的其他人遇到非常烧脑的命题的时候，都会去找他。这样的人往往出了圈子就没多少人知道了。大卫·I. 梅瑟曼有点像这种人。不过，知识渊博的人会在他提出自己建议和想法的时候非常认真地去听。

货币数量在货币学派理论中的地位非常重要，因为货币学派认为它决定了很多经济现象的产生，尤其是货币数量和通货膨胀之间的联系以及货币数量变动与经济环境短期变动之间的关系。供给学派的人则认为，经济运行规律与货币学派的这个观点正好相反。

从其他地方，不管是听说的还是读到的，我们知道目前的周期性经济衰退很明显地证明供给侧方法从整体上是失败的，特别是1981年减税政策的失败。（如果我们考虑到1981年的税级攀升，那么对大部分纳税人而言，1981年的税收削减政策结果根本没有降低他们的税率水平。此外，虽然个人支出计划已经被控制,但联邦政府总体支出还在持续扩大。)现在不但供给侧分析方法饱受批评,连里根政府缩减政府规模和减少政府作用的想法也受到反对。以我之见,如果这些批评和反对把现在的经济衰退跟政府的财政政策挂钩,那么它们就找错原因了。我会证明,这些批评被误导了,而且一部分原因来自错误的信息,或者出自一个不可告人的目的。

如果我能把自己理解的供给侧方法和货币派的方法表达清楚,估计对大家有所帮助。供给侧经济学认为财政政策,特别是其中的税收因素,对刺激措施、经济效率和经济增长有重大影响。税收扭曲了相对价格水平和相对成本,结果造成经济效率降低、经济增长缓慢。规则或者奖励一旦被改变,结果也会改变。简单来说,大部分供给学派认为最佳的税改方案就是减税。

凯恩斯学派也认为税收对我们的经济影响非常大。不过,凯恩斯学派认为税收是会变化的,尤其是通过改变总需求所引起的所得税变动。这是凯恩斯学派分析的基础。通常,凯恩斯学派很少关心供给问题。它们拘泥在对经济大萧条的研究范围里,而且还非常错误地以为,好像它们真的知道需求能够创造供给。凯恩斯学派到现在也往往不太关心产出和生产效率问题。税收和政府支出的变动能够带来经济学家们所称的"税收变动的收入效应",而凯恩斯学派无论是过去还是现在,实际上一直在强调这种效应。

相比之下,供给学派把自己与凯恩斯学派区分开来,并提出了不一样的分析理论。它们强调税收变动带来的刺激作用,尤其是对供给决策和产出的作用——"供给侧经济学"由此而来。对于供给学派,值得表扬的是它们重视了很多传统经济工具和原理,包括我几年前从菲尔·格莱姆那里听到的:只有在字典里(按字母顺序),"消费"(consumption)出现在"生产"(production)前面。

货币学派也像凯恩斯学派一样,强调总需求。货币学派认为,名义货币需求量或者说名义 GNP 对总需求起着重大决定作用,而且还是不可或缺的决定作用。我们把以前一系列的分析结论和经验结论总称为"货币数量论",货币主义只不过是它的新外衣而已。

根据货币数量论的观点,货币存量决定了总支出。虽然政府的税收和开支政策可能改变个人支出在 GNP 中的比重,但是 GNP 整体各部分的比重变动几乎对名义 GNP 自身总量没什么影响。举个例子,给定货币存量水平,即名义 GNP 总量固定,如果我们增加政府支出,虽然 GNP 总量从根本上保持不变,但个人支出却减少了,以便稀释更多的政府支出。因此,是政府支出把个人支出挤出去了。

货币学派认为——虽然名义 GNP 由名义货币需求量决定——在长期里,

真实GNP由真实经济因素决定。从长期看,货币供给只能带来通货膨胀;货币并不能生产商品和劳务。然而,劳动、资本、原材料的供给,技术水平,人们的活力和智慧,一个稳定且有建设性的法律和公共政策机制,等等,还有将上述各个生产要素充分发挥作用的各项刺激措施,都对产出有着决定作用。它们也是供给学派真正强调的真实经济因素。

刚才我说的是货币学派关于名义货币存量、通货膨胀和名义GNP之间长期关系的主张。当我考虑到这些真实经济关系或者供给关系时,发现货币学派和供给学派的方法在大方向上还是存在一致性的。的确,货币学派一直强调相对价格、刺激措施等——微观经济学中的东西——属于真实经济变量的核心内容,而且货币数量在长期内只能决定价格水平,但决定不了产出水平。

然而,货币学派却把货币变动产生的长期或永久影响,与货币变动产生的短期和暂时影响,分得非常清楚。虽然在长期内货币供给对真实经济变量没有影响,但造成产出、就业和利润短期波动或者说一个经济周期的核心关键因素却是货币存量。

结果表明,货币数量的变动首先影响到真实经济变量——大概滞后两个季度——而价格只有更晚才会受到影响。

从历史经验上说,货币供给的变动在1年左右的时间里好像对通货膨胀没有影响。1年后,价格水平开始有所反应,而且在货币供给第一次发生变动的7个季度后反应最大。这一7个季度滞后期正好与1981年末和1982年初的通胀水平突然下跌保持一致。大家可能还记得,在7个季度前,也就是1980年的第二个季度,货币供给量暴跌。1980年下半年的货币供给量迅速扩大,这让我们产生一些怀疑,认为目前尤其是1982年后期的通胀水平下滑是否还能持续。

在经济疲软的时候,快速的货币量增长开始能够增加销量、提高就业率、扩大产出、增加利润和提升股价,但对通货膨胀没什么影响。扩张型货币政策带来的首要利好消息就是真实GNP增加,但事后,我们就看到更高的通胀水平。高昂的物价水平减少了真实收益并让其最终消失。

政府想通过经济微调和实行反经济周期的货币措施来缓和经济周期,虽然本意非常好,可是结果却带来更高的通货膨胀率和更大的经济动荡。现在情况反过来了,政府行为导致的高通胀和经济动荡以及针对储蓄和投资的税收歧视,都成了目前创历史纪录的高利率水平的重大影响因素。

因为人们对货币存量的未来变动存在疑虑,所以才产生了货币滞后效应和很多问题。这些滞后效应和问题不仅证明了缓慢但稳定的货币供给速度的必要性,而且还证明了它的法律强制性。

我个人更喜欢的一个货币法则是，用统计 M1 货币的口径来固定货币数量。为了方便理解，我建议 M1 货币供给速度每年下降 1 个百分点，比如从 1982 年的 4% 下降到 1983 年的 3%，以此类推。1985 年以后，货币供给速度为 0。截至 1985 年，M1 货币总量会比 1981 年高出 10%，大约相当于 4 840 亿美元。货币零增长基本上意味着零通胀，这就是我为什么把它作为我所提议的法则的核心。

虽然刚才国会议员坎普先生关于货币需求和速度的说法不正确，但现在，M1 货币每年的供给速度却几乎达到了 3.5%，所以，货币零增长就意味着名义 GNP 总量同样也要保持 3.5% 的增长速度。在近几年经济出现下滑趋势之前，我们的经济产出水平每年一直按 3%~4% 的速度增长。现在即便我们回到那种良好健康的经济环境里，我认为经济产出也不能再像以前那样增长了。因此，名义 GNP 总体上的增长也就一般说明了产出增长，而不是价格上涨。1985 年以后的货币法则也许是："不要太多，不要太少。"这种简单明了的货币法则会有很多优点。它可能给市场带来一种确定信号、压低现在的利率水平、消除通货膨胀、稳定经济增长而且还能预防政府把通胀作为收税工具的行为。

我想补充一句，现在支持金本位制度和黄金固定名义价格制度的人提出了一个明确的法则，观点也非常好。可惜，解决黄金固定价格的主要困难却是这种明确的法则是错的。

想要通过政府干预来固定黄金价格，需要财政部在自由市场的黄金价格下跌时买进黄金。现在，黄金可以和美元兑换，但不是按照政府固定价格。毕竟，自由的黄金市场还是存在的。固定黄金价格还需要政府在自由市场黄金价格上升时卖出黄金。比如，如果想把黄金价格固定在去年每盎司大概 500 美元的水平，或者固定在去年夏天 400 美元 1 盎司、上个月 375 美元 1 盎司甚至是上周 325 美元 1 盎司等的价格水平上，那么最近几个月就可能需要政府大量买入黄金。政府买入黄金支撑着黄金价格不跌，但买入黄金的资金来源不是税收或者政府卖出债券收入，而是通过最直接的发行新货币。

换句话说，如果苏联通过出售黄金来采购粮食，以满足国内人民的温饱；如果伊拉克和伊朗通过出售黄金来为它们之间的战争融资，或者为了适应石油价格和产量下滑，那么美国财政部想要固定黄金价格的干预措施就是增加国内的货币存量，但结果会带来国内的通货膨胀。我们现有的货币制度，不仅造成苏联农业收成惨淡或者海湾战争，给苏联、伊拉克和伊朗带来痛苦，而且还给美国带来通货膨胀。因此，很多人质疑我们是否还要继续坚持这种货币制度。缓慢稳定的货币供给速度对于缓和通货膨胀、减轻经济周期和利率剧烈波动发挥着核心作用。然而，上面的例子表明，支持缓慢稳定增加货币供给的法则或政策与固定黄金价格下的金本位制度根本不相容。固定的黄金价格势必意味着，美国在面临国外各种经济波动时，需要出台很多与实现物价稳定和币值稳定无关的货币政策。我们没有从国外捞到什么更多的东西，却给自己惹了不少麻烦。

在回到货币数量论和供给侧经济学之前，我想对凯恩斯学派的财政政策观点发表一下看法。虽然凯恩斯学派的核心思想被严谨的研究结论、反复的现实实验和经验一次又一次地证明是错误的，但他们的观点仍然对我们很多人的思想发挥着巨大影响。即便如此，有清楚的证据表明，如果存在收入津贴来弥补货币效应，那么政府支出、税收和赤字的变动对经济周期、名义 GNP 或者通货膨胀从根本上几乎没有系统性影响了。

这并不是说对税收、赤字或政府支出一点影响也没有。预算赤字除了对凯恩斯学派非常重视的经济周期没有影响外，对资源配置、收入分配、利率和经济效率等都有影响。这就解释了为什么凯恩斯学派认为货币政策和财政政策从根本上没有此消彼长的关系。

短期内，货币政策的综合影响会带来经济周期，而财政政策的综合影响对经济周期几乎没有决定性影响。长期内，货币政策对真实经济因素几乎没影响，而财政政策通过对经济效率、经济增长和收入分配的作用，影响着经济规模。我们有很多不切实际的期望，面临近几年漏洞百出的政策，而且希望解决经济问题的方便快捷的方法快点出现，之所以会这样，就是因为我们把货币政策和财政政策的短期影响和长期影响混淆了。

为了更加明白财政政策的影响，我们得分别考虑它的组成内容——财政支出和支出的融资来源。

首先，给定货币存量，政府支出会挤出个人支出。政府在商品和劳务上的支出把经济资源转移到公共部门。因为政府对经济资源的占用使得私人部门利用经济资源的数量减少，所以，可以说，政府支出本身就是一种税收形式。

当然，公共部门利用经济资源的产出率相对于私人部门的生产率而言到底如何，对支出的转移效应有着决定性的影响。但是，公共部门普遍缺少刺激经济效率的措施，此外，补贴消费行为的收入再分配计划不仅影响广泛，成本代价还非常高。这些情况导致很多政府的经济计划效果慢，或者出现反作用。这就意味着，从总体上讲，政府规模再大，真实产出水平也会降低。动用全部手段为政府支出融资会产生很多意外的扭曲作用，最终加剧政府支出效率的损失。

想对预算效应做出全面分析，还要看政府支出的融资方式是什么。每种政府支出的融资方式都有自己一系列的成本代价和扭曲效应。如果政府通过税收来融资,那么税收会抑制或者改变私人部门的经济活动,甚至可能加速经济资源从私人部门转移到公共领域。经济产出和需求的税收效应取决于具体税种的特点。简单来说吧,美国的税收制度早就对而且会继续对储蓄、资本形成和经济增长造成非常不利的影响,并因此对消费和政府支出造成不利影响。此外,由于支出总量不仅取决于税率水平,还取决于货币数量,所以税收结构对需求的主要影响不是取决于支出总量本身,而是取决于支出的组成结构。

政府通过出售债券(假设货币存量给定)融资,也能阻止经济资源从私人部门被再次配置到政府部门。如果财政部出售计息债券,真实利率水平上升。现在我们面临的问题不是税收的抑制效应,而是高利率水平的抑制效应。因为它不仅减少了利率敏感型的支出和经济活动,而且刺激了人们从消费转移到储蓄。

假定支出水平给定,我认为,税收和债务融资的最优比例不会被事先确定下来。如果政府的目标是把税收和赤字产生的扭曲效应最小化,那么债务融资的经济成本必须与税收成本相比较,而且这些税收反而变得不得不征收了。(我们应该在现行税收法律下而不是理想或者中性的税法情形下分析税收效应。)

最后,政府可以将赤字货币化为支出融资。政府只需要印钞票和发行无息债券就行。美元供给量增加会提高通货膨胀率,进而使美元贬值。通货膨胀是对所有货币余量的一种征税形式。此外,在目前的税收法律下,通货膨胀有效地提高了税率水平,并对大量资本形式进行征税,结果就是不只是货币现金被征税。

想要仅仅用描述预算总量的收入数字或者赤字数据来理解上述复杂的关系是不行的。这就是本次讨论的一个结论。

一方面,凯恩斯学派的研究一直很重视短期经济周期或者稳定的经济目标,几乎不考虑税收、支出和赤字对经济效率与收入分配的影响。另一方面,很多凯恩斯学派的人物为了把扩大政府规模和服务范围、改变收入分配等方面隐秘的动机合理地包装起来,已经开始利用人们对经济稳定的合法要求和期望了。

越来越大的预算规模没必要再成为凯恩斯学派的研究结论了,因为它们已经得出了结果,而且还不是在意外的情况下。根据凯恩斯学派的观点,政府可以通过削减税收来挽救经济衰退,但没必要削减政府支出。政府可以通过削减政府支出而不是提高税收来抑制通货膨胀。因此,在理论假设层面上,凯恩斯学派可能得出的结论就是税收和政府支出会一点点地降低,而不是我们所看到的一点点增加。

很多政治家和他们的顾问常用凯恩斯学派的经济工具来实现他们希望看到的大政府、高税率、通货膨胀率和收入再分配。正是对凯恩斯学派理论的偏爱，才使我们看到他们这些人身上所固有的政策偏见。

关于原定计划在1983年7月实施的减税计划和1年半或更长一段时间以后即1984年实施的税率指数化措施，我们在1982年初就表现出极大的关心。然而，我们有什么其他理由去解释这种关心呢？为什么我们不断在呼吁取消未来减税计划和现在的税率指数化呢？为什么世界上像迪普·奥尼尔（Tip O'Neil）一样支持政府干预的政治家们突然之间开始担心预算赤字问题了呢？凯恩斯学派通常认为预算平衡不重要，或者说预算平衡只不过是某些经济白痴或思想陈旧的人的空想罢了。现在我们为什么听不到这种说法了呢？如果削减税收真的能像保罗·萨缪尔森（Paul Sameulson）、沃尔特·赫勒（Walter Heller）、詹姆斯·托宾（James Tobin）还有其他在60年代支持减税的著名人物所坚信的那样，可以刺激经济复苏，那我们岂不应该更多地看到政府会继续在1982年和1983年进行税收削减，甚至是扩大削减力度呢？假如凯恩斯学派坚持自己的观点，那么就拿1983年7月的减税来说，它们应该说，我们需要静观其变，看看1983年有何收获。

因为收入和政府支出之间的关系很好理解，所以我认为，我们很少会听到加快税收削减速度或者扩大税收削减幅度的说法。花钱的人只想维持收入水平不变，或者想提高预算水平。依我看，他们对赤字问题变得如此关心，其实是假的。我可以补充一点，很多曾经支持而且还会继续支持税收削减的人之所以会这么做，主要是因为他们相信政府有必要通过约束收入水平来抑制政府支出。

我的看法是，凯恩斯学派关于税收变动的短期影响得到了一些供给侧方法的支持者的认可，那么这些人的立场可就不坚定了。因为货币政策决定了短期和周期性的经济现象，所以货币政策的影响会在短期内覆盖税收和支出政策的影响。某些供给派人物之所以在短期内期望过高或许诺过高，就是因为——没有分清上面的经济关系；对于用来适应新的税收环境的时机，尤其是在目前不确定的大背景下，没有充分理解到位；对政府缺乏信心；缺少针对实现低速稳定经济增长的货币规则。1981年政府的减税政策由于受到税级攀升的影响，在开始的时候根本没有降低大多数纳税人的缴税数量。我们不能因为对1981年减税的失望，而忽视了减税政策的长期影响。毕竟在长期内，减税不仅可以降低高税率水平的负面影响，而且还能控制流向花钱大户的收入的规模。

从供给侧方面考虑,我们需要对税收、支出和政府监管进行根本性的改革,但目前的经济衰退形势不是放弃这种努力的理由。虽然我们有谨慎的货币政策,但它的成本越来越高、过程越来越让人不爽。因此,我确确实实地希望,现在经济衰退还有这样的货币政策的存在——能够使政府出台一项货币法令,强制规定货币供给要保持低速稳定增长,同时也必要地结合供给派削减税收和预算规模的政策,从而恢复国内经济的健康发展。

5

供给侧经济学的理论基础

保罗·克雷格·罗伯茨

会议主持人曼尼：直到上个月，保罗·克雷格·罗伯茨还是财政部负责经济政策的助理部长。现在，他在乔治城大学战略和国际研究中心担任政治经济学教授。威廉·E.西蒙（William E.Simon）也曾担任过这个职务。罗伯茨曾在供给侧经济学的发展过程中提出自己独创的见解。他是佐治亚州亚特兰大市人，毕业于佐治亚理工学院，并先后在加州大学和英国牛津大学完成硕士阶段的学习，最后从弗吉尼亚大学获得哲学博士学位。

保罗·克雷格·罗伯茨有很多社会角色，其中一个就是担任众议院预算委员会少数人小组的首席经济学家。现在，他还一直是杰克·坎普和奥林·哈奇（Orrin Hatch）的经济顾问。他曾是《华尔街日报》的助理编辑，是社论专页"鼓舞人心"的专栏作家。他还担任了大量的学术职务，发表过很多文章或著作，以至于我们这里都讲不完。

供给侧经济学把经济刺激措施和人们的经济行为纳入宏观经济学。供给学派强调相对价格的作用，这与认为需求决定产出的凯恩斯学派不同。

相对价格理论是一种不同以往的，或者说是一种新出现的财政政策主张。传统的凯恩斯学派观点认为，财政政策是通过改变可支配收入和总需求才对经济产生作用。供给学派认为，财政政策是通过相对价格的改变来影响经济的。

有两种非常重要的相对价格可以控制产出。第一种相对价格对人们如何在当前消费和储蓄之间分配现有收入有着重大影响。个人将自己现有的收入多分 1 单位到当前消费，其代价就是放弃收入流。也就是说，他没把收入用来储蓄或者投资，就相当于放弃了收入流。

对于这部分被放弃的收入流，其价值会受边际税率的影响。边际税率就是针对收入增加量的税率。边际税率越高，被放弃收入流的价值就越低，进而人们选择当前消费的代价就越低。

举个非常著名的例子。想象一下，有个英国人在刚刚不久前面临的投资所得税税率为 98%。假如他有一笔 50 000 美元的收入，并且想把这笔钱放贷出去，每年收取 17% 的利息，或者想用这笔钱买一辆劳斯莱斯。

如果按照税前基础，50 000 美元的收入每年会产生 8 500 美元的收入流。因此，在税前，他购买一辆劳斯莱斯的机会成本就是放弃每年额外 8 500 美元的未来收入流。

但是，如果按税后基础，收入流的价值就降到了 170 美元，几乎就是零。这对购买一辆劳斯莱斯而言，是非常低的成本代价。英国经济现在虽然处于下滑趋势，却有很多劳斯莱斯车在伦敦大街小巷里到处跑。上面的解释就帮我们揭开了这个疑团。这里的劳斯莱斯不是财富的象征，而是意味着投资所得税税率太高了。

人们如何把自己的时间在休闲时间和工作时间之间进行分配，如何在休闲时间和花在培养自己的人力资本或提高自身技能上的时间中合理分配？第二种控制产出水平的相对价格主要是影响人们分配自己时间的决策。

同样，边际税率，即针对收入增量的税率，对时间分配的决策也有影响。人们多分 1 单位时间去休闲而导致收入被放弃，那么，边际税率越高，这部分被放弃的收入价值就越少。或者换句话讲，人们多分 1 单位时间用来增加自己的人力资本，能够带来收入流。边际税率越高，那么这部分收入流的价值也会越低。

相对价格理论让供给学派提出了关于"挤出效应"的讨论。政府为了给预算赤字融资，大量举债借款，结果使利率水平面临着不断攀升的压力。大部分人认为政府的财政政策就是通过利率上升的压力挤出私人投资。然而，无论预算是否持平，私人投资还会被税收挤出。

为了方便理解，我举个简单的例子。假如只有在投资回报率达到 10% 的时候人们才会选择投资，如果政府对投资收入征收 50% 的税金，那么人们肯定不会再去投资了；只有投资在税前赚 20%，那么税后的投资回报率才能达到 10%。

税收减少了利润丰厚的投资规模，对投资造成了挤出效应。如果税率降低，那么税后的投资回报率上升，利润丰厚的投资规模也会扩大。

按照上述逻辑,我们可以对如何界定税收负担做最后陈述。米尔顿·弗里德曼已经正确地指出,通过税收得到的财政收入不能充分地说明税负,但是包含全部税收和政府借款的政府支出却可以。

　　现在,我们有个更好的解释,但还不是非常全面。我认为,供给学派已经给出了最好的税负定义。他们强调,税负必须包括所有因为经济抑制因素导致的产出损失,即被高税率所"挤出"的产出。

6

供给学派的经济政策：我们自此走向何方？

米尔顿·弗里德曼

  会议主持人费克林：米尔顿·弗里德曼最有资格给我们讲授供给侧经济学了。当30年前我们现在所讨论的经济思想还是一片荒原的时候，他就已经在讲了。

  毫不夸张地说，弗里德曼可能是美国最伟大的经济学家。瑞典皇家科学院在1976年为他颁发了诺贝尔经济学奖，以奖励他在消费行为分析、货币历史和供应理论以及经济稳定政策复杂性等方面做出的突出贡献。弗里德曼主张，通货膨胀中的货币因素应该被重新重视，进而，再次强调经济中货币政策重要性。

  虽然诺贝尔奖的荣誉非常重，但也只是他所有获奖荣誉中的一个而已。他现在还是芝加哥大学罗素杰出服务经济学教授、胡佛研究所高级研究员。

  作为一名美国国家经济研究局工作人员，他曾经担任过美国经济协会主席。此外，现在还是美国计量经济协会、美国统计协会和美国数学研究所的一名成员。

  坦白地说，我不是供给学派的，也不是货币学派的，只是一名普通的经济学家。弗兰克·奈特（Frank Knight）几年前曾说过，每个问题都有两面性，即对的一面和错的一面。我认为，供给侧经济学没有这个说法，经济学只有好用和不好用之分。

  现在大家嘴里说的"供给侧经济学"其实不新鲜。它是一个已经被实践检验过的理论。现在是第一次有机会让我们大家见识它是如何运作的。供给侧经济学唯一创新的地方,第一是名字非常吸人眼球,第二是有些人按照供给侧经济学的思路言过其实,因为供给侧经济学实现不了他们的承诺。

从本质上说,供给侧经济学就是一套好用的经济学分析方法。它讲的不过是一些基本原理:哪里收益多,百姓就会往哪里跑;哪里收益少,百姓就赶紧撤;需求曲线是往右下方倾斜,而供给曲线是向右上方倾斜的。这就是供给侧经济学,没其他东西了。但是,因为我们很久以来一直按照不好用的经济学方法管理经济,却把好用的经济学丢在一边,并且还将继续这么干,所以我们才觉得"供给侧经济学"新鲜。

著名历史学家亚瑟·施莱辛格(Arthur Schlesinger)作为《华尔街日报》的特约撰稿人,曾经发表过一篇长文,很明显,他对那种谦虚温和的态度并不满意。他在文章里写道,现在的问题是"经济学家们被吓唬住了"、"最受欢迎的经济学模型失效了"、"谁也不知道该怎么办"。

问题不在于我们不知道什么措施有效,而是现在太多自诩为经济专家的人其实知道如果没有目前问题的经济形势是什么样子的。施莱辛格是这群人的一个鲜明代表。

我再给大家举个备受瞩目的例子:商业圆桌会议。《华尔街日报》的一则报道说,商业圆桌会议向里根总统建言献策很合适。里根总统需要别人的想法,而且他也听到了。《华尔街日报》总结的圆桌会议的建议是:"要缩小赤字规模、降低利率上升压力,从而促进经济复苏,办法就是大力削减联邦支出。"此外,大家或许最好考虑一下提高联邦消费税或者同意把个人所得税的削减幅度稍微提高一点。

如果前面的话能够说明点什么,也就说明商人辨别是非黑白的速度很快。假如3年前你随便遇到一个商人,甚至就是随便一个人,你问他,"我们现在经济衰退,怎么办?"有多少人当时会回答说"哦,现在经济衰退,我们最好是加税并缩减政府支出"? 有人这么回答过吗? 怎么突然之间这种答案成了我们现在必须得做的事了呢? 我们现在经济衰退,所以商人们就说,减少政府支出、增加税收呗。

我从来不认为,给定了货币政策,财政政策对经济的起伏波动影响非常大。大卫·I. 梅瑟曼已经在他那部分讲得很清楚了。但是,大部分的经济学家、商人、记者还有其他所有人有个传统的观点,认为经济衰退需要宽松的财政政策——增加政府支出,削减政府税收。

我以前认为这种说法在当时不正确,当然,现在认为这话反过来说也不对。我赞成削减政府支出,不是因为它能把我们带出经济衰退,而是因为政府部门占用了太多社会资源,结果却带来很多我们现在面临的问题。我不支持加税,理由也是一样。

我认为,这个讨论会的基本问题就是,大家没搞清楚商业和经济学之间的关系,分不清什么对个人或者个体企业的利益才是真理,分不清对整体经济而言,什么才是硬道理。每个人都认为自己就是一名经济学专家。为什么呢?因为经济学讲的就是像货币、就业、工作和支出之类的东西。不管是货币还是工作、支出,我们都很熟悉。结果,商人很容易以为自己就是这些领域内的专家了。

但是,事实很简单,他们不是经济学专家。经济学作为一门学问,最有趣的地方或许是,凡对整个国家而言是对的东西,几乎一直与私人企业的利益相反。经济变动产生的深远和隐秘后果往往比直接与显眼的后果影响更重要,这才是经济学真正有意思的地方。

我举个简单的例子。这个例子有点远,我不会多说,提它的目的也就是想让大家开动一下脑筋。现在我们国内的制造业,比如汽车和钢铁,面临着很多出口方面的问题。不少人建议,我们应该想办法扩大制造业的出口规模。假设忽略政治上的可行性或者经济满意度,我让你来调查这个问题。为了最有效地扩大我们的汽车、钢铁还有其他商品的出口规模,或者换句话说,与行业内国外生产商相比,想要最优效地提高我们竞争力,美国政府应该怎么做?

关于答案到底是什么,有一点是毋庸置疑的。这不是我们想要采纳的答案,也不是令人满意的答案。但如果仅仅是为了表现一下经济后果,提高我们在以上行业竞争中的地位,最有效的方法就是禁止从美国出口农产品。

这听上去有点疯狂吧?好好考虑一下。农业已经成为美国重要的出口行业。我们把农产品出口到海外,在这个过程中赚取外国货币。我们用外国货币做什么呢?丢到海里吗?我们用外币购买外国商品。一旦农产品禁运,很快,你会把那些国外收入花光。外国人再也不会担心没有美元来购买我们的商品了。因此,他们就不能在美国境内出售商品。汇率也会发生变动,让我们突然之间意识到,我们现在可以出口我们以前不能出口的任何商品了。

我不是强调上面说的政策有多好。其实,这种政策非常差。我主张全面的自由贸易。我们不仅应该把经济系统作为一个整体去理解,而且还应该理解其中各个板块之间的相互关联。因为某个经济板块的变动,在开始的时候好像对其他板块没有影响,其实往往会产生巨大的影响。关于经济学的讨论结果,必须得建立在以上对经济系统理解的基础上。这才是我说的重点。

作为本书出版计划的联合赞助方,亨利·曼尼和法律与经济中心在向一些律师和法官培训经济学知识方面做出了突出的贡献。短短几年里，曼尼循循善诱，让大量的联邦法官参加了诸多经济学研讨班，并由我、保罗·萨缪尔森、阿尔曼·艾尔钦（Armen Alchian）等其他人向他们讲解经济学知识。我认为，曼尼应该把这样的活动搞得更大些，也给商人筹办这样的研讨班。至少他们同样需要这些知识。

过去十年，对于国内经济出现的关键问题，大家很容易说出来，即高通胀、高利率还有不断下降的生产能力。前两年，极不稳定的利率和经济环境更是加剧了这些问题的严重性。每个问题都有不同的根源，所以就需要我们区别对待。

过去的十年里，美联储超额发行货币，造成现在通货膨胀率居高不下。这既是赤裸裸的现实，又是一种暗暗的谴责。但总而言之，现实就是这样的。

现在，情况反过来了，高通胀已经成为高利率的决定性因素。结果，为了应对通货膨胀，我们需要建立一套调整机制。我常对来自不同群体的人说，"你说什么，利率太高了？"实际上，利率还不够高，太低了。回想一两年前，房子的按揭贷款利率是15%，而房价以10%的速度上涨。那时候，政府计算个人所得税，还能将按揭贷款利息扣除。如果一个人的收入处于33%的税档，而且他15%的按揭贷款利息占了他10%的收入，那么，算上10%的通货膨胀率，他其实没花钱。因此，主要是因为名义利率对通货膨胀反应滞后，而且还是非常缓慢的滞后，才导致它现在很高。

让我先说点其他的吧。现在有个很有意思的事情，就是我们怎样才能只听说坏消息或不好的消息呢？对很多人来说，利率水平高不是好事情，但对其他很多人而言，却是好事。对经常出现破产的人，美国Q条例规定，禁止储蓄和贷款机构、互助储蓄银行按照市场利率向他们支付利息。无论是这些人，还是已经把自己的资金投入货币市场基金的投资人，都已经能把握货币市场基金中的机会。

前不久我听说，去年因为利率水平高，整个消费群体有800亿美元的收入，比在利率水平一般情况下的收入高出很多。扣除更多的贷款支出、利息支出等共计400亿美元的额外费用，还净收益400亿美元。我不是说利率高是好事情，只是想再次表达，大家应该全面地看待利率的影响。它有好也有坏。

大家都知道，现在对于储蓄和贷款机构的现状，社会上有很多埋怨。确实，它们遇到了麻烦，但是它们有损失，肯定会有其他人有收益。持有低息抵押贷款的人会从中受益。面临着高利率而且不得不付利息的人，也从中受益。因此，我们不能说它们出现了绝对损失。

现在言归正传。发行超额货币会引发通货膨胀,而通货膨胀又是利率水平走高的主要原因。其他经济因素降低了生产能力。现在正高速扩大的政府支出规模已经把社会资源从生产用途转移到了其他方面。通货膨胀,再加上高昂的边际税率,已经让人们的储蓄投向非生产性用途上,比如房地产。

在很长一段时间里,我们在房地产行业中面临的问题是,我们已经把太多自己可投资的资金放到房地产上了,而不是太少。同样,通货膨胀和高昂的边际税率也让很多人把资金投向黄金,投向16~18世纪欧洲绘画大师的作品(the Old Masters),投向所谓的收藏品。

房地产投资的资本利得增加了个人财富,生产性投资则做不到,但这与私人储蓄的结果是一样的。因此,通货膨胀和高昂的边际税率已经减少了可测量的个人储蓄,并且已经把储蓄推向了非生产性领域。

另一方面,政府监管和干预也把投资导向了非生产性领域。因此,我真的认为,现在国内人均收入水平没有9年前高根本没有什么好解释的。对于那些不去上班的人,我们一直在给他们报酬。如果他们曾经工作过,那我们一直在向他们征税。我们一直在劝导他们把他们的资产投到非生产领域。

在上述的经济环境下,我们无法提升生产能力。这个问题到底为什么这么有趣呢?我们现在之所以还没有过得越来越差,原因就是人们在如何避税、如何规避政府监管方面太有创造性了。我一直在说,捍卫国家自由最有力的手段,就是人们在规避政府监管方面的创造力。

在我现在居住的加利福尼亚州,大麻是规模最大的经济作物,这或许让你想不到。顺便说一句,政府如果把大麻合法化,并且对大麻征税,或许是缩减赤字规模的一个办法。

1979年以来,尤其是1979年10月5日以来,美联储在货币供给量上的政策表现摇摆不定,以前从来没有出现过。这让高通胀和高边际税率等问题更加复杂了。我绞尽脑汁想了想,在美国历史上,两年内的货币供给量跟过去两年一样剧烈波动,两年内的利率水平跟过去两年一样动荡不定,两年内的经济形势跟过去两年一样起起伏伏,这些还真没出现过。

所谓的"6个月的经济衰退"和"12个月的经济扩张",紧接着就是下一个经济衰退——美国历史上没有发生过。货币量不固定、利率水平不稳定、经济形势不确定,三者之间并无联系。我认为,这三种现象已经全部消失了。

整体上说,美联储货币政策的平均表现已经算不错了。如果一个6英尺高的人在过河的时候被淹死了,而河水平均水深才5英尺,那么在过去两三年里,虽然货币供给平均速度已经被控制下来,但是你可以把这个情况讲给那个家人被淹死的亲戚听。

我认为,货币供给量出现剧烈的起伏是完全没有必要的。它使货币政策的短期表现非常差,而且可惜的是,这种短期表现又抹黑了平均表现不错的政策效果。这与上面过河的道理是一样的。货币当局非常喜欢把货币需求不稳定作为理由,但货币供给不稳定并不是因为需求不稳定。需求不稳定只是一个借口,不是原因。货币当局是负责控制货币供给的,所以没有关于货币需求不稳定的理由可以解释为什么货币供给一直在波动。货币需求在什么情况下都应该是稳定的。

如果我们把注意力从提出问题转到解决问题的方法上,其实,方法也是比较简单明了的。拿通货膨胀来说,不断放缓的平均货币供给速度一直在拉低通胀水平。现在,通货膨胀水平已经大幅下降了,而且我认为,至少在一段时间里,通货膨胀水平还会继续下降。因为这主要是看它的长期动向,而不是短期内的波动。

解决利率波动和经济波动的方法也很简单。美联储的绝大多数经济学家赞同改革决策程序,美联储只需采纳这种建议就行。

美联储内部也分为两派,情形与当下的问题类似。一边是研究经济的员工;另一边是行政人员。无论是身处华盛顿的美联储经济学家,还是遍布全国各地的美联储银行的经济学家,几乎一致赞同修改决策程序,这或许能够让美联储实现货币供给稳定增长。目前,他们一直很失望,因为决策当局在美联储的行政人员以及(或许我可以说)商业银行的行政人员提出反对时,不愿意采纳他们经济学家提出的建议。

现在,我会从更广的角度讲解。注意,我曾提到过的问题,在里根当选为总统之前就有了。下面讲解的内容包括解决问题的一些办法。在里根被选为总统前,通货膨胀正处于下行渠道,而且生产能力下降肯定在他当总统之前已经出现了很长时间。里根在1979年10月5日当选为总统,因而经济波动、利率波动和货币政策的举棋不定就出现在他当总统之前。不管"里根经济学"说的是什么,现在的经济面临的问题不是由它造成的,而是由我已经提到过的其他因素造成的。

究竟什么才是根本问题?我们对它该怎么办?通货膨胀是一个严肃的问题,我们不得不重视。利率波动是一个严肃的问题,我们也不得不重视。然而,美国现在面临的绝对的根本性问题是,我们如何回到实现经济真实增长的道路上。真实的经济增长让普通美国人能够有更多机会改善自己的生活,让孩子拥有更美好的未来。

在这个问题上，我认为，不管是什么情况，有两点是毋庸置疑的：缩小政府赤字规模绝对是一个必要条件；我们目前在经济上遇到的问题源于政府赤字规模爆炸式的扩大，而不是其他任何单一事件。现在的政府支出——联邦政府、州政府和地方政府——不仅远远超出了40%的国民收入，而且还弱化了联邦政府在经济中的作用。关税既不能带来很多政府收入又不会产生太多的货币成本，但是它却对经济有着至关重要的作用。最低工资等级既不会产生过多的货币成本又不能带来收入，但是它们对解释非常高的黑人青年失业率非常重要。大家还可以列出一长串这样的例子。

里根总统在1980年竞选的时候曾描绘了他的"四点计划"。他认为，这项计划对实现经济重返正常轨道是非常必须的。我认为这四点绝对是最基本的：减少政府支出、降低政府边际税率、放松政府监管、保持货币供给稳定且适度地增长。它们是这项计划成功的四要素，其他的措施没有用，而且所有其他的政策建议都是烟幕弹。

里根总统在"四点计划"中掌握实权方面一直做得很好。现在，他已经放松了政府监管力度。早先，政府取消了原油最高限价后，关于可能产生的可怕的影响，曾出现大量的报道。相比之下，现在政府取消了对石油行业的监管，但关于这项措施带来的突出成绩，几乎没有报道。多年来，我们中有人曾经反对政府操纵石油价格，反对政府的分配和福利制度，并且认为，如果政府取消了价格控制，石油和汽油价格将会一跌不起。当然，这种情况已经出现了。在放松其他领域内的政府监管力度上，里根总统已经做得很好了。

在增加税收和政府支出方面，他目前已经通过说服国会放慢增加速度而发挥了一些作用，然而，还没有完全扭转国会增加税收和支出的态度。1982财年政府规划的总支出规模要比1981财年高出相当于1%的国民收入。这就是问题的关键了，而且我认为，削减政府支出的唯一途径就是减少政府收入。

我知道，现在已经有很多人在讨论降低税率不一定能减少政府收入。我的看法是，我就想降低税率；但是，如果拉弗曲线的支持者在非常极端的情形下的说法是对的——降低一定的税率水平会增加政府收入——那么，我的结论就是，我们降得还不够多，因为我真正想要削减的是政府收入。政府收入是支出的来源。

我完全赞同里根总统曾在国情咨文中所说的：现在增加税收不能减少赤字，反而只会扩大支出。国会会把通过税收累计的收入，还有其他收入，统统花出去。

从这个角度上，我不得不说，我对里根总统目前的经济政策的看法与普遍流行的观点非常不同。不管是从主流出版物还是周刊类新闻读物等其他渠道，我曾读到过关于里根总统经济政策所面临的巨大困难的报道；也有人发问，为什么那么多人呼吁里根总统做出妥协去改变现有政策，等等；还有报道说，他的经济政策失败了，必须得想办法解决。依我看，无论是关于赤字问题的讨论，还是强调政策妥协等，都是里根总统经济政策取得绝对胜利的标志，而不是失败。这是成功的标志。

我请求大家考虑一下，在过去的经济衰退期，我们是否有过像现在一样的政策主张。我这辈子经历每一次经济衰退时，大家说的都是：我们应该如何增加政府支出，从而让人们可以就业；我们应该如何减少税收，从而增加他们的收入。

过去，我们曾讨论不得不对赤字规模操心、不得不减少政府支出和增加税收吗？现在有人提到就业计划，虽然很少，但与大家很早之前关于就业计划的说法完全都不同。

查尔斯·舒尔茨（Charles Schultz）当初做客公共广播公司（Public Broadcasting Service）的《迈克尼尔和莱赫经济报道》（*MacNeil, Lehrer Report*）节目时，对里根政府高昂的赤字水平大肆批评，并且放言说，里根必须想办法来增加税收。我曾经以为这件事非常好笑。我真希望当时我也在节目现场，并且会说，"查理，告诉我，1976年，你担任卡特总统的经济顾问委员会主席的时候，美国经济正在下滑，那时候你建议增加税收了吗？或者，建议退税了吗？"这些"重生"的预算平衡论者是从哪里冒出来的？

答案是，他们其实并非"重生"的预算平衡论者；他们本色如初，还是政府支出论者。他们不想平衡预算。他们所想的是，增加税收后，可以有更多的资金去开销而且不用非得削减支出。

我想，里根总统经济政策的成功之处在于他已经彻底改变了讨论经济政策的基础。里根总统已经迫使那些政府支出论者按照他的方式来谈。政府支出论者第一次不得不认真对待削减政府支出的问题。假如里根总统现在让步了，对他们讲，"好吧，各位，你们赢了，我会取消税收削减计划，取消指数化措施，同时会征收消费税"，那么，我预测，从现在起，3年后每年的通货膨胀率可能会升到25%，而不是下降。这就很明显地意味着，我们将回到原来不断扩大政府支出的老路上——一条行不通的路。此外，我们还将再次经历已经经历过的起起伏伏的通货膨胀，就像坐过山车似的。

不过，换句话说，假如里根总统能够对自己的政策立场坚定不移，而且我们能够把政府支出降下来，美联储也能保持它平稳的货币政策——即便它那差劲的摇摆不定的政策还在继续,因为市场迟早会了解并找到一条捷径可以避开美联储货币政策造成的非常具有破坏力的影响——倘若我们真的可以坚持以上几点,我预测,从现在起,3～4年后,通货膨胀率会降到3%～5%。

我对高水平的名义长期利率的解释非常简单。它们现在大概处在15%的水平。100年里,名义长期利率平均比通货膨胀率高出3%。因此,现在的长期利率隐含着12%的通胀预期。

这个结论的依据是什么?我认为,它依据下面的事实:通货膨胀率降低5%或者上升20%,概率都是50%。正好处于中间的情况,几乎不可能。这样的情况是不会出现的,因为我们的经济不会在10%的稳定通胀水平上运行。如果里根经济计划能够成功降低税率水平、削减政府支出并实现相对温和的货币供给速度,那么通货膨胀率会下降并且会持续下降,3～4年后会降到5%以下。

但是,如果出现相反的情况——假如里根经济计划被否决,国会成功通过提高税收、增加政府支出等决议,但它其实不会的——那么,我认为,我们又要重新与通货膨胀等做斗争了,而且从现在起,3～5年后,通货膨胀会上升到20%～25%。

我建议在座的各位,如果对刚才说的情况感兴趣,可以对过去25年的通货膨胀率画一个曲线图,并且可以推测这条曲线的后续路径。曲线中的每个低谷总比它的前一个低谷高,而每个顶点总比它前一个顶点高。如果我们按照这种趋势画下去,那么下一个顶点大概会出现在20%～25%之间。到底会出现哪种结果呢?

我的预测还没有那么神,但我是理性的乐观派。我现在的乐观主要来自于政治方面,而不是经济方面。经济形势简单明了。我们现在基本上处于经济衰退末期。几个月后,我们将会迎来某种程度上的经济扩张,虽然现在还没开始。如果研究经济周期的历史学家把本轮经济衰退的日期定在1982年1月,我并不觉得意外。但是,或许它在3月或4月或5月才结束。我们不可能预测得那么精确,但是肯定会有一次经济扩张。从短期观点看,这并非关键问题。关键的问题是,本轮经济扩张是否会再次被美联储过度收缩货币供给量的政策打断,也就是说,我们是否会再度面临一次经济下滑。

如果本轮经济扩张没有被打断,那么经济形势将会一片大好:通货膨胀率持续下降;利率水平降低,虽然过程的波动非常厉害;经济实现稳健增长;经济重返健康的增长方式。这些都可能会因受本轮经济扩张的影响而出现,但这种可能只有在里根政府的经济政策完全落实后才能实现。

我们需要降低政府支出占GNP的规模,不仅仅是控制住它所占GNP的比例的上升。有两件事让我相信这种情况会出现。第一，修正宪法的措施现在已经开始酝酿了，目的就是限制联邦政府支出，同时实现预算平衡。之所以把限制联邦政府支出放在首位，是因为我认为它才是真正重要的措施。实现预算平衡固然是好事情，但不要以高昂的税收作为代价。我宁愿希望联邦政府支出4 000亿美元，留下1 000亿美元的赤字，也不希望联邦政府通过税收彻底平衡7 000亿美元的政府支出。

现在，最关键的就是削减政府支出。预算平衡之所以那么重要，主要是出于政治原因，而不是经济原因。为了确保国会投票决定增加政府支出，那它必须得提高税收，这就是预算平衡的政治价值。

参议院司法委员已经提交一份非常好的关于平衡预算和限制税收的修正案。这份修正案在参议院中已经有了55名支持者。如果我们再多几名支持者，那么这份修正案在一两个月内就会在参议院内投票通过。倘若这份修正案在参议院和众议院都通过了，那它将像星星之火一样，被各州议会通过。正如现实所证明的，国内30个州已经投票，决议召开一次制宪会议，目的就是提出一项关于预算平衡的修正案。

这比简单地批准一项这样的修正案困难百倍，但却是一个希望的缘由。

我抱有希望的第二个原因很特别，也是我的结束语。我以前的老师弗兰克·奈特(Frank Knight)曾常说一个故事，而我已经把它讲了一遍又一遍。他说，鸭科动物排成V形在天上飞的时候，总有一个领头鸭，这与它的本性有关。领头鸭身后的鸭子偶尔会偏离它，各走各的。只有当这只领头鸭回头看，发现身后其他鸭子不见时，它才会停止前行。然后到处寻找鸭群，并排在它们前面。这就是典型政治家的做法。我活到现在，这辈子所历经的每一任总统，包括现任总统，都是这样的。他们一直想要站到其他人的前面，找出公众观点正在往哪个方向移动，然后走在它的前头。

里根总统就拥有与众不同的个性。他单飞了20年，结果其他人就落在他身后了。我认为，这说明他将会坚持自己的原则；或者用伯德议员的话，他是一个固执而且倔强的人。

第二部分

关于供给侧经济学的另一种观点
—— 会议主持人:唐纳德·L.科赫

诺贝尔经济学奖获得者劳伦斯·R.克莱因来自著名的宾夕法尼亚大学沃顿商学院,并担任经济和金融学本杰明·富兰克林教授。作为开创了高级复杂的经济统计学模型的领头人,他的研究拓展了前沿经济科学的领域。关于其他的各种经济政策,包括主张联邦政府应该发挥更积极的作用,他非常有资格来讨论这种政策是如何能够为我们实现更高的经济增长速度但又不用遭受通货膨胀。

克莱因是学术团体的代表,但我其实并不想说,这个学术团体是通过各种办法才凝聚在一起的组织。大家早就知道,学术人员观点不和,而且各自的观点在常青藤高校内早就流传。

托马斯·萨金特是来自明尼苏达大学的经济学教授。他提出了另外一种主张,主张更多的理性预期。

弗兰克·莫里斯是波士顿美联储银行主席,也是美联储银行主席团的元老人物。他从自己独特的角度出发,虽然很多人认为赤字和货币供给之间的历史关系一直都非常重要,但他认为,这种历史关系可能不存在。

艾伦·勒纳是来自华尔街信孚银行的首席经济学家,主要负责货币政策研究。现在投资团体已经在质疑部分里根经济计划,艾伦·勒纳则向我们介绍一些他对投资团体的直接认识。大家知道,华尔街对利率水平一直抱有不确定的态度,说明它还没有认可供给侧经济学的精髓要义。

艾伦·雷诺兹现在担任 Polyconomics 的副主席,他将讨论关于黄金的问题和金本位制度。

来自英国的大卫·洛马克斯,现任英国威斯敏斯特银行的组织经济顾问。他曾经作为一名私人部门的经济学家参与制订撒切尔实验计划。现在,他将向我们讲解对这项计划的深刻见解。

1

实现稳定且无通胀型经济增长的其他政策途径

劳伦斯·R. 克莱因

现在很多写伤感文章的记者一直在批评美联储给他们带来了各种困难。我们的经济不景气,这些记者们却不愿意承认。

我们到底从1981年的经济衰退中得到了什么教训?

1.1　1981年经济衰退的教训

通常我们并不做关于经济学方面的可控实验。这种情况早已让我们知道,我们很少对经济学命题进行关键测试。现实经济世界就是一个活生生的实验室,经历过其中的每一项重大经济事件后,我们发现,正在进行经济辩论的两派人不但拒绝承认失败,甚至有时候还欢呼胜利。1981年发生的经济事件,让我们认识到一个非常重要的结论,其中就包括某些供给侧经济学理论被证明是错误的。

放眼世界经济,现在有些不可控的经济实验已经开始了:英国首相撒切尔夫人的经济计划和美国里根总统的经济计划。这两种经济计划的结果造成两国严重的经济衰退。撒切尔夫人也许并没有对她的选民承诺太多,当然也未曾利用供给侧经济方法为她的措施进行合理辩解。但是,里根却通过具体的供给侧经济政策(大幅降低边际税率)来刺激就业和储蓄。现在还没有证据表明他的政策已经发挥出效果。从某种意义上讲,实验证明,供给侧经济学理论错了。

去年到底什么地方出了问题?结果让经济陷入了衰退,而且还造成了联邦预算严重不平衡,预算差额远远超出里根经济计划开始时大家所希望的规模。对未来经济形势的预测偏差以及间断的政策指令让债券市场的利率上升至非常高的水平,结果使房地产、汽车以及其他耐用消费品行业甚至整个经济陷入崩溃。经济学专业人士对失业率上升、GNP下跌、大规模预算赤字的出现和预测等耳熟能详。然而,我们应该可以从现阶段的现实中总结出两条教训:

(1)未来经济预测的精确性在制定经济政策时非常重要;

(2)在我们应该把高端经济争论作为制定经济政策的基础之前,专业同行的评论是非常必要的。

早些时候,政府经济学家们预测,存在无周期的经济扩张,期间,赤字规模会缩小,通货膨胀水平会下降,失业率会降低。有人对这种预测提出批评,他们却置若罔闻。他们辩解说,经济预测,比如像以上这种,并不重要——只不过是累计数字而已——而真正重要的,就是赶紧将他们的经济政策落实到位,不管给经济带来的结果如何。然而,他们对赤字规模的预测偏差实在太大了,结果他们自己都不知道把经济发展引向多么可怕的境地。

或多或少的关于经济增长速度、通货膨胀率或者失业率的一些观点,特点就是太较真。大家可以对这种较真的态度发表自己的论断。虽然结论不同,但它们非常可能还处于我们经常预测的置信区间内。不过,赤字规模预测中产生的差异肯定不会在这种置信区间内。几年前,阿瑟·奥肯(Arthur Okun)一回想起自己在肯尼迪政府前期曾经对预算规模的预测失算,就倍感痛苦。当时他的预测偏差只有几十亿美元,可能是不高于150亿或200亿美元。但是只要预测偏差在1 000亿美元以内,那就没办法被忽视掉了,而且在目前的经济讨论中,预测偏差绝对已经成为重点话题。我在与现任政府的高官们一起参加论坛或者出席会议时,他们一次又一次地摇头,不相信预计赤字规模有1 000亿美元,而且不认为他们的财政政策和货币政策存在冲突。另外,就在新一轮的经济周期正在酝酿的时候,他们称他们的经济政策就是为了消除掉经济周期。他们一直支持供给侧经济学的观点,难道这种开始出现的转折点和大规模赤字还不能质疑到它的合理性吗?

对新经济命题而言,接受专业经济人士的仔细审查至关重要。无论是在学者会议和学术杂志上,还是在一般性的专业讨论会上,新的经济命题若想被用到公共实践中去,就必须接受经济专业人士对它的精确性、一致性以及合理性等方面的仔细审查。供给侧经济学是政府机构所理解的一种术语。它的支持者称,如果政府减税的力度能够实现预算收入的增长,而且还能合理解释1981年3月和7月不断降低的赤字规模预期,那么,这样的减税不但可以让人们更加努力地工作,还能增加储蓄规模。他们说,减税计划的预期以及计划的落实存在边际效应,并对它们反应迅速而剧烈。

这些经济论断按道理应先接受检验,然后才能被制定成政策,用到毫无疑心的大众身上。怀疑论者曾反复地提出要求,让同行进行评审。这种情况出现后,所以才说检验不是一种无聊的思考。以前最好的专业评估流程会把真实情况的某些细节包含进来。我们据此发现,税率对劳动供给或者储蓄存在一定影响,但是很小,而且传递速度很慢,甚至有时候从统计学意义上讲,影响并不显著。因此,这不可能成为制订宏大公共政策计划的基础。

1.2 其他政策途径

只是说一句"我早告诉你了",或者找出现行政策的缺陷,是远远不够的。从专业角度上看,能够提出一项建设性的其他政策(如果它存在的话)是非常必要的。人们常常争论说,解决现在经济滞胀困境的其他两种办法方向正好是相反的:(1)政府实施一系列正统的货币政策和紧缩财政,提高失业率水平,延长经济增长放缓的时间,消除通货膨胀性质的经济行为;这些就是里根和撒切尔的经济政策,虽然都没能够实现财政紧缩目标;(2)采纳凯恩斯学派的需求管理型经济政策。在经济衰退期间,政府从财政方面和货币方面刺激经济增长,恢复充分就业;在经济更为繁荣的时期内执行紧缩的财政政策,以便实现预算平衡。

在正统的经济观点(主张稳健型金融环境的货币主义观点)与凯恩斯学派(反周期)的需求管理观点之间,我们还有很多其他的选择。虽然政治家们常常说他们的办法是唯一可行的路子,但在眼前的时期内,却没有其他可选择的方法。这两种截然相反的其他办法有一个最重要的特点,就是他们强调整体或者宏观政策,而不是强调某一类或其他类政策工具。结构性经济政策可以用来解决行业问题,或处理人口结构中特定细分人群的问题。我认为,现如今,我们如果想要解决滞胀问题并缩小问题的范围,必须采用这种结构性经济政策。虽然政府纯粹使用宏观经济政策是必要的,但这些政策还远远不够。个人而言,我认为合理的经济措施是政府谨慎采用综合型需求管理政策,之后,在此基础上制定相关的结构性经济政策。

在很大程度上,但并非全部,结构性经济政策就是行业经济政策。这是我们对它最好的解释。行业经济政策虽然是一个笼统的术语,但它的主要目的就是提高生产能力的增长速度、提升竞争能力。从本质上说,这些问题都属于供给侧经济学方面的问题——与一门心思只关心减税的经济观点相比,它们还是更多地偏向供给侧方面。为了提高生产能力的增长速度,政府最重要的单一目标就是扩大资本形成规模。现在我们有了关于资本折旧方面更为优惠的税收方针,政府通过这种方针来制定关于促进资本回收的政策,方向是对的,但是力度还不够。除此之外,政府应该提高投资税的减免额度,为研发提供专项支持,加大对基础科学研究的支持力度。现在,政府的重点举措却是减少联邦政府在军事领域之外对研发和基础研究方面的支持费用。如果对通货膨胀进行修正,之后这些支持费用应该是增长的,而不是下降的(见表1)。

表 1　　联邦政府在研发和基础研究方面的资金支出趋势(百万美元)

		1972 年	1975 年	1980 年	1981 年	1982 年
研发支出	现实费用		19 860	33 054	39 960	39 955
	按 1972 年物价基准衡量的费用	17 098	16 133	18 706	19 101	19 017
国防支出	现实费用			15 340	18 988	22 393
	按 1972 年物价基准衡量的费用			8 732	9 813	10 658
非国防类支出	现实费用			17 624	17 973	17 562
	按 1972 年物价基准衡量的费用			9 974	9 288	8 359
基础研究支出	现实费用		2 600	4 716	5 013	5 320
	按 1972 年物价基准衡量的费用	2 223	2 112	2 669	2 591	2 532

数据来源:《1982 年经济报告——1982 年联合经济委员会报告》(1982 年美国印刷局,华盛顿特区),第 124 页。

生产能力的提升速度不仅取决于固定资本的新投资,而且还取决于人力资本方面的投资。人力资本投资需要政府为年轻人提供技能培训计划,尤其是为那些在现在的经济衰退中很少有机会接受培训的年轻人。虽然《全面就业与培训法案》受到公众支持,但这里所说的培训计划应该不仅仅局限于法案中的培训类别。政府应该尝试采用公共部门和私人部门相结合的形式,制订出合作型培训计划,其中的私人部门负责提供就业和培训。就业岗位并不是培训的终极目的。人员在这样的岗位上应该生产出有用的商品。

鼓励扩大投资规模的经济政策应该伴随着鼓励更高储蓄的政策。在目前的周期性衰退期间,政府鼓励储蓄不仅助长了经济下滑趋势,而且还抑制了经济复苏。但从长期趋势看,我们需要更高的储蓄水平来为私人资本的形成进行融资,而且还可以为联邦赤字进行融资。如果储蓄规模扩大了,那么利率水平上升的压力就会降低,同时,从货币角度看,经济上行发展的趋势可能会持续下去。

现在,政府已经出台了一些措施来提高储蓄水平,包括对某些定期存款单的税收优惠以及对私人退休账户的税收优惠。但是,这些措施的力度太过温和,没能够大幅提高储蓄。我们需要更多这样的措施,而其中尤其令人向往的,就是规定私人部门的员工可以转移自己的养老金。美国教师退休基金会就有一项关于学术退休账户的制度,如果私人部门能够制订出类似这样可以转移某种资金的计划,那么这将会对储蓄产生更大的刺激作用。此外,现在的统计调查结果证明,通过这种方式增加的储蓄并不是从其他形式的储蓄中转移过来的,应该算是一种储蓄净增长。

实现储蓄和投资同时增长是行业经济政策的目标。不过,这项政策的现实目标更加具体,资本形成的种类则是这种经济策略的基础。能源节约型投资,不管目的是提高供给水平还是提倡节约,应该处于这类经济计划的核心地位。增长型行业也应该受到政府重视。如果拿市场选择来说,我们应该选择风险资本,而获得风险资本的一种途径就是重新考虑资本利得税的现状。在这方面有一个非常诱人的方案,就是税款延期。资本利得如果被重新投资到其他类似但不一定完全相同的资产中去,那么通过税款延期,即便是资本利得实现了,也不会被征税。税款延期可以减缓资本利得税的压力,而住宅房地产投资中的资本利得税的处理方法由来已久,算是税款延期的老前辈了。

虽然我们对《斯泰格修正法案》(Steiger Amendment Act)的体验并没有显示股票市场或者投资领域出现过任何显著的繁荣景象,但是,这项法案的的确确刺激了更多的风险资本的出现。小微规模的股票交易成交量或者从风险资本投资专家报告中体现的成交量,都可以作为例子证明。由于我们对税款延期的研究并没有仔细存档,另外,它也不是经过完善的统计得出的结果,所以我们只能把它作为一种指示性和启发性的方法。但是,它还是值得我们进一步去调查研究,并且把它作为试用性措施放到一项打包政策中去。

60年代的日本和法国处于各自的经济扩张时期。那时候,两国政府成功施行的行业政策包括:识别特定增长型部门,并且通过公共政策按照不同的优惠措施来培养这些部门中的经济增长点,这是"择优而取"(picking the winners),而且相比之下,其他国家的政府在行业选择中表现得并不好。有的国家选择劣势行业(losers),落下一个众所周知的坏名声。尽管如何"择优而取"的策略存在风险,但我们一定不能因为害怕风险而放弃这条路。经济生活中处处存在风险,但我们没有理由去解释,在 80 年代的美国施行一项谨慎的经济措施为什么不能产生像 60 年代的日本和法国那样的效果。目前,很多国家同时把重点放到了微电子科学、生物工程、纤维光学、信息系统健康传输工程以及其他高科技领域。除此之外,美国政府在农业技术、煤矿技术以及其他缺少创新的产业部门一直存在天然优势。对世界经济而言,这些经济领域将会持续发挥重要作用。美国政府应该在将来大力地发展这些经济部门。

不久之后,政府可能会出台措施来降低能源价格暴跌压力并放松能源供给限制。不过,如果从 70 年代的历史中汲取一定经验的话,我们应该为 80 年代出现一次重大的石油供给中断做好准备。正是出于以上原因,同时也因为能源市场可能会从供给过剩突然之间变成需求过剩,尤其在世界经济马上要进入复苏阶段的时候,所以,把所有因素考虑进去后继续鼓励能源投资和扩大战略石油储备是明智而且谨慎的做法。

我们对原油市场的建议同样适用于品种繁多的基础原材料市场。政府常备的战略物资会在我们遇到不利的供给情况时帮助我们的经济平稳度过,而且在短期内还会从必要的投资中获取收入。这完全是综合型行业经济政策的一部分,也是货真价实的供给侧经济政策的另一面——鼓励对"供给线"放开一道口子。现在正是重建物资储备的良好时机。大量的基础原材料价格去年就已经大幅下跌了。石油市场上的相对超量供给使现在变成增加战略石油储备的好时机。同样,很多其他种类的原材料市场中的超量供给也使现在变成了建立库存头寸的好时候,但必须有良好的管理(见表 2)。

表 2　初级商品的世界出口价格指数百分比变动(1980 年 11 月~1981 年 11 月)

所有大宗初级商品	-1.7
食品类	-17.5
小麦	-11.7
玉米	-15.0
咖啡	-5.4
可可豆	-0.6
农产品——非食品类	-16.8
木材	-23.6
天然橡胶	-36.9

续表

矿产品	+4.9
有色普通金属	−12.6
铜	−18.4
铝	−16.7
锡	+3.5
原油（不含在初级商品中）	−12.3

数据来源：1982年联合国《统计月报》。所有价格指数针对的是市场经济国家，并按照拉氏公式（1975：100）计算得出。

美国政府已经逐条出台的行业政策不仅包含国内市场，而且还包括非常重要的国际市场。出口拉动型经济增长造就了日本国内非凡的经济成就。日本政府在改善出口形势、保持良好的国际收支头寸状况以及维持日元的稳定和强势等经济目标上一直保持着积极的经济政策。现在，美元也很强势，而且我们的国际收支头寸状况良好，所以，或许现在看起来没有什么可担心的问题。但是，美国政府有个特殊的义务，就是保持美元在汇率价值中的强势。美元是国际主导货币，而且在维持国际货币市场的良好秩序环境中发挥着决定作用。当然，还有其他与美元类似的国际货币也发挥着作用，但美元是第一位的。

在过去一两年里，我们的经常账户从赤字转为平衡，虽然商品账户存在严重的赤字，但是相当大的无形贸易顺差不仅实现了国际收支头寸，而且还维持了美元稳定、坚挺的币值。未来几年，无形贸易净顺差可能会变成逆差，我们最好有备用头寸，同时商品贸易逆差规模会更小一些。因此，如今出现了一种正当、合理的观点，主张政府制定经济政策来改善出口形势或者限制进口规模。看上去好像不是纯粹的重商主义学派的主张，美国政府只需要努力实现商品交易顺差就行了。为了减少石油进口量，国内出现了呼吁提高能源利用效率的倡议，而首要的进口限制措施就是这个倡议的一部分。这个正当、合理的观点对世界贸易并非不利。与进口限制措施相呼应的，应该是非常明确地极力支持扩大出口规模的经济措施。从某种意义上讲，这样的政策不仅维持了美元币值的稳定，而且还保证了世界贸易的发展。因此，可以说，这是一种积极的经济政策，对世界贸易没有坏处。

虽然现在美国政府已经出台了限制出口的措施，而且效果非常成功，不至于忽略了我们国外账户中的出口部分，但是现在我们关于国外账户中出口方面的限制政策好像已经在施行了。我们的对外政策中的"另一只手"应该就是出口了。这就需要辅助性行业在不久之后通过统一调整标准来培养出口潜力。这是"择优而取"策略的一部分内容。与此同时,联邦政府应该创造其他出口机会,为国内行业部门提供新的走出去的机会,并对出口拉动型的经济活动给予优惠或支持。现在,美国政府已经为成立美国贸易公司扫除了政策障碍,这些新成立的公司很快将有机会证明,在促进出口拉动型经济增长中,它们会发挥同日本的贸易公司一样的作用。

很多其他国家将自身的经济定位为国际市场导向型,对美国国内市场也是垂涎三尺,而美国巨大的国内市场主导性则让我们理解了为什么相比国际经济的表现,美国政府一直更为关心国内经济的表现。在国际市场中,各国经济之间相互依赖、密切相关。现在,我们发现自己正好处在这样的国际环境中。显然,美国在国际市场中的参与度更高,而且无法转向经济孤立的状态,即一种更像是闭关锁国式的经济状态。既然知道美国是开放式经济体,那么问题是我们如何更好地适应这样的国际环境以及如何与整个世界经济共同发展。这就需要我们在制定全面的行业经济政策时把大量的国际因素考虑进去。

关于美国经济政策的另一种观点的本质特点,我有最后的一个想法,就是想要对收入政策说几句。政府设计完善而且已经执行的经济政策不仅扩大了投资规模,进而还提高了生产能力的增长速度。我坚信,这样的政策,还有我刚才所阐述的其他结构类型的经济政策,将会使我们经济不仅在一个可以接受的速度上实现扩张,而且还能保持稳定发展、没有通货膨胀。当然,这是相对于历史经验而言。我认为,我们最终能够重新实现曾经4%的增长速度。但是,如果我们没有最终实现它,无论如何也应该会超过3%。在投资活动展开的初期阶段,我们有可能把经济从衰退中拉出来,但从长期看,生产能力的增长应该是抑制通货膨胀最重要的单一决定因素。

然而,如果我们重新回到原来的经济增长路径,结果却让我们再次陷入长期通货膨胀的压力中,那么,这时候我们就需要拥有现金准备头寸,也就是一种收入政策。在这里,我就不对这种收入政策的精准设计做描述了。它可能是一种惩罚性措施(无论是过度提高工资水平的企业,还是提高了物价但是幅度却让人感到不可思议的企业,都会遭受惩罚),也可能是一种奖励性措施(对限制物价的企业进行奖励,或对收到工资限制的家庭进行奖励)。这种课税型收入政策已经引起了激烈讨论,但是还没有得到实施。实际上,收入政策能够成功实施的案例非常少。或许,我们能够举出的关于社会契约或者收入政策的最好的案例就是奥地利的经济状况。曾经在多年之内,奥地利稳定的经济增长不仅能够保持一个较低的通胀水平,而且还使其货币保持坚挺。奥地利也有自己的经济问题,但是从整体上说,它的经济表现还是非常让人叹服的。奥地利的经济状况启发我们,收入政策是可以发挥作用的。

我更偏向这样一种经济计划,其中的奖励措施与生产能力挂钩,而且除了工资类别之外,收入类别也会被纳入该项计划中。但是,无论政府采纳了哪一种计划,这种计划必须是一个牢固且综合的系统。

从我这次的经济政策论述中,大家应该很明显地看到,在宏观需求管理政策之外,其他的政策途径还是存在的。我认为,它们包括了经济中供给侧很多方面的内容,不仅仅是大规模的税收削减措施。我对供给侧有着自己的一番解释,而包含于其他政策途径中的经济政策是与我的解释相关联的。

2

货币总量在未来能否成为美联储货币政策目标？

弗兰克·莫里斯

  会议主持人科赫：波士顿美联储银行主席弗兰克·莫里斯将会给我们带来关于"货币总量在未来能否成为美联储货币政策目标"的演讲。

  美联储有一个专门委员会，负责对联邦公开委员会制定货币的流程进行审查。莫里斯自1968年以来一直担任波士顿美联储银行主席，而且直到现在还在这个专门委员会中担任职务。

  他研究的对象是关于目前货币管制流程的其他措施。现在，他将对我们认为是为了控制国内货币增速的某些其他措施展开讨论。

  现在，我已经发现，虽然我很不情愿这样说，我们再也无法测算美国国内的货币供给量了。这句话的意思，就是大家都知道我们现在的统计系统再也不能很轻松地把货币和其他流动性资产区别开来。

  如果这种观点能被广泛接受，那么它将会给货币政策的执行带来深远的影响。因此，在一开始，我需要向大家保证，我现在不是代表美联储系统，而是代表一小群的少数人，确切地说，只有一个人。但是，还是有几位美联储银行主席支持我的观点。

  现在出现了一种新的经济现象——公众的"货币需求"突然而且毫无征兆地发生了转移，而名义GNP增长速度以及利率变化的传统决定因素还无法解释这种现象。货币需求函数中出现了如此巨大的波动因子，正好赶上了金融创新的步伐不断在加速。难道就是因为在飞速发展的金融创新的世界中我们无法精确测算货币供给量，才导致公众的货币需求变得真的更加不稳定吗？或者，就是看上去的不稳定吗？

金融创新的步伐已经让我们认识到，任何关于货币供给的定义肯定都是随意而且无法令人满意的。无论是哪一种货币供给的定义，都应该把被某些人视为短期投资（不是交易余额）的资产纳入进去，而且应该剔除被某些人视为交易余额的其他类资产。举个例子，现在有一部分（可能很小）货币市场基金被当作交易余额，而且应该被纳入货币供给中，然而，大部分的货币市场基金却被他们所有人当作短期投资。或许我们通过调研可以确定，到底有多少货币市场基金应该被纳入货币供给中。但是，我们不认为调研结果显示的货币市场基金比例会随着时间一直保持不变。另外，创新型的金融市场已经在近几年开发出了众多金融工具，而货币市场基金只是其中一种。某些我们并不熟知的新型金融工具也应该被纳入货币工具中。

因此，我早就说了，虽然非常不愿意，现在我们无法再精准地测算货币供给量了。这个结论所产生的后果有着非常深远的影响，我稍后会加以阐述。现在，请允许我再次向大家确认，我的这个观点在美联储系统的同事们之间还没有被广泛接受。

在我读研究生的时候（大概在 1950 年），金融市场还是很简单的，我们能毫不费力地把货币与其他流动性资产区别开来。那时候的货币概念包括流通中的货币和活期存款。我们只能使用它们作为支付工具。当然，我们也知道存在"准货币"，但是，在我们完成支付前必须得将"准货币"兑换为货币。此外，兑换过程中会产生成本费用。如果这些成本费用指的就是把存折拿到银行所产生的费用，或者就是把资金从储蓄账户转移到支票账户所产生的费用，那就好了。当然，把其他"准货币"比如国库券兑换成货币，其成本是非常吓人的。

以下四种因素叠加之后，改变了我们原来简单的金融市场：

（1）我们把资金投向没有利息收入的存款账户是存在机会成本的。利率水平的快速上升大幅增加了这样的机会成本。

（2）计算机技术的发展把流动资产兑换成货币所产生的成本降到了最低水平。很难想象，比如，在计算机出现之前，能够发明出像现金管理账户一样复杂的系统。操作这种系统的成本应该会高得惊人。

（3）禁止向活期账户支付利息的规定有力地刺激了活期存款，只要时机合适，就转向收益型资产。

（4）法定存款准备金的结构对"交易账户"征收了非常高的专利税。这对不受法定存款准备金影响的很多金融机构来讲是一种优势。它们可以在更加有利的经济基础上提供类似的金融服务。

如果我们能够说，这一轮金融创新活动大部分结束了，而且未来的金融创新对货币总量的增长速度可能没有影响，那么，本轮金融创新可能不会产生持久性影响。但可惜，以上两种情况是非常不可能出现的。

未来几年，利率水平很可能会下降。当然，美联储会制定长期的货币政策来实现这一目标。如果利率降到一个非常低的水平，那么刺激活期存款余额转移到某些收益型资产的经济因素就会被消除。但是，我们认为，在可预见的时期内，利率不会降到那么低的水平。

我们可以想到，国会可能通过立法取消对活期存款禁止付息的规定，并且允许对美联储银行持有的准备金余额支付利息，从而鼓励金融创新。但是，这种立法在可预见的时期内同样看上去非常不可能。在国会议题中，有一大堆关于银行业改革的问题，然而，并不包括以上两种意见中的任何一个。

因此，可以说，未来几年内想要大幅减少金融创新的鼓励性措施，现在看上去好像不大可能。此外，目前银行、互助储蓄机构以及提供金融服务的非银行类金融机构之间的竞争非常激烈。这种激烈的竞争很可能会促进金融创新的发展。

现在有个金融术语——"存款扫荡"（deposit sweeping），指的是当每周或每月的存款余额超过某个设定的数值之后，超出的存款余额会自动转移到收益型资产。这是一种非常诱人的金融服务。在未来几年里，对货币总量影响最大的某个特定的金融创新服务，很可能就是"存款扫荡"。虽然这是个人现金管理账户所具备的突出特点，但是目前，"存款扫荡"主要集中在大型公司的账户。为了能够精确计算当天大型公司的活期存款余额，工作人员应该在"存款扫荡"开始前的上午9:00~10:00之间测算清楚存款余额。我们常规测算货币供给量的做法往往是基于企业营业结束后的存款余额，显然，我们忽略了大部分的公司存款余额。这笔资金会在第二天早晨或者此后的几天之内自动重新出现在公司账户里。很明显，公司财务人员会把被扫荡的存款余额视为公司部分的货币供给，但是，只有那些没有被扫荡的存款余额才被统计为M1货币。

再说一次，假如"存款扫荡"操作只限于大型公司范围内，那么在未来几年，它不大可能过分地扭曲货币总量。但可惜，现在"存款扫荡"服务好像才刚刚起步。我们有大量的例子表明，中小型企业正在逐步接受这种服务，而且很快，消费者账户也会采用。经纪商如果通过现金管理账户向他们的客户提供"存款扫荡"服务，那么，不甘落后的银行机构也会这么做的。考虑到计算机终端系统的成本持续降低，现在看上去，在不久的将来，中产阶级的消费人群非常可能经常在家扫荡他的账户，就好像他常常使用银行计算机操作一样。

除非这项服务的未来前景没有一点价值，否则，不管我们如何定义货币供给，在将来测算货币供给量时，我们所遇到的困难将会非常艰巨。从美联储的计算机里流出的货币数量有着重大的经济意义，而我们在解释这种经济意义以及货币政策的作用时，所面临的困难同样艰巨。

说到这里，我们一直只是就区分货币和流动性资产时所遇到的困难发表了评论。其实，还有一个相关的问题需要大家考虑，即区分货币和债券。1950年，我在大学里学到的是货币和债券（至少是私人债券）是可以区分开的。因为货币是一种普遍被大家接受的支付媒介，而债券在被接受为支付工具前必须要兑换成货币。在透支账户的信用卡业务中，持卡人可以通过支票来激活信用；经纪商的现金管理账户，在债券出现前，一直使用支票来完成支付行为。当然，广泛推广像自动信贷这样的服务项目肯定会大幅减少人们对预防性存款的需求。这种需求是我们曾经常常讨论的主要货币的组成之一。

金融市场自1950年以来就已经开始革新，但是测算货币供给量的方法却始终未变。最近几年，我们非常渴望能够保留住"交易余额"以前的统计学含义。可是，大家都明白，金融系统的创新和电算化已让我们无法将货币和其他流动资产分清楚。

1.1 我们将走向何方？

美联储将不足的M1货币量作为货币政策目标，我们发现这一点是一回事，但找出其他政策目标却是另外一回事。这个问题主要是因为联邦公开市场委员会的理事能够使用的政策工具实在有限。他可以调控联邦基金利率（正如他在1979年10月6日之前做的一样），或者调控银行存款准备金（正如他在1979年10月6日之后做的一样），或者对利率和准备金进行综合调控。这意味着，如果理事对联邦公开市场委员会负责，那么委员会下达给他的政策指令必须得在理事可控的政策工具范围内，即联邦基金利率和银行存款准备金。这样一个简单的事实严重地阻碍了对除了M1之外的政策工具的调控。

让我们先看看可能会取代M1货币的替代目标都有些什么吧。然后再对调控这些替代目标时我们会遇到的问题谈一些看法。我们可以选择广义的M2货币总量或者M3货币总量吗？它们可能也会因为资金转移而出现扭曲，而资金转移并不会产生货币政策效果。举个例子，对大型投资者而言，货币市场基金、银行信用违约互换（CDs）、国库券以及评级最高的商业票据之间算是非常接近的替代品。如果在利率水平急速上升的时候，因为货币市场基金产生的利息会阻碍市场的发展，所以市场可能会向大型投资者支付一笔利息，让其退出货币市场基金。如果投资者转投大面额的定期存款，M2下降，但M3保持不变。如果投资者转投国库券或者商业票据，那么M2和M3都会下降。同样，储蓄债券、小额CDs和货币市场基金之前也存在着非常紧密的替代关系。近几年，储蓄债券的投资规模大幅降低，其中大部分或许已经流向了小额CDs，或者是货币市场基金，从而扩大了M2和M3的规模。货币在各种投资目标中的转移对货币政策没有什么影响，所以受这种投资转移影响的货币总量并不适合作为货币政策的目标。

如果我们不再坚持用"货币性"的概念标准，并将流动性资产作为政策目标，那么，这似乎意味着我们应该利用全部的流动性资产，而美联储在发现新型流动性资产变得越来越重要的时候，才会将其纳入政策目标中。因此，美联储现在饱受指责。把流动性资产中某类特定的资产，比如M2或M3，作为政策目标，似乎不太具有说服力。我们可以选择其他资产，比如信用创造（金融机构的债券除外）或者名义GNP，作为政策目标。

我们想要建立调控其他这样的政策目标的机制时会遇到诸多困难。无论是在联邦公开市场委员会以内还是以外，很难有人甚至没人赞同回到1979年10月6日之前的状态。在此之前，联邦公开市场委员会只需要控制好联邦基金利率，就可以实现对这些政策目标的调控。然而，旧制度却存在两大缺陷：第一，那时，我们不知道怎样的利率调整幅度才能实现我们的经济目标；第二，联邦公开市场委员会的委员们知道第一点，而且也知道剧烈的利率波动会影响到国内外经济，当时，他们因为制度原因而把利率提高或降低的幅度控制得比经济形势所需要的幅度稍微小一点儿。

联邦公开市场委员会采取的措施经常是不仅太小了，而且还很迟缓。结果，美联储的货币政策体现出的"顺周期性"比任何一位委员会的委员原本想的合理水平都高。

现在大家都已经看到了，对联邦公开市场委员会来讲，比较容易在货币扩张路径上形成统一观点，并且接受这种路径产生的利率后果。然而，相比之下，想让委员会在从前的时候明确表态把利率调整到现实经济环境所需要的水平更困难。因此，自1979年10月6日之后，利率调整一直很急促，而且美联储为了维持对货币总量的合理控制，一直将利率控制在一个特定的必要水平上。

如果我们都认为，将联邦基金利率重新作为一种政策调控工具是一种不明智的做法，那么，我们就只能选择银行存款准备金了。可惜，法定存款准备金的结构(交易余额的 12%,非个人定期存款的 3%,不含其他负债的准备金)只适合用来控制 M1,对所有其他类资产而言,并不适用。现在,我们都准备用银行存款准备金来控制 M1,然而,美联储将 M1 作为货币政策目标已经失去了意义。因此,我们现在进退两难。

把各个存款机构的法定存款准备金占全部负债的比例进行统一标准可能是实现控制广义货币总量的理想措施。这需要政府提出新的立法。然而,只有国会批准美联储可以向存款准备金余额支付利息后,政府的立法才可能会存在政治上的可行性。1980 年出台的《货币控制法案》,其中涉及这部分的内容早就表明这项立法在政治上是不可行的。

不管美联储用多么直接的方法,都想通过存款准备金来控制广义的政策目标,比如流动性资产总量、非金融债总量或者名义 GNP 等。当然,现在讨论这个问题没什么意义。银行存款准备金增长率对利率产生作用,继而利率波动又对经济活动产生作用。这些作用也只能间接地控制以上广义的政策目标。

但是,或许这些作用的效果并没有它们看上去的那么大。债务管理学(与我们大学教科书中的不同)里,银行的第一要务就是放贷,然后筹集货币为放贷融资。因此,我们可以这样想,在这种债务管理环境中,利率以及利率对经济活动所产生的影响从根本上决定了 M1 的增长率。

1.2 改变思路

想要走出刚刚提到的两难境地,我们可能会有很多思路。我想谈谈自己的解决办法,这就需要稍微改动一下我们现在解决问题的流程。

货币政策的终极目标可能是流动性资产总额增长率、非金融性债务总额增长率或者 GNP 增长率。我用"终极目标",而不是"目标",就是想要强调我们无法单独使用货币政策来对这些目标变量进行微型调控。在当前的经济背景下,被选中变量的终极增长率会与持续下降的通货膨胀率相匹配。银行存款准备金预期增长率与货币政策终极目标息息相关。每年年初的时候,联邦公开市场委员会都会对这个预期增长率进行初步判断。我们假设,委员会的政策终极目标是保持流动性资产 10% 的增长率,同时预期银行存款准备金会保持 5% 的增长率。那么,货币政策的执行过程不会从根本上出现改变。委员会里的工作人员会根据 5% 的年增长率按周核算银行存款准备金的增长路径。为了保持这种增长路径,委员会会允许联邦基金利率出现一定程度上的必要波动。

如果委员会通过银行存款准备金总量的真实增长率来实现它的终极目标,

而且这个真实增长率正好就是预期的5%,那么委员会就不需要改动任何东西。然而,如果我们发现,委员会的终极目标虽然实现了,银行存款准备金总量的增长率却低于5%,那么委员会肯定会对准备金的增长路径修正下调。银行存款准备金是一种货币政策工具,而不是货币政策终极目标。

在上述三个终极政策目标里,我首先会选择流动性资产。原因主要是,在现在的货币制度下,流动性资产是最容易转移的。我们无法将货币与其他流动性资产区分清楚,结果使货币制度出现了漏洞。那么,下一步选择流动性资产总量作为终极目标看上去就会符合逻辑了。

此外,流动性资产总额和名义GNP之间的关系现在非常稳定,而且具有可预测性(M1和名义GNP之间的关系比这个差多了)。两者之间的关系,最近几年并没有出现任何巨大的波动。虽然非金融性债务与名义GNP同样存在稳定的历史关系,但是与流动性资产总额比起来,把它作为终极政策目标,我们会遇到更麻烦的数据问题。

控制论一直认为,名义GNP应该成为优选的终极目标。选择名义GNP作为终极目标有一个好处,就是能够提高关于货币政策经济会谈的质量。现在M1的意义正逐渐被人忽略,所以召开一次将GNP作为终极目标的经济会谈的实质性内容肯定比现在关于M1的经济会谈要多。

货币政策会影响名义GNP。货币政策对划分物价上涨和真实产出增加在提高GNP中各自的贡献率,相对来讲,几乎没有影响。将名义GNP作为终极目标的另一个好处,就是对管理层和员工而言,名义GNP会非常强调以下这点:能够与真实产出增加和就业水平提高相平衡的就是保持通货膨胀率持续下降。

尽管把名义GNP作为终极目标从理论上讲有很多优势。但是,在现实中可能会存在各种困难。是把名义GNP还是流动性资产作为终极目标?联邦公开市场委员可能看到,会有更多人支持流动性资产,而不是名义GNP。此外,联邦公开市场委员会有自己的GNP终极目标,政府也有笼统的GNP目标,调解两种目标会有很多困难。无论是出于以上原因,还是其他原因,熟悉政府套路的人有可能会选择其他的终极目标,虽然这还是属于控制论。

1.3 结论

把货币总量作为货币政策目标从根本上是基于以下假设:货币总量与名义GNP之间存在稳定并且可预测的关系。然而,金融创新却对上述假设一直存在的合理性提出了严重挑战。M1可控,意思就是指广义的终极政策目标不可控。不过,当M1对货币政策失去指导意义后,前面的一句话就没有说服力了。

在过去,尤其从1974年之后,我们一直很难预测M1的增长速度。将来,预测的困难程度会更大。原因有两个。第一,很简单,我们现在划分的M1与旧的M1不同。因此,我们不能未卜先知新M1和旧M1与名义GNP之间的关系是否一模一样。

1982年1月,新M1的规模突然扩大,引起了大家的热议。这可以作为一个很合适的例子来讲。如果研究一下扩大的本质原因,就会发现,在1982年1月6日当周,活期存款大规模增加,但之后就稳步地降下来了。截至1982年1月27日当周,旧M1比1981年12月30日当周的规模仅仅高出13亿美元,这几乎没有什么大惊小怪的。然而,在1981年12月30日到1982年1月27日之间,新M1激增了6.1亿美元,其中,80%的增长出现在活期存款账户中。

关于1982年1月活期存款账户出现的存款激增,现在的解释就是,它反映了出于保护目的而对预防性存款的累积。这种累积若是放到更早的时候,或许会通过储蓄账户中出现的存款增加反映出来。虽然在1981年大半年时间里,普通储蓄账户余额一直在减少,但现在,我们却可以从其中找到支持前面假设的理由。1981年12月30日~1982年1月27日,普通储蓄账户余额在商业银行中收入了17亿美元;1982年1月,在其他互助储蓄银行中增长了33亿美元。

这种现实经历表明了两个问题:第一,新M1突然增加的6亿美元会对货币政策产生影响,而旧M1类似的增加幅度也会对货币政策产生影响。两者是否一定会一样呢?第二,新M1对1982年1月的货币政策是一种良好的指导工具吗?对于这两个问题,我更愿意持否定态度。

金融创新的速度很可能意味着,今年新M1的数量表现让我们没有充分的信心去预测明年新M1所占名义GNP的比例。这就让问题更复杂了。我们假定,在1983年,"存款扫荡"服务已经在全国范围内流行。基于这个假设,那么,很有可能在名义GNP增长10%的同时,M1出现大幅减少;而且M1出现的任何增长都可能意味着通货膨胀。这种情况以前也存在过。由于在1981年全国范围内的资金流向了活期存款账户,结果旧M1数量减少了7.1%,而名义GNP却上升了9.3%。我们曾想通过把活期存款账户纳入M1并重新定义M1来解决1981年出现的这个问题。现在,我不知道如何重新定义M1才能把"存款扫荡"的内容反映出来。

总之,对我来说,金融创新和金融系统的电算化好像已经把货币总量,尤其是M1地位淘汰了。美联储需要设计一套既不把政策目标设定在利率上也不放在货币总量上的新型货币政策监管机制。现在,时机已经到了。

注释:

1. 在1980年12月的联邦公开市场委员会大会上,我就曾提出,我们不该给1981年的M1货币数量制定指导方针,因为受全国各地的投资者选择活期存款账户的影响,M1所包含的项目数量就无法弄清楚了。现在,我们已经有了1981年的统计数据,结果证明了我的看法。虽然M2、M3还有银行信贷和名义GNP之间存在我们合理的预期关系,但是,M1能有如此超低的增长速度完全在我们的意料之外。现在,还没有人对这种情况做出满意的解读。

2. 詹姆斯·托宾(James Tobin)和詹姆斯·米德(James Meade),这两位诺贝尔经济学奖获得者已经提出货币政策的终极目标应该是名义GNP。具体内容可参阅:托宾,《货币总量控制论》第三册,波士顿美联储银行研讨会系列丛书,1980年10月,第75页。

米德教授在他的诺贝尔获奖感言中说道:

假设货币流通速度不变,我们可以通过维持稳定的货币供给增长速度来实现商品和劳务中货币需求总量的稳定增长,但反过来说,这需要独立的中央银行明确地承担起确保稳定货币供给增长速度,比如5%年增长率的重大责任。这个办法不仅有吸引力,而且还很直接。可是,我不会为此成为支持这类观点的彻头彻尾的货币学派。目前我们很难对现代经济学中的"货币"做出准确的定义。通过打"货币"定义的擦边球,货币替代品可以而且确实很轻而易举地扩大或减少货币规模。在所属的"货币"定义范围内,货币流通速度可以而且确实出现了剧烈变动。难道我们不能通过更直接的货币政策来实现货币收入总量的稳定增长率吗?比如年度5%。

James Meade,"The meaning of 'Internal Balance'," *The Economic Journal*, September 1978, pp.430—431.

亨利·考夫曼长期以来一直主张货币政策的重点应该是把信用创造作为目标,而不是货币总量。见 *Controlling Monetary Aggregates* Ⅲ, Federal Reserve Bank of Boston Conference Series No.23, October 1980, p.68.

本杰明·弗里德曼一直主张货币和信用双重目标。

3. 关于M1,流动性资产总量和非金融性债务与名义GNP之间的关系,可参阅我的同事理查德·M.考博克撰写本章附录。

4. 如果因为出于保护民主意识和责任,我们将特定的政策针对特定的目标,那么,发行货币的中央银行以及将货币流通出去的财政部应该承担起抵制货币型通货膨胀和通货紧缩的责任;在经济社会中各部门实行固定工资率制度的人,其措施影响就业后果,所以他们应该为这种影响负责。我认为,这才是合情合理的做法。

5. 新泽西州普林斯顿大学的艾伦·布兰德(Alan Blinder)曾在"Monetarism"(*Challenge*, September/October 1981, p.39)中说:

所有的金融创新带来的一个后果(或许,我可以补充一句,虽然创新已经极大地完善了金融市场的运作机制),就是我们无法区分现在的M和几年前常见的M1或者M2。

附录：

对货币需求量的常规描述方式，就是让实际货币存量成为关于实际 GNP、名义利率和滞后的货币余额等变量的函数：

$$M_1-B_t/P_t = A_0 (GNP_t/P_t)^{A1} (r_t)^{A2} (M_1-B_{t-1}/P_t)^{A3} \exp(\varepsilon_t)$$

其中：

P 是 GNP 物价平减指数；

r 是一个加权平均利率，其中被加权的利率包括联邦基金利率、银行存折储蓄率、3 月期国库券利率、商业票据利率、5 年期政府债券利率、20 年期政府债券利率、标准普尔 500 股票指数股利收益率。各种利率的权重由以上第一项最重要的利率决定。

这个关系式表明，货币流通速度（V1＝GNP/M_1－B）可以通过以下等式表达：

$$V1_t = B_0 (GNP_t/P_t)^{B1} (r_t)^{B2} (V1_{t-1} P_t/GNP_{t-1})^{B3} \exp(\varepsilon_t)$$

用第一个等式可以描述以下三种金融要素的总量，即 M_1－B、流动性资产（L）以及净债务（D）。每一种需求的关系决定了各自的流通速度等式。因此，流动性资产的流通速度（VL）和净债务的流通速度（VD）可以用 V1 一样形式的等式表达。不过，三种流通速度等式中各自的系数，从整体上来说，是完全不一样的。

通过使用 1959～1973 年的年度数据（1981 年的数据是经过变动调整的），我们对 V1、VL 和 VD 的个系数进行了估计，结果如下：

(1) $\log(V1_t) = -2.1571 + 0.6930\log(GNP_t/P_t) + 0.0154\log(r_t) + 0.2179\log(V1_{t-1}P_t/GNP_{t-1}) + \varepsilon l_t$
　　　　　　　(.9370)　　(.0462)　　　　　　(.0149)　　　　(.2277)

$\varepsilon l_t = -0.375\, \varepsilon l_{t-1} + vl_t \qquad \hat{\sigma}_{v1} = 0.0056$

(2) $\log(VL_t) = 1.1242 + 0.1729\log(GNP_t/P_t) + 0.0474\log(r_t) + 0.3290\log(V1_{t-1}P_t/GNP_{t-1}) + \varepsilon L_t$
　　　　　　　(.3393)　(.2088)　　　　　　　(.0241)　　　　(.2303)

$\varepsilon L_t = 0.7043\, \varepsilon L_{t-1} + vL_t \qquad \hat{\sigma}_{vL} = 0.0108$

(3) $\log(VD_t) = 0.1377 + 0.4627\log(GNP_t/P_t) + 0.0160\log(r_t) + 0.5181\log(V1_{t-1}P_t/GNP_{t-1}) + \varepsilon D_t$
　　　　　　　(.2082)　(.1074)　　　　　　　(.0120)　　　　(.1147)

$\varepsilon D_t = 0.7635\, \varepsilon D_{t-1} + vD_t \qquad \hat{\sigma}_{vD} = 0.0055$

以上估计方程曾对 1974～1981 年任一年度进行过预测，结果见表 1～表 3 中的数据。

在每个表中，第二列是流通速度的静态预测误差。第一列和第三列是误差允许的上下限。假如预测误差为零，第一列的数值是负的两个标准差，而第三列则是正的两个标准差。第四列是动态预测误差。

误差允许范围的界定或许并没有像它刚出现时那么大。如果静态预测误差独立，流通速度模型稳定，那么任意一年的预测误差落在此处界定的误差允许区间之外的概率至少为 5％。然而，在 8 个年度样本中，至少有一年的数据落在允许区间之外的概率大约为 32％。可是，年度预测误差并不是独立的，因为从等式(1)到等式(3)，我们用的是系数 B 的估计值，而不是它的真实值。假如我们没有理由怀疑这些估计值偏离过高或者过低，那么我们可以预计预测误差将会为零。假如这些系数的估计值预测 1974 年的误差水平偏低,那么,它们可能也预示着之后每年的误差水平都将偏低。各年度预测误差之间的正相关关系可能意味着,我们用较宽的误差允许区间进行一次"公允"检验。换句话说,在以上所列的 8 个预测误差中,想要至少有 1 个落在本部分所界定的误差允许范围之外,其概率估计不足 32%。

表 1　　　　　M－1B 流通速度(占实际流通速度的比例)预测误差

年 份	静 态			动 态
	误差允许下限	预测误差	误差允许上限	预测误差
1974	－1.5	2.6[a]	1.5	2.6
1975	－2.4	6.1[a]	2.4	6.6
1976	－3	7.4[a]	3	8.6
1977	－3.5	7.3[a]	3.5	8.9
1978	－4	7.7[a]	4	9.3
1979	－4.7	8.9[a]	4.7	10.6
1980	－5.4	11[a]	5.4	13
1981	－7.1	15.2[a]	7.1	17.6
均方根误差		9		

[a] 在允许区间之外的误差。

表 2　　　　　流动资产流通速度(占实际流通速度的比例)预测误差

年 份	静 态			动 态
	误差允许下限	预测误差	误差允许上限	预测误差
1974	－3	－1.9	3	－1.9
1975	－3	0.2	3	－1.8
1976	－2.6	0.1	2.6	－1.3
1977	－2.6	－0.2	2.6	－1.1
1978	－2.6	－0.8	2.6	－1.6
1979	－2.7	－1.2	2.7	－2.6
1980	－3.3	－1.3	3.3	－3.6
1981[a]	－2.7	－0.3	2.7	－3.4
均方根误差		1		

[a] 该年份的流动资产(L)真实值为前三季度余额平均值。

表 3　　　　　　净负债流通速度(占实际流通速度的比例)预测误差

年份	静态 误差允许下限	静态 预测误差	静态 误差允许上限	动态 预测误差
1974	−1.4	−0.2	1.4	−0.2
1975	−1.3	0.2	1.3	−0.1
1976	−1.3	−0.5	1.3	−0.6
1977	−1.3	−0.5	1.3	−1.2
1978	−1.3	−1.4[a]	1.3	−2.6
1979	−1.4	−0.5	1.4	−3.4
1980	−1.7	−0.3	1.7	−3.6
1981	−1.4	0.1	1.4	−3.4
均方根误差		0.6		

[a] 在允许区间之外的误差。

结论：

这个预测试验表明，净债务和流动性资产的关系等式对其各自流通速度的预测结果还是很准确的。我们可以预测 M1−B、流动性资产以及净债务等金融要素的总量与 GNP 之间的关系。这说明通过对这些流通速度方程以及我们对净债务或流动性资产的掌握，可以对过去 8 年的 GNP 做出可能最为精确的预测。

净债务的误差允许区间是最小的。通过债务流通速度方程，我们预计静态标准差的平均值仅有其流通速度的 0.7%，而流通速度预测值的均方根误差则为其速度的 0.6%。流动性资产的预测标准误差大约占其速度的 1.4%，但均方根误差只有其速度的 1%。M1−B 流通速度方程中得出的误差幅度有可能是最大的。预测标准差从 1974 年的 0.7% 上升到了 1981 年的 3.5%，而且其均方根误差为 9%。

以上表中列出的预测误差表明，M1−B 方程是不稳定的。如果 1959～1981 年的货币流通速度(V1)的"真实"系数稳定，那么，以上每组 8 个预测误差落在允许区间之外的概率将会变得极小。换句话说，本附录开始提到的理论流通速度方程并不能很好地描述 V1，因为估计方程无法可靠地描述 V1 过去的表现或将来的表现。相对而言，VL 和 VD 的预测估计方程还是比较准确的。这说明，理论上的流通速度方程或许能够非常好地描述 VL 和 VD。其实，流动资产流通速度预测比估计方程的统计推断更加精确。

注释：

作者注：本附录由理查德·M.考博克和马克·道克瑟(Mark Dockser)撰写。理查德·M.考博克是波士顿美联储银行的副主席和经济学家，而马克·道克瑟是高级研究助理。

1. 拜伦·希金斯(Byron Higgins)和乔恩·佛斯特(Jon Faust)也探讨过需求方程。我们这里关于 r 的定义与他们提出的一样。需求方程详见"Velocity Vehavior of the New Monetary Aggregates," *Economic Review* of the Federal Reserve Bank of Kansas City, September-October 1981, pp.1—17.

2. 拜伦·希金斯和乔恩·佛斯特(见注释1)对本文中表1的动态预测结果做了阐述。静态预测方法大致相当于完成合理分析之后的动态预测。即便这些流通速度方程很准确，系数也稳定，但动态预测还会与真实速度出现偏差，而且由于每一个预测都是基于前期预测，所以误差值就会累加。在静态预测中，新的流通速度预测采用的都是滞后速度的真实值。因此，它的误差一旦出现，就能被控制住。如果这些静态预测误差太大，以至于这个合理模型的统计性质出现偏差，那么，动态预测误差也将会高到让人无法接受的水平。如果静态误差很小并能表明这个速度模型好用，那么，动态误差将会在可允许的区间范围内。

3. 关于每个静态预测结果的标准差偏离，详见 H. Theil, *Principles of Econometrics* (New York:John Wiley & Sons,1971),pp.130—45.

3

来自华尔街的观点

艾伦·C. 勒纳

> 会议主持人科赫：艾伦·C. 勒纳是一位来自华尔街的杰出经济学家，现在担任信孚银行货币市场部高级副主席和首席经济学家。如果你在15年前听过他的投资建议，你可能不会赔一分钱，实际上，可能还会增加你的个人投资回报。

我赞同米尔顿·弗里德曼代表的经济学派的观点。我也喜欢认为自己多少属于这个学派，不过我称它为"折衷派"。

作为一名经济学家，尤其是作为货币市场领域的经济学家，要对每天的利率进行预测，而且还要参与交易操作，这是一件很危险的事情。过去10年里，作为一名华尔街货币市场领域的经济学家，我对通货膨胀、利率和整体的金融结构抱着悲观的看法。因此，大家叫我"悲观的思想者"。但是，这并不是我想要的称呼。我希望能够灵活地调整自己的观点——如果有证据的话。

当我们讨论华尔街在供给侧经济学方面的观点，或者讨论华尔街仅仅在一个市场相关话题方面的观点时，我们应注意对"华尔街"的界定。决策人很难界定"华尔街"的范畴。比如，决定避免购买长期证券的不是华尔街。我们喜欢发行长期证券，但正是来自佐治亚州、犹他州、缅因州和爱达荷州的投资组合管理人做出不要购买长期证券的决策。

华尔街还没能左右投资圈的投资策略、预期和行动。即便如此，我希望自己现在已经从金融圈汲取了足够的精神要义，可以代表他们发表一下观点，虽然我可以保证地说这个观点在最后有些偏差。

无论大家是否赞同供给派经济理论中的行为模式,它的出发点和落脚点都是可圈可点的。它的出发点是降低税率,落脚点是实现经济增长、提高生产能力、降低通货膨胀、提高储蓄水平和投资水平。通过降低税率,经济肯定会更快地稳定增长。然而,供给侧经济学现在面临着内部动态的问题。我们如何通过降低税率来实现更高水平的投资和健康发展的经济环境?

我认为这是供给侧经济理论站不住脚的地方。此外,这个理论涉及真实经济环境和金融系统,而它们已经发生了翻天覆地的制度性和结构性变化。这些变化在很大程度上并没有引起人们的注意或者说直接被忽视。过去十几年里,提出各种解释的经济学家做出的经济预测结果都很差,造成这种现象的原因就是他们忽略了前面的变化。长期以来,计量经济模型忽略了经济结构和经济预期的决定性作用,所以一直都是错的。现在,供给学派又采用了几乎一模一样或者类似的计量经济模型。

无论是在测算储蓄水平还是在推崇供给侧理论的历史背景中,都有一个非常重大的缺陷。供给侧理论主要坚持的是通过增加储蓄的鼓励性措施来削减税收。很多人通过比较当前的储蓄率和几年前的储蓄率,发现储蓄率是一个重大的经济问题——从历史角度看,储蓄率一直都很低。因此,这些人认为,美联储应该制定政策来提高储蓄水平。

不过,真实的储蓄率到底是多少呢?想要测算它是非常困难的。实际上,现在的储蓄率很可能与 5 年前的水平一样。我们现在通过收入减去消费之后的差额来测算储蓄规模。但是,由于地下现金或者地下经济太突出了,而且还在不断壮大,所以我们不能非常精确地测算收入水平。不过,我们却能测算出合理的消费水平。因此,被低估的收入减去合理精确的消费,余下的储蓄规模看上去要比真实的小。这非常重要,因为我们现在的经济政策正是建立在这样的错误观点之上。人们一直在争论地下经济的规模到底有多大,但其实它的规模并不是非常关键的问题。大多数的经济专家认为,地下经济大概占 GNP 的 10%～30%。不过,我们大家都认可的就是它的规模一直在快速扩大,而且正好遇到我们测算的储蓄率出现下降。

另一个与测算相关的话题就是供给学派提倡其理论的历史背景:税收削减政策在过去到底表现如何?

回顾 60 年代,供给学派认为这是税收削减政策非常成功的一个时代案例。然而,现在的经济形势与 60 年代非常不同。现在的各个经济部门都被过度地杠杆化。在 60 年代,经济系统中存在大量的流动性。由于缺乏流动性,目前的税收削减政策所产生的净效应与 20 年前大不一样。我们首先必须要改善的就是资产负债表。税收削减政策可能首先用来改善公司的资产负债表。这意味着,我们可能晚一点才能获得曾刺激 60 年代资本支出的经济措施。

关于供给侧经济学,我的第二个问题是,供给学派莫名地认为储蓄的增加和投资的增加是相等的。但是,只有在增加之后,储蓄和投资才是相等的。统计结果出来之前发生的事情是一个非常重要的问题,这涉及各个经济部门。储蓄部门与投资部门并不完全一样。家庭是净储蓄单位,企业是净投资单位。但是,企业必须有投资的理由。假如它们看到经济中的私人部门在将来存在增长潜力,那么它们就有投资的理由了。然而,公共部门费用的持续增长,尤其是政府的分配计划和利息支出的增长,并没有让企业管理者改善对未来收益的预期。因此,虽然供给侧计划提高了储蓄水平——这一点我觉得还存在争议,但这并不意味着投资水平会自发地提高。

关于供给侧经济学,我的第三个问题也是目前最难的问题。它直指供给学派采用的计量经济模型。我认为,供给学派的经济学家完全没考虑金融中介过程。毫无疑问,金融中介在储蓄转化为投资的过程中发挥了至关重要的作用。

与过去几年里的很多经济学家一样,供给学派主要是通过感性和固执的观点来预测利率水平。供给学派主观地推测利率水平会下降。可是,直到现在,这个推测还没有被证实,原因在于税收削减的短期效应的目的就是增加美国政府的融资需求。在这种情形下,实际动态经济学开始发挥作用了。动态经济学是研究金融市场运行原理和政府赤字在市场中作用机制的理论。赤字很重要吗?虽然我们可以为此不眠不休地争论,但我会通过提出几个原因来分析赤字真的非常重要。

赤字是一个两面性的问题。它一方面具有理论性质,另一方面具有现实性质。我先说它的理论方面,赤字会产生更多的赤字。利息成本成为政府预算越来越不可分割的一部分。当一国政府在制造赤字问题上越陷越深时,那么政府想在将来平衡预算的难度就会越来越大。赤字提高了政府运营成本,增加了美联储的政策压力。因为美联储不会简简单单地将政府债券货币化,所以,如果美联储能够负责任地有所作为,赤字不仅会增加经济中利率敏感型部门和产业的运营成本,而且还会提高整体的成本水平。

然而,供给学派认为,因为税收削减而产生的赤字是可以接受的。政府通过扩大用于私人投资的资本规模来刺激经济增长,从而增加政府收入。但是,政府必须通过借款来为这些资本融资,结果私人部门就得不到这些资本了。政府实际上一方面通过削减税收来增加资本,另一方面却因为更高的公共借款需求而减少资本供给。

供给学派通过常见的赤字和 GNP 之间的关系,认为赤字微不足道,而且这种关系毫无意义。他们指出,在赤字规模非常高的年份,比如 1976 年,赤字至少占 GNP 的 4%。今年,赤字最多占 GNP 的 4%。他们说:"看到了吧,赤字不重要。"然而,赤字是一种金融现象,而经济形势是一种现实现象。我认为,金融现象不能与现实现象混为一谈。我们不仅必须从金融市场的活力性和可行性,还要从它的深度和广度等方面来测算赤字的比例。比如,一国的经济活动水平并不会自发地反映与其相应的金融市场规模。虽然一国的经济规模可能是美国的 2 倍,但它的金融市场上的流动性却比美国小。另一方面,虽然一国的经济规模只有美国的一半,但它的金融系统的效率却比美国高。

于是,我们就面临着赤字是否重要的现实问题了。现实问题是,目前的金融市场已经不再具备 70 年代金融市场的深度、广度和流动性了。它已经与最近的 70 年代中晚期的金融市场大不一样了。现在的金融市场之所以出现流动性丧失和广度降低,原因主要有以下两个:一是联邦政府以及政府代理机构对私人借款者的挤出效应;二是金融圈里存在的通胀预期。

我们该如何衡量赤字的重要性?或者,如何判断赤字与金融市场之间的关系?我们需要采用具有广泛基础的市场方法。虽然我不知道什么才是正确的测算方法,但我已经见识过很多不同的方法了。

这些不同的研究方法的结果都是一样的。赤字对市场的打击越来越厉害。举例来说,一个金融市场代理的广义决定因子可能是储蓄总额。记住,如果我们用净储蓄流量而不是总储蓄流量,结论可能会更有说服力。之前,我曾提到储蓄数据很差,然而我不得不用这样的数据。不过,数据趋势还是很明朗的,所以仍然有借鉴意义。如果我们把赤字和外部企业融资需求结合起来,并计算两者结合后占据总储蓄流量的比例,会发现 1965 年的融资需求总计占总储蓄流量的 12%。我认为,如果大家想要了解全部融资的占比情况,必须要把企业外部融资需求和政府借款需求结合起来。1970 年,融资占总储蓄流量的比例升至 35%。今年,赤字和企业外部融资需求共计占总储蓄流量的 60%。我不知道这是否是测量赤字与金融市场关系的最好方法,或许我们还有更好的其他方法,但是,大多数市场规模代理显示了同样的比例趋势。这是一种很严重的趋势。

这种趋势在长期债券市场中一直表现得很活跃。现在,长期债券市场再也不能维持下去了。目前,基本上都是 10 年期的债券市场,而不是 20 年、30 年或者 40 年期的债券市场。即便是在更短期的债券市场中,无论是新市场还是二级市场,都非常需要大量的经济活动。

长期市场规模为什么从很高的水平突然之间缩水？为什么现在真实回报率这么高？严重曲解市场发展的方式有很多，以上就是一种。我们应该首先认识到，根据当前的通货膨胀率水平来计算真实回报率的做法是不合理的。从通胀预期中推算真实回报率才是恰当的做法。在金融市场和金融圈——不是华尔街，而是我很早之前提到的更大的圈子——流传着一系列的通胀预期，而现在这些预期已经出现了巨大变化，这就是为什么现在的真实回报率与之前的水平相比那么高的原因。

显然，在70年代，这种一系列的通胀预期认为个位数的通胀率是正常的，而两位数的通胀率就属于不正常了。我们曾经用4~5年的时间通过断断续续的两位数的通胀经历来调整通胀预期，然而，最后，在1979年和1980年，两位数的通胀率还是偶尔会出现。

我承认金融圈当前的系列通胀预期是很明显的——两位数通胀率是正常的，个位数通胀率是不正常的。之前，我曾在美国人寿保险协会向150家大型人寿保险公司代表发表演讲。当时，只有很少一部分的与会公司还把长期债券市场当作一种理想的投资选择。在70年代，正是这个协会收购了近一半的全部公司债券。目前，大部分的人寿保险公司不会选择投资30年期的公司债券。

不管是否存在鼓励储蓄的政策，如果缺乏一个运行顺畅的金融市场，那么企业投资规模想要出现大幅扩张将无从谈起。我认为，供给学派必须在它们的"现实世界"策略范畴内解决这个问题。它们应该把金融中介的过程考虑进去。

因此，我认为，供给侧经济中的动态观点会因为越来越大的赤字规模而被推翻。现在的赤字规模对金融圈而言并不是非常重要。1982年的赤字规模总计可能会达到2 000亿美元，而利率水平或许比现在更低。假如金融圈真的认为赤字规模在将来会急速缩减，那么以上情况可能就会出现。可惜，事实并非如此。

因为金融圈认为赤字规模在未来几年会扩大，而不是缩减，所以现在圈子里的情绪一片低沉。这与信孚银行预测的情形是一致的。我们认为，本财年的赤字会达到950亿美元，这会产生1 150亿~1 200亿美元的融资。在1983财年，我们预测赤字会达到1 200亿美元，这至少能产生1 500亿美元的融资。我们预测1984财年的赤字会达到1 500亿~2 000亿美元。在1985年（注意，我们曾将1984年作为"预算平衡"年）如果没有重大的政府立法措施出台，我们预测，该财年的赤字会超过2 000亿美元，预计带来2 500亿美元的融资。

市场认为，未来几年美国政府会有大量的融资需求。因此，很多市场参与者认为，供给学派真是恰如其名，因为它们给我们在市场中注入了大量的债券。

我刚才所讲大部分都是关于财政政策的内容。过去 20 年,在整体政策组合的财政方面,我们很显然一直是不负责任的。联邦政府在制定财政政策时对财政支出不加以约束。除了对国防支出进行管制外,至少 90% 的财政支出是不受约束的。这意味着,政府现在需要启动立法流程,削减财政支出。

国会对里根政府预算的攻击行为充分表明了它对财政问题的本质缺乏正确的认知。国会之所以想解决国防支出的问题,就是因为只有它是唯一不仅在政治上存在可行性而且还可以攻击政府预算的办法。然而,真正的问题其实是政府的福利计划。

1960 年是一个和平年,当时的国防支出约占政府全部财政支出的 48%。1970 年是有战事的一年,当时的国防支出比例降到 39%;到了 1980 年,国防支出仅占全部财政支出的 21.5%。里根政府希望 1983 年的国防支出增加到 27%。信孚银行预测 1983 年国防支出比例会接近 25%,因为我们认为政府会削减部分国防支出。

政府福利计划的支出比例则呈现出相反的趋势。1960 年,福利计划支出占全部财政支出的 26%,到 1970 年升至 33%,1980 年升至 49%,而预计到 1983 年会超过 50%。

1960 年的利息支出占全部财政支出的 6%。1980 年升到 11%,1983 年预计增加到 15%。拿财政支出来说,关键在于趋势(见表 1)。

政府财政支出的增长率是重中之重。1980 年政府财政支出增长了 17%,1981 年增长了 14%。今年,政府财政支出很可能增长 12%。这是一个对经济发展很有利的趋势,但火候还差点。如果政府能够启动立法程序来削减或者取消强制性的福利增加制度,才能保持财政支出增长率的下降趋势。政府部门财政支出每年保持两位数的增长率,几乎与整个经济活动 25% 的增长率持平。在大多数投资者眼里,这种两位数的财政支出增长率与个位数的通货膨胀率是不匹配的。

人们希望市场中的三个问题可以得到解决:政府福利计划、亟须的社会保障应急计划以及指数化概念。投资者对国会通过一种意味深长的措施来解决这三个问题的反应,我估计就是让长期利率水平降低几百个基点。然后,在几个月内,我们可能就会看到利率降到个位数。

现在国会很关心增加额外的政府收入,结果降低了对负责任的财政政策的需求。提高税收,政府规模就会扩大,而不是缩小。现在,关键问题又重新回到财政支出上。核心问题是政府福利计划。

表1　统一的预算支出

	1960年 10亿美元	1960年 占总量%	1970年 10亿美元	1970年 占总量%	1975年 10亿美元	1975年 占总量%	1980年 10亿美元	1980年 占总量%	1983年（官方估计）10亿美元	1983年（官方估计）占总量%	1983年（信孚估计）10亿美元	1983年（信孚估计）占总量%
国防	44.4	48.2	75.7	38.7	79.3	24.5	123.9	21.5	204.6	27	198	24.7
支付给个人的费用	24.3	26.4	66	33.7	156.6	48.3	283.2	49.1	382.6	50.5	402	50.1
利息	8.3	9	18.3	9.4	30.9	9.5	64.5	11.2	112.5	14.9	113	14.1
其他	15.2	16.4	35.7	18.2	57.4	17.7	105.1	18.2	57.9	7.6	88.3	11
合计	92.2	100	195.7	100	324.2	100	576.7	100	757.6	100	802	99.9

政府应该贯彻的是税收削减政策。如果削减力度够大,那么就会刺激经济发展。然而,对供给学派而言,想要成功促进经济发展,不能只在需求方面使劲,还必须得从供给方面增加商品和劳务供给。

财政原则的匮乏无形中给货币当局增添了巨大的政策压力。供给学派在货币政策上存在两种观点。一种观点认为,货币当局采取扩张型的货币政策是合理的。这类供给学派完全无视了市场中的预期作用。另一种观点认为,货币当局应当采取负责任的货币政策。然而,这类供给学派则完全低估了宽松的财政政策与紧缩的货币政策之间的不协调性。它们对货币流通速度的假设是不合理的,而其就是用这种不合理的假设解释了为什么货币供给增长与它们的经济目标之间存在不一致。我们希望供给学派内部能达成一致观点,支持货币当局制定负责任的货币政策。

大规模的赤字会抬高利率水平,高利率反过来会削弱经济增长,并引发更大规模的赤字。只要美联储没有将政府债券货币化,这样的经济怪圈就会持续下去。如果美联储决心宁可犯错,也要推行货币宽松政策,那么我们会重新面临早前提到的经济问题,只不过,在这种情况下的通货膨胀的破坏性会更强。如果美联储不想在推行宽松的货币政策上犯错误,并制定负责任的货币政策,那么我们将会面临滞胀的经济问题,除非我们采取某些措施来改善已经失控的财政政策。

一些供给学派的拥趸支持其他简单易行的办法。比如,人们关于是否支持金本位制度或者其他"简易解决办法"争论不止。但是,我们要记住一件事。如果我们像政策制定者一样想要一套金本位制度的指导原则(至少在理论上它会强制要求一种原则),我们就不需要金本位制度了。我们需要的是货币政策和财政政策方面的指导原则。

大规模的赤字、高水平的利率以及疲软的经济形势都属于大家不希望看到的动态经济现象。就是这些现象,可能会破坏供给侧经济学理论。这种事情不是没有发生过。美国政府至今没有实践凯恩斯经济学或者货币经济学。同样,我们也不会落实供给侧经济学。其实,我们都是政治经济学的牺牲品。政治经济学主张所有的政策应当立足于短期目标。要取消20多年来不负责任的政策,会产生很多不必要的痛苦。从整体上来说,政治家好像还没有做好准备去承受这种痛苦。此外,他们好像没有打算采取长期的经济策略。或许,美国人民也没有准备好适应长期的经济策略。

关于供给侧经济学,我们能够赞成的一点就是它是一种长期经济理论。在金融市场中,事实胜于雄辩。无论是政府首脑的强力呼吁还是误导市场的行为,这样的日子现在都结束了。如果政府做对了,那么债券市场和股票市场会出现有利的反应。然而,我们不要再欺骗自己了。里根总统和国会已经通过政治辩论含蓄地表达了政府的福利计划几乎是神圣不可侵犯的。

我们大家都应该想想办法,如何才能让联邦支出的大幅削减在政治程序上行得通。这是一个非常重要的问题,而且也是市场上的焦点问题。能够切实解决问题的办法,将是非常痛苦的。我们已经欺骗自己很长时间了,也已经对自己不负责任很久了。我们认为,或许有相对较小的痛苦。我认为,想把我们的财政重回轨道,痛苦会更大。现在的问题是,要把国家财政重返轨道,这一次我们准备好了吗?

4

金本位是供给侧经济学的一部分吗?

艾伦·雷诺兹

会议主持人科赫:现担任 Polyconomics Inc.副主席和首席经济学家的艾伦·雷诺兹将继续为我们探讨其他的经济观点,他的演讲主题是,金本位是供给侧经济学的一部分吗?

雷诺兹一直在里根政府经济计划的制订中扮演着非常重要的角色。他曾经和美国政府管理和预算局局长大卫·斯托克曼携手制订了这项经济计划。在此之前,他已经在里根的总统竞选活动中出谋划策了。

稍后,他会为我们讲述为什么他认为美国政府应该采用金本位制度以及为什么这样的金本位制度和供给侧经济政策是一致的。

听听供给学派对自己所推崇的经济思想的解释,要比听他们所说的话更有意思。此外,弄清楚真正的供给侧到底是什么意思也是一件很有意思的事情。不过,我想我已经从劳伦斯·克莱因的演讲里学到了更多关于凯恩斯经济模型的知识。

现在,我已经明白了凯恩斯经济模型。在这个模型里,赤字是经济衰退产生的第一个推论结果;这就是为什么赤字包含全职工作预算的原因。赤字也是解决经济衰退的一个方法,这就是为什么它被称为"刺激措施"的原因。然而,现在赤字也是导致经济衰退的一个原因。

虽然这个理论不需要进行细节上的检验,但是它仍然非常难以检验。虽然没有经过核实,但是我能想起来的关于克莱因理论的一个检验就是南斯拉夫的经济实践。南斯拉夫一直保持着预算盈余。南斯拉夫刚刚完成的统计显示,虽然其国内通货膨胀率为52%,不过,它们的预算确实是平衡的。

以前,即便按照3%的利率,也很容易把100年期的长期债券卖出去;现在,即便是按照17%~18%的利率(见图1),也很难出现一个3年期的抵押贷款。从预算赤字到国际商品价格波动,再到波兰债务危机等问题,看似彼此不相关,其实都受上述经济形势的不良影响。目前,全世界范围内的整个美元经济体都在依赖于短期债券投资,这是非常危险的。现在,它们急需把债券延期,以便恢复对未来美元的信心。因为它们需要用这种信心把储蓄从短期货币市场中提出来,投向长期投资工具,比如股票市场、债券市场和抵押市场。

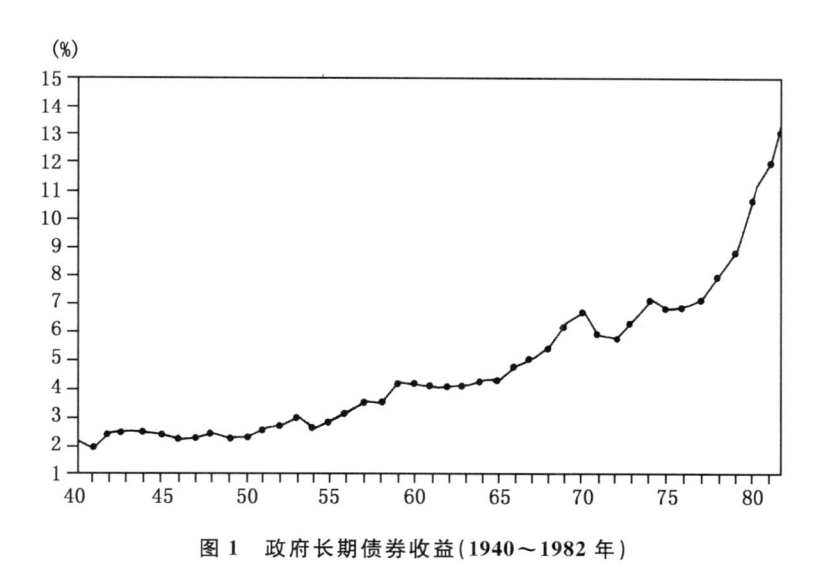

图1 政府长期债券收益(1940~1982年)

解决上述问题,可分以下三步走:

(1)问题属于财政方面还是货币方面?这里,我支持米尔顿·弗里德曼和迈克·伯斯金的观点。

(2)即便问题有一部分属于货币方面,一国政府和世界其他国家会选择可预测的货币规律吗?还是继续依赖央行不受约束的随意性政策?

(3)如果长期货币法则令人满意,那么这些法则会特别强调货币数量(比如M1)或者价格水平——利率、汇率或者黄金的价格吗?

关于这些问题的争论,在最后快要结束时至少有一个大国政府会大致上同意经济发展需要一个可信赖的长期货币政策。现在,全世界都在渴望一种锚货币,即一种服务于长期合约的记账单位,因为它可以消除无论是借方还是贷方的意外收益或损失。

长期利率并不是从里根经济学出台后才开始出现破坏性上涨,而是从尼克松总统在 1971 年 8 月把美元与黄金脱钩,让美元自由浮动之后,已经一路上涨了。1968 年年中,因为政府征收附加税,利率出现上调。1972～1974 年,由于政府削减了 80% 的赤字,利率继续上升。1976～1979 年,政府削减了 58% 的赤字,利率再次上调。

供给侧财政改革原本就是想通过削减相对于私人产出而言的联邦支出,减少政府的平均负担,同时,通过对以往的个人税率进行指数化操作来减少政府的边际负担。这些财政政策不可能导致 3 年的经济衰退,因为除了一些大胆的措施外,它们还没有得到落实。

国防支出占 GNP 的比例从 1979 年的 15.9% 上升到现在最高的 17.4%。如果 7 月份的个人税收削减不再受胡佛经济学支持者的影响,不过,尽管如此,一对已婚夫妇,假如每人在 1979 年的收入均为 25 000 美元,那么,他们在 1982 年还是要面临 44% 的纳税等级——比 1981 年的 42% 还要高。如果没有 1981 年政府出台的税法,边际税率有可能会上升到 49%。

政府面临的金融问题不能非常轻易地转嫁到家庭和企业身上——它们已经因为同样的问题而自身难保了。当家庭和公司支付完各自的利息之后,已经没有什么东西可用于缴税。但是,无论是在经典的还是在布雷顿森林体系的金本位制度下,长期利率都没有超过 5%～6%。如果长期利率升到这个区间水平的 2 倍高,那么政府预算很快会出现盈余。

联邦赤字仅仅是表现货币危机的其中一个指标而已。与媒体的报道相反,华尔街的投资组合管理人知道这一点——即使是像在花旗银行和摩根士丹利这样的金融机构中的经济学家,虽然属于货币学派,但也知道这一点。

美国缺少可预测的货币政策。没人知道美联储在将来会出台什么样的政策、如何去落实这些政策以及这样做的原因。此外,美联储为了实现不为人知,甚至是无法到达的目标,竟然采用一些老掉牙的措施,粗暴地修改各种不断变化而且不相干的目标。现在,不管是美联储还是批评它的对头,都无法清楚统计货币数量或者预测货币的流通速度。

长期金融市场已经崩盘了 10 年,现在需要一个长期的货币政策来解决这个问题。目前,(1)货币的定义变幻莫测;(2)基础货币的传递机制正在削弱;(3)所有预测货币流通速度的模型自 1971 年 8 月 15 日后就已经失败了。在以上背景下,怎么可能把货币数量论作为一种可信赖的货币原则呢?《总统经济报告》的解释是,央行自行决定"随时可以修正货币原则"。这简直就是一个毫无意义的原则。解释这个问题有很多困难,其中包括埃里奇·海涅曼(Erich Heinemann)所认为的"测算货币数量是不可能完成的任务"。有一种假设货币数量原则就遭遇了海涅曼的问题,而且纠缠不清。

高水平的利率肯定能将 M1 中的资金抽出,投向货币市场基金,而且还能提高货币流通速度。从 1980 年第三季度到 1981 年第三季度,M1 货币的流通速度提高了 6%,年度名义 GNP 从 8% 增长到了 12%。用起自己的经济模型,货币学派好像很容易知足。

通货膨胀出现明显的周期性下降,如果货币学派想为此而受表扬,就必须放弃非常重要的时差问题,忽视更为广义的货币总量增速,并且还要以狭义的通货膨胀测量口径为主。几乎很少听坊间传闻说第四季度的 GNP 平减指数上升了 9.3%,或者说单位劳动力成本增速达到了 15%。

现在的真实利率水平比 1932 年以来的任何时期都要高,结果迫使在清算库存商品、日用商品和房地产交易等时不得不廉价出售。清算商品决定物价指数,因此,全球范围的"结束营业大甩卖"确确实实能够压低物价指数。但是,我们按低于往常的价格销售手上的商品,同时又按正常稳定的价格生产更多的商品,二者之间是存在差价的。事实上,我们积累的财富出现了贬值,已经提高了我们对未来生活成本的预期。此外,政府想要扩大生产规模、提高产能却又不提高物价,但因为利息负担,这个想法已经越来越难以实现。

为了恢复未来货币购买力信心,大多数供给学派可以很容易地选择用一种改良的斯坦计划。赫布·斯坦在他 1980 年的《当代经济问题》中写道:

> 我们很难想象,在政府履行承诺并按照固定价格卖出黄金的时候,市场上还存在着恶性通货膨胀,还有它所带来的所有不确定性。因此,要确保通货膨胀率不要超过红线,或许某种金本位制度还是有作用的。然而,金本位制度的这个作用并不要求货币数量和黄金数量之间一直保持着非常紧密的联系。政府可以自由选择采用或者不采用货币规则来调控货币政策,只要它保证有能力兑付按照固定价格售出黄金的承诺,那么通货膨胀不超越红线的目标就可以因为政府的兑付行为而实现。

美元—黄金之间的兑换不要求政府的黄金库存量和货币测算量之间存在固定的联系——只需要在行动上表现出联系即可。因此,有些人担心充足的黄金或者货币,其实是杞人忧天。货币供给成了残余货币——无论是什么,老百姓都愿意持有,却不兑换成黄金。因此,1879~1882 年,M2 货币增长了 19%,但是消费者价格却没有变化。人们相信货币,所以愿意持有更多货币。

金本位制度的灵活性把消除通货膨胀的成本降到最低水平。如果人们真的相信货币数量规则,那么利率和货币流通速度可能会降下来。不断扩大的实际货币余额需求,只有通过通货紧缩或者放弃货币数量规则才能得到满足。

想要对同时出现 9% 的通货膨胀率和失业率的现象进行申辩,就必须找我们的老前辈们来"背黑锅"。《经济顾问委员会年度报告》早就有一套非常完美的处理技巧了。

第一,假装布雷顿森林体系的基础不是让其他货币盯住可以与黄金兑换的美元。这反而会迫使那些支持美元—黄金兑换的人拥护 1879~1914 年的货币制度。那时,没有存款保险,没有失业保险,没有中央银行,而包含了现代通信、运输和库存管理的当代服务经济应该是稳定的,但在那时,这样的稳定性是不存在的。

第二,假装老的商品零售价格指数体系现在也是测算货币购买力的合理方法——也就是说,用少数的散货商品(主要是农产品)来编制这个指数,不包括消费者价格、服务和房地产等。这个指数确实能表明小麦价格的变化,但不能反映美元的变动。

第三,选一个通货膨胀率最高的年份,比如 1814 年或者 1872 年,那时候不管是英国还是美国,都没有盯住金本位制度。然后,把商品成本再与这个世纪经济最差的年份(1896 年)相比较。这个方法能勾勒出经济每年存在大约 2% "通货紧缩"的假象。不过这大部分发生在黄金重出"江湖"之前,之后主要是降低成本所带来的生产率提高引发了这种现象。

第四,要暗暗地对金本位制度引发的每次银行倒闭或者谷物歉收表示不满。实际上,虽然 1884 年、1890~1896 年、1929~1934 年、1968 年至今,历届政府威胁废除金本位制度,结果却引发了不少问题,但到现在,还没有非常严肃的研究成果因为单次重大的经济衰退而指责金本位制度本身。

当其他的一切方法都失败时,要担心来历不明的外国人觊觎"我们"的黄金储存,或者想要在美国倾销黄金,或者同时做这两件事,虽然这种担心还不确定。假设苏联向我们出售了数以吨计的黄金以换取美元,然后再用这些美元采购粮食或者偿还债务。通货膨胀压力可能会把固定价格的黄金变成相对廉价的商品,结果引发那些持有剩余美元的人把手上的美元全部兑换成黄金。唯一的净效应就是美国将粮食卖给苏联,从苏联获得了黄金(不是"无债借条")。同样,如果阿拉伯国家倾销美国国库券来购买美国的黄金,那么国库券利率会上升,结果其他国家就会通过售出黄金来购买国库券。黄金的可兑换性现在是一种自我纠正机制。

不能兑换的纸币曾经带来一致的灾难性历史后果。现代黄金体系的支持者，除了与这些后果对比之外，不一定非得为曾经的历史辩解。1879年，我们曾恢复了黄金制度，到现在还残存一些有限的影响。1874年，政府通过一项法案，决定在1879年开始恢复黄金的可兑换性。1873~1881年，债券收益减少了1/3，而股票价格上涨了30%。短时间内，经济出现非常强劲的扩张势头，结果1879年的真实产出提高了16%。

维克多·萨诺维茨（Victor Sarnowitz）最近刚刚为国家统计局更新了经济周期数据。他发现，1879~1914年，35年间只有7次经济衰退，不是10次。在离我们最近的35年中，我们有9次经济衰退。开始的时候，他认为，1879~1914年只存在22个月正常的经济扩张，其实是39个月。真实GNP增速超过了4%。制造业员工就业人数从270万人猛增到660万人。1890~1914年，制造业真实工资率增长了至少30%，可是在过去10年，这一工资率（甚至是税前工资）根本没有上升。因为考虑100年前古典金本位制度的缺陷，它表现得也非常好，但是它在今天很可能表现得更好。

当然，现在有些人反对对货币本位制度做出任何有意义的改动。有人辩解说，在战争或者经济危机期间，任何货币规则都很可能出现扭曲，所以我们应该跳过这些规则，直接选择扭曲的结果。既然美元币值一般36年变动一次，那我们或许可以让它每36秒变一次。另一部分人说，在我们出台任何新制度前必须先把通货膨胀问题解决了。用斯坦的话来说，"我们把牙膏挤出来，不可能再把它挤回去。"

维护现在杂乱无章的秩序，要比反对制度变革本身更难。我们不愿意将储蓄投在长期目标，那将产生非常深远的严重后果。人们不相信货币。一心追求可以每周测算货币供给的方法，虽然这种方法难以捉摸，但其实是一个经济问题，而不是解决问题的办法。我们曾经对货币丧失信心，现在已经重新建立起了信心。其中，唯一的办法就是用黄金来确保这种货币信心。

5

消除通胀的非渐进式措施

托马斯·J. 萨金特

会议主持人科赫：下面这位演讲嘉宾将为我们从学术角度探讨消除通货膨胀的非渐进式方法。

我们现在解决通货膨胀问题的方法，不但耗时长久、拖沓，而且还可能比较痛苦。托马斯·萨金特是明尼苏达大学的经济学教授，他做了一件鼓舞人心的事情，即简化了可以快速而且显著消除通货膨胀问题的方法。

首先，我想先简单说一下弗里德曼在 1949 年提出的一个关于协调货币政策和财政政策的方案。在之前的会议上，我们听到过很多方案，我想把弗里德曼的方案与它们比较一下。协调货币政策和财政政策的方案，包括之前艾伦·雷诺兹和弗里德曼提到的各种方案都是有人评估的。我想尝试用一种简单的方式阐明这些评估中所涉及的纯粹分析方法。

弗里德曼 1949 年提出的方案的内容主要包括：

第一，根据成本—收益分析法，首先确定政府的支出规模。也就是说，经济学家赋予了政府部门一定角色，即要么做公益，要么做些收入转移，那么，如果某个项目正因此而值得去落实，我们肯定会去做。这样，政府支出规模就先被确定下来了。

第二，确定可以在经济周期过程中平衡预算的税率水平。这样，在政府支出规模确定后，接下来的事情就是确定税率，之后，就是在经济周期期间平衡预算。

当然，作为整个方案的一部分，曾有人这样理解这一点：正是因为可能存在经济周期，所以大家可能会在经济衰退时陷入赤字，而在经济繁荣的时候存在盈余，并且还不得不为赤字融资。因此，弗里德曼方案的第三点，就是通过发行货币为政府的全部赤字融资。从本质上说，他的建议不是要发行长期政府债券。

虽然从表面上看，这些不同的方案区别很大，但是弗里德曼1949年提出的方案在纯粹分析方面与他在这次研讨会前面提倡的方案没什么区别。无论大家支持这些方案中的哪一种，都会刺激到某些非常脆弱的政治观点。不过，作为一名经济学家，我觉得无法过多涉及这方面的内容。

然而，我想做的，就是简单地说明为什么弗里德曼的方案和其他各种方案都是解决同一个问题的"其他方法"。我喜欢用当代的案例来探讨这个话题。在明尼阿波利斯的美联储银行和明尼苏达大学工作的时候，我有一位同事叫尼尔·华莱士(Neil Wallace)。我下面所说的观点主要是我这位同事提出的，并非我一个人的。

华莱士认为，当今货币当局和财政当局之间的博弈，就是一种斗鸡博弈。我很想为大家从几个方面来讲讲这个博弈的特点。我和华莱士之所以用这些词汇，是因为我们想到了一种独特的经济理论。让我先给大家简单介绍一下这个独特的理论吧，这样你们就可以自己理解或者忽略我余下的理论部分。

这个独特的理论属于理性预期学派，是一种新的宏观经济学方法。它的核心内容就是需要观察在时间推移的动态过程中面临涉及行动和收益的决策时的私人代理的表现。因此，举例来说，当一家公司决定投资时，虽然它现在做出决策，但只有那些在将来实现的事情才能确定这些决策的后果和回报。比如，一家公司做投资，重要的不仅仅是现在的税率水平，还有整个投资周期中的税率水平。

有了上面的知识背景后，像"如果现在提高税率，有什么影响？"这类问题，除非用税率的将来趋势应如何演进来把它补充完整，否则，就提得不恰当了。

政府往往先确定当下的货币供给量，然后再根据经济形势的变化确定以后的货币供给量。这是一种孤立的政策措施。刚才所说的思路让我们直接面临的问题不再是政府孤立的政策措施，而是博弈规则。政府在选择支出规模、税收水平、货币流通总量以及筛选货币规则时，采取重复博弈策略。也就是说，现在的政策问题就在政府的重复博弈框架中。这个博弈框架曾被弗里德曼提出，目前已经被现代的理论技术发展到了更高水平。

虽然我们现在很重视的博弈规则，对宏观经济学来说，它算是比较新的方式,但对于其他人类活动,比如橄榄球比赛,它就比较老了。橄榄球比赛不是一球定胜负的比赛,而是一种不断重复的博弈游戏。比赛中,穿着条纹衫的裁判在赛场里四处走动,把触犯各类犯规动作的球员罚下场。因此,参赛球员也关心裁判的行为表现。参赛球员根据游戏规则来约束自己的行为,而裁判则根据游戏规则进行裁决,把球员罚下场。因此,如果有人问,"如果裁判随意罚球员下场,结果会怎样?"那他就问得不合理了。如果我们改变了游戏规则,把边侧接球手罚下场,结果会发生什么?提问这类问题不仅合理而且还有答案。

我想套用一些类似这样的博弈原则来分析我们当前的经济问题。理性预期的假设条件是,代理人关心的是未来,而且代理人在努力预测未来形势时至少表现得与经济学家一样敏锐。这个假设并不是说代理人无所不知,而是说他们至少与经济学家一样敏锐。实际观察结果表明,预期并不是可以通过披露信息而被操纵的,因为人们可以通过披露信息把未来看清楚。

政府政策想要取信于人,第一个要求就是政策的连贯性。如果一系列的政策披露破坏了简单的记账恒等式,那么政府的政策就不存在可信性了。现在刚刚披露的一项政策就是很好的例子。如果我简单地提一下这项政策,就有人把它解释清楚,那么这项政策就扰乱了记账主体的行为,这就是这项政策的问题所在。

我们先重点说一下博弈规则吧,也就是探讨在公开市场策略中关于政府税收水平、政府支出规模和货币供给量的重复选择方式。货币政策和财政政策之所以必须协调,原因不仅在于记账恒等式,而且还在于货币当局控制着一部分财政收入,即铸币税收入。

在我们的经济体制下,货币当局控制着通胀税收。单就这个原因,如果大家用类似重复博弈的观点来观察货币政策与财政政策之间的关系,会发现它们是必须要协调的。现在美国货币当局和财政当局之间正上演着我想说的华莱士的"斗鸡博弈"。问题是:货币当局和财政当局,到底谁听谁的?或者稍微换句话讲,在这场博弈中,谁占主导?

假设有一项非常宽松的财政政策,不仅允许现在而且在可预见的未来都可以存在大规模赤字;同时,有一项非常紧缩的货币政策,比如基础货币增长率为$k\%$,那么货币当局可以每年按照$k\%$(k值非常小)的速度扩大基础货币。如果我们想要将这两种政策搭配起来,那么很容易想到它们根本就是不相容的,不会一直同时存在,原因是它们打破了政府的预算约束。因此,如果这类货币政策和财政政策出台,最终肯定会有一方让步。有种看法认为,政府和美联储之间就是一场"谁会让步"的拉锯战。

货币理论中存在的旧问题,在今天看来仍然是非常重要的问题。我想用这种问题来探讨货币政策和财政政策之间的关系。老问题是,如果现在施行的是紧缩的货币政策,那么,大规模的赤字会引发通胀吗？在补充任何关于博弈规则的描述之前,这个问题问得不够合理。想要得到截然相反的答案,还得看财政当局面临着什么样的规则。

关于这个问题,存在两种大家普遍接受的观点。每一种观点都保持内在的一致性。两者之间关键的分歧就是对财政当局政策的推测不同。

在拿破仑战争期间,英国曾出现大规模的财政赤字。当时,大卫·李嘉图正在撰写赤字理论。他提出,如果政府部门在出现赤字的同时伴随着紧缩的货币政策,那么,赤字不会引发通胀。正是他奠定了这个理论的思想基础。李嘉图推断,如果政府部门在当前陷入赤字,同时将来会有政府盈余出现,那么,赤字就不会引发通胀。因此,李嘉图思想的实验内容就是现在财政赤字扩大,但在将来财政盈余会增加。

李嘉图的基本观点不仅认为政府就像一家企业(这个比喻至今还是货币理论扎实的出发点),而且还认为只要政府在陷入赤字扩大问题的同时采取一项提高未来税收收入的计划,赤字扩大化还是可以的。如果很多人知道这项计划并相信它会落实,而且某些当前的立法可能会支持这项计划,那么,大规模资金流向储蓄的现象就可能发生,而且数量正好可以吸收新发行的政府债券。李嘉图认为,以上原因可以让通货膨胀率不再上升。

李嘉图的理论要求当前扩大的财政赤字必须反映出未来的财政盈余会提高,这是理论的关键内容。因此,我们不能因这种理论就认为,不管将来的税收和支出计划如何,当前任何的赤字规模都不会引发通货膨胀。

因此,李嘉图曾针对财政当局提出了一个特定的规则。英国政府在大半个19世纪里一直遵守着这个规则。在1819年,英国政府根据李嘉图提出的规则恢复了金本位制度。第一次世界大战后,英国政府继续遵守李嘉图的规则制定政策。因此,李嘉图的规则基本上是流行于整个19世纪的一种经济规则,而且人们根据它的某些历史记录,相信它的合理性。

在20世纪,政府采取了另一套经济规则来制定财政政策。约翰·布兰特(John Bryant)和尼尔·华莱士曾在学术著作里对这套规则进行了认真研究。如果当前赤字所预示的不是最终抵消赤字的未来财政盈余的增加,而是预示着未来货币供给的增加,那么政府可以通过赤字货币化来弥补赤字。他们研究了如果真是这样则结果可能会发生什么。布兰特和华莱士认为,在上述条件下,既然当前的赤字水平意味着未来货币供给增加,那么这些赤字确实会引发通货膨胀。

李嘉图的理论体系与另一个理论体系之间的区别涉及詹姆斯·托宾在60年代提出的一个问题。托宾曾提出疑问，政府债券到底是一种更好的货币替代品，还是一种更好的私人资本替代品？当时几乎所有凯恩斯学派和货币学派的理论模型认为政府债券应该更适合替代实物资本和股票，而不是替代货币。

托宾从理性观察出发，认为10 000美元的纸币和面值10 000美元的国库券看上去非常相似。他曾表明，如果我们把计息的政府债券看成货币替代品，或许会获得很多研究成果。在布兰特—华莱士理论体系中，如果政府陷入赤字，最终会把赤字货币化。在这套体系里，托宾的看法肯定是对的。

我们现在选择的是哪一种理论体系呢？我们该如何用两种理论体系来解释现在的政策形势呢？一贯紧缩的货币政策和一贯宽松的财政政策之间一直都不协调。从两者不协调的角度来分析数据反映出的问题，就是一种办法。政策形势问题将很容易得到解决。当前财政支出的预测水平以及现有的成文法律表明，政府会坚持它的赤字政策。因此，如果我们利用现行的成文法，并认为财政当局会主导政策方向，那么货币当局迟早得做出让步。因此，如果现在的政策形势是财政政策主导货币政策，那么我们可以通过简单的数学知识计算一下当前的财政预算，然后会发现货币当局最终不仅会放弃货币紧缩政策，而且还会施行比现在规模更大的赤字货币化政策。

这个观点与艾伦·勒纳的观察结论是一致的，而且感觉好像市场期待的最终政策结果就是这样。此外，上述观点与长期的高利率水平也保持高度一致。它也与一些人的期望相符，也就是认为保罗·沃克尔（Paul Volcker）会向里根政府或者向里根政府及国会认输。

然而，在这场博弈中，还有另外一种支持保罗·沃克尔行动计划的观点。这个观点认为，如果保罗·沃克尔以及他的继任者能够一直坚持非常严苛、紧缩的$k\%$基础货币增长率，杜绝将过多的政府债券货币化，那么国会以及里根政府或者下一届政府别无他法，只能让步认输，最后开始逐渐向财政盈余的政策上靠拢。

对于上述的这个观点而言——它与米尔顿·弗里德曼一直坚持的说法类似，都支持$k\%$的货币扩张原则——如果货币当局一直坚持紧缩的货币政策，那么这将成为主导财政当局的一种机制措施。这种机制措施最终会消除大规模赤字，从而证明自己的存在。

对于货币当局和财政当局之间的数据博弈，目前有许多历史案例可以参考。如果我们看看"一战"之后欧洲出现过严重恶性通货膨胀的国家，包括德国、波兰、奥地利、苏联和匈牙利,就会发现这些国家的经济形势是由不负责任的财政当局来管理货币当局。其结果就是,政府部门出现大规模赤字,导致无人愿意在短期内持有计息的政府债券。债券存续期缩短的现象(最近我们还看到了)扩散迅速,沉重地打击了政府的措施。政府唯一能够浮动的债务,就是货币。

说到底,如果财政当局在博弈中处于被支配地位,那么经济中会出现恶性通货膨胀;如果采取一种实质性的宪法变革来约束财政当局,迫使它从根本上解决一些预算现值的平衡问题,那么恶性通货膨胀就会消失。刚刚我提到的几个国家在"一战"之后,为了解决通货膨胀问题而专门采取的经济制度其实就是恢复金本位制度。在我们的政策博弈中,可以把金本位制度视为一种约束财政当局的机制。

假如有人声明要支持或者反对现行的货币紧缩政策,那么,沃克尔应该如何回应呢?回答这个问题,需要有扑克玩家一样的判断力,从本质上说,这是因为在游戏中,如果有玩家一直输,那么他之后会遇到更糟的情况。原因就是,博弈的最终结果在博弈过程中会产生很大的不确定性。我们现有的各种经济模型表明,这种不确定性很容易演变成经济衰退以及更严重的经济问题。

在这场政策博弈中,有可能出现一种不好的结果:财政当局占主导,也就是说,国会和政府都不会在大规模赤字问题上做出让步,然后将赤字问题延续到未来。另一方面,虽然沃克尔在长期内不会让步,但是到最后,他以及他的继任者还是要让步的。这可能是一种非常糟的结果,因为当你简单计算之后,发现最后你得到的通货膨胀率比开始时可能拥有的水平还高,所以你最好的情况就是在通货膨胀中获得短暂喘息的机会。然而,从长期看,最后你不仅会面对曾经应该面临的通货膨胀率水平,而且实际上面临的通胀水平更高。与此同时,你可能早已对经济产出和失业问题心灰意冷。这个例子表明,只要这场博弈悬而未决的可能性越大,它最早带来的结果就越严重。

要解读弗里德曼演讲的大部分内容,有一种很有效的办法,就是区分他在经济问题上的解析型论述和在政治学方面的判读以及区分将要解决政策博弈的办法与他所希望看到的办法。

在这里,出现了两种显然不同的问题。第一个就是政府规模,我们到底偏好什么规模的政府?第二个,面临着税收、发行债券和发行货币的政策组合,我们该如何为政府买单?第二个问题从根本上讲算是一种技术问题。这就与保守派和自由派之间的政治分歧无关了。

可以认为,弗里德曼是支持我刚刚提到的政策博弈的。他赞成在这场博弈中政府的预算约束应该控制在最终可以削减政府规模的水平。博弈策略第一步就是削减税收,而不是不提高。这步棋将与货币政策 $k\%$ 的紧缩型扩张原则一直搭配。如果这两步棋能够一直走下去,那么政府预算约束将反映出政府支出最终会下降。

弗里德曼经济分析背后是对政府预算约束数据的准确分析以及对预算约束最终带来的政策压力的准确分析。现在,政治家面临的问题是,能否建立起协调货币政策和财政政策的机制。这种机制不仅需要更加规律,而且还能减少在每次政策博弈结束时的不确定性。

6

撒切尔经济政策是对供给侧经济学的一场实践吗？

大卫·洛马克斯

会议主持人科赫：下面的演讲嘉宾大卫·洛马克斯告诉我，他现在被大家看成一名娱乐圈里的经济学家。英国人的语句表达方式真是奇妙，所以，对大卫·洛马克斯而言，所谓的"娱乐圈"一般指的就是现在在欧洲播出的广播节目以及偶尔漂洋过海出现在美国的电视节目中。

洛马克斯毕业于约翰·梅纳德·凯恩斯曾经执教多年的剑桥大学国王学院。我在欧洲第一次遇到他的时候，就是在剑桥大学。我们常常在国王学院的餐厅里一边吃饭，一边批判着凯恩斯经济学，而我们吃饭时往往会看到巨大无比的凯恩斯的照片就挂在我们头上。

洛马克斯一直在全球第十大银行——国民威斯敏斯特银行担任小组经济顾问，工作很出色。在今天的演讲中，他将探讨撒切尔经济政策以及这些政策是否是对供给侧经济学的一次实践。

站在政治理论的角度上讲，现在英、美两国提倡的经济政策很相似，而且无论是从政策的成功经验还是失败教训中，我们都学到了很多东西。在英国，供给侧经济学的实践在开始时的理论形式还没有在美国的正式——我们不讲拉弗曲线，而且英国经济政策采用的是更为陈旧的刺激措施和市场行为。玛格丽特·撒切尔不是第一位将这种经济观念写入政治宣言里的英国首相。然而，在这么多年里，她却是第一位一直努力推行这种经济观念的首相，而且涉及的方面非常广。这样或许就可以合理解释为什么她的经济政策与前任首相们不同。

在英国的政策实践中,最有意思的一大特点就是它的宏观经济形势。之所以有意思,就在于不知道为什么宏观经济的各方面一直这么让人失望。不过,我喜欢从更大的经济框架中探讨撒切尔的经济政策,因为在英国的国情下,她的经济政策在很多方面不仅非常具有独创性,而且还取得了很多成功的经验。

6.1 市场与垄断

撒切尔的经济政策包含了很多关于立法和运作的措施。这些措施会影响英国各经济部门的市场效率。毫无疑问,英国的政府部门,尤其是财政部,曾想按照原来的政府套路做事,虽然可能只有一些政治家支持这一观点,但是,主流的看法一直认为,反对撒切尔经济政策的观点可能太泛滥了。事实上,现任英国政府已经发现,无论是工人还是政治家,相对来说,他们反对撒切尔经济政策的呼声在大多数的情况下还是比较温和的。凡是提高经济弹性和适应性的政策,还从没有在后期出现过反作用。实际上,本届政府的经济主旋律之一就是撒切尔的经济政策效果,从整体上讲,比之前预期的好。在本届政府执政期内,英国政府一直在推动降低垄断程度、提高经济弹性的经济计划。我很想和大家详细地谈谈这些经济变革,因为这些变革多多少少地让我们知道,在现代工业化国家,政府要合理把握重大经济变革的程度,才能在把经济引向市场化方向的同时不引起重大的负面的社会或政治影响。

6.2 劳动力市场

英国政府在劳动力市场方面的立法行为表现得最为欠缺,尽管撒切尔经济政策热情高涨的拥护者至今还非常渴望英国政府能够启动关于劳动力市场的立法程序。保守党在它们的政治宣言中曾经承诺实现工会立法三大方面的变革:制约工会二级罢工纠察;对可能实施"仅雇用工会会员劳资协议(closed-shop agreement)"的措施进行约束;确保更广泛的人群,包括支持罢工的人参与到工会投票中。这项立法进程一直进行得比较慢。第一位支持就业政策的英国政府大臣吉姆·普赖尔(Jim Prior)曾认为,他的主要任务就是不要刺激工会,所以他不愿启动这项立法,当然不包含他们起初政治宣言之外的立法内容。经过多次争论和施压之后,普赖尔终于在1980年开启了覆盖上述三点内容的立法程序。这套法律现已经收录在法典中。现在,工会已经没有能力发起针对这套法律的严重对抗行为,而且它们现在不得不关心的问题已经变成要时刻维护它们在法庭和谈判中的利益。

内阁成员换血后,诺曼·提比特(Norman Tebbit)在1981年9月接任普赖尔担任内阁大臣。大家认为,诺曼·提比特是一个更具有鹰派作风的大臣。他现在已经制定了更为严苛的法律。虽然外部观察人士认为这套法律的蓄意性和挑衅性稍微多了点,但它的目的就是覆盖某些主题内容。比如,在只招收工会会员的商店或工厂(或封闭式商店或工厂)里非工会雇员可以上班,这套法律需要加强对这些雇员利益的保护;受益于法律的雇员,通过他们的不记名投票来加强封闭式商店或工厂的正规检查,而且不再承认"只招收工会会员"的要求合法;如果工会对某种违法的行业行为负责,那么工会需承担罚款。现在,工会已经无法再发起与法律的正面冲突,而且如果这套法律写入法典,工会很可能不得不对它忍气吞声。

虽然提比特的法案比普赖尔的更能满足保守党内偏鹰派的需要,但在两人的议案中,立法内容都没有触及问题的核心——消除垄断势力,取消合法特权,比如工会在英国劳资关系中所拥有的合法特权。即使是比他们更激进的法案,在解决这个核心问题时,也只是取得一丁点的成绩。虽然如此,在过去3年中,相比过去,工会的行为已经很配合政府了。1981年,制造业生产能力提高的幅度令人大吃一惊。如果按每位就业人员的口径计算,大概增长了10%。到底是什么重大原因让工会如此配合呢?

两大重要原因决定了劳动关系。英国的经济衰退不仅让12.6%的劳动人口,也就是300万的人口现在处于失业状态,而且还严重地削弱了员工讨价还价的能力,因为他们已经见识到如何在工资报酬和就业机会之间做出现实的选择。这个原因让大部分私人部门和公共部门的工会组织在工资水平和生产能力布局安排上更加配合政府。

撒切尔一贯对工会组织视而不见,这是她个人与工会打交道的独特技巧,也是我说的第二个重要原因。20年来,在英国,我们已经习惯性地认为,各种工会形成了一个巨大的、手握实际权力和隐性权力的组织,因而很显然,当今政府应该处理好与工会组织的关系。英国政府曾经在各项经济问题和社会问题上征求工会组织的意见,确保工会势力不会在不开心的时候随便与政府和百姓作对。撒切尔肯定地认为,这纯粹是胡说八道。她将工会组织完全不放在眼里,而且她说,如果工会组织希望在公众关注的问题上凸显自己的作用,那就让工会去处理工会势力好了。现在,不仅工会运动已经出现更大的分歧,就连工会领导人的地位也已经大幅降低。现在,很明显,对于公众讨论的作用而言,工会领导人的意见已经不再是必需的内容。工会成员认为,他们看不到工会领导人和高层政治领袖在一起推杯换盏,从中便知工会领导人的地位已经不复以往了。戒除对地位的迷恋就像戒除毒瘾,一直都是很痛苦的。

6.3 收入政策

撒切尔决定不会出台收入政策。这个决定让她更容易接受下面的观点。大家知道,一般情况下,收入政策是一种遏制劳动者势力和工会势力的措施,但是,实际上,这两种势力就是通过收入政策的机制作用来巩固自己地位的。原因在于,如果民主国家的政府想要出台一项收入政策,那么它必须要与国内工会进行谈判。工会本身就是专业的谈判组织,知道如何在谈判中为自己争取利益。实际上,现在英国政府为了当前收益正用固定资产进行谈判。因为政府想知道,工会在一段时间内,比如1年,会拿什么条件与政府的承诺交换。工会要求修改立法,进而是修改合法特权等。政府拿修改社会的法律和宪法制度来争取时间。当工会组织完全明白这场博弈的真正目的之后,它们会在适当的时候可能提出范围更大的要求。

60年代初期,曾有一小批人迫使英国政府出台了收入政策,现在他们要对这项政策的许多后果负责。当年,他们成功说服中央政治组织,包括中间道路的政治家和众多的政府部门,说政府要去除劳动垄断市场带来的通货膨胀威胁,出台收入政策是一项必要的措施。在撒切尔内阁上台的时候,内阁成员对破灭的收入政策的幻想普遍积压着一种情绪。虽然其他保守党政府上台的时候曾经有过类似的看法,但这次收入政策幻想效果的破灭所产生的情绪以及其政策制定背后的理论的深度都比之前更大。有些政治条件可能会在政治上彻底抹黑撒切尔,无论撒切尔是否会一直准备"扭转态度",她对待工会的整体政策立场和态度已经表明,即便是在除了以上政治条件之外的条件下,她也不可能对任何收入政策进行谈判。现在,她已经表明不会进行谈判,的确,在目前形势下,通货膨胀不是政府面临的主要问题,而工会迫切需要转到收入政策谈判,结果自然就削弱了它讨价还价的地位。

6.4 公营公司

在英国,存在着大量的公共部门,其中,大部分对其他经济部门造成了严重包袱,主要表现在服务低效和所需的政府补贴规模。现在的英国政府已经针对公共部门采取了各种政策措施,包含不同的政策主题。第一个就是关于完善的管理制度。在这个主题下,英国政府现在已经比之前的政府更有决心,要从问题行业中总结出合理的效率标准。伊恩·麦格雷戈(Ian MacGregor)和迈克尔·爱德华兹(Michael Edwardes)都是作风强硬、能力突出的管理人才,他们现在分别管理着英国钢铁公司和英国利兰汽车公司,并已经在公司合理化改革和效率提升方面取得了长足的进步。现在看上去,下一个走上重组之路的企业将是英国航空公司。

6.5 垄断势力

现在政府已经开始有意识地削弱某些特定公营公司的垄断势力。公众认为,这会带来有益的经济效果。虽然很多削弱垄断势力的措施比较普通,但正是这些普通的措施造成了市场权力的滥用。政府削弱垄断势力的第一个对象就是国家公汽公司。政府准许私人部门参与到公汽行业长期的大变动中。这项决定扩大了公交行业的产能范围,大幅降低了交通费用,使得收入水平更低的群众能够享受比这项措施出台前更多的出行机会。目前,我们既没看到公汽运营商的担忧,也没发现安全标准降低。

政府的这项措施还在伦敦地区增添了一项新的交通产能。这意味着,火车司机的铁路罢工对进入伦敦的个人交通工具所造成的影响再也不会像几年前那样极具破坏性了。

中央电力局的垄断势力也将面临削弱。政府将批准私人机构可以自行发电,并将剩余电力供给国家电网。

国家通信系统的垄断也在很多方面出现了松动。目前,一种新兴的私人产业部门,即光纤产业,正在推出一套远程电缆网络系统,对英国电信的传统远程电信网络系统构成了竞争。随着国家电信在电话设备供应和供应量上的垄断势力一点点被削弱,取而代之的是正在完善的一套关于设备和设备供应商的审批制度。根据这套制度,设备供应商可以直接向公司和个人客户销售。随后,这些客户就可以将电话设备接入电话网络。据说,因为英国电信公司故意拖延政府采取的这些变革,所以政府早就迫不得已采取措施以确保这套审批法律能够真正发挥作用。英国电信公司的垄断会带来严重的经济后果,就像它曾经在某个行业使有效需求激增和技术变革取得了非凡成就时所带来的后果。现在仅有的事实是,电子计算机以前并没有被归为电话设备,而电话设备曾防止紧绷的垄断组织,比如欧洲的垄断势力,阻碍现代化数据处理技术和无线通信产业的发展。电子计算机产业几乎已经成为伦敦唯一遭受过的国有垄断势力和工会力量折磨的经济产业。现在，随着垄断改革的推行，我们的日子轻松多了。

在能源领域，英国天然气公司兼具卖方垄断和买方垄断的势力。英国政府一直在推行一种针对英国天然气公司的"私人战争"，这或许是一种没有过度夸张的叫法。卖方垄断指的是英国天然气公司将天然气卖给英国消费者的垄断力量；买方垄断指的是英国天然气公司有权收购全部北海天然气的垄断力量。从这种垄断的经济地位中我们不难猜到，英国天然气公司会因此富得流油，而北海天然气厂商却承受着极低的生产价格。相对于其他主要燃料，天然气生产成本低，终端消费者所面临的天然气价格也就不太高，所以，英国天然气公司可以通过保持比其他竞争性燃料价格更低的价格就能实现它所要求的利润水平。针对这一做法，英国政府已经开始行动，向英国天然气公司通过低廉的供给成本获得的经济租金征税。英国政府已经批准，北海地区天然气厂商不仅可以直接将天然气卖给英国公司客户，而且有权使用英国天然气公司的天然气管道。这样，英国天然气公司的管道更像是一种通用的运输工具。因为英国天然气公司的买方垄断地位已经被削弱，所以，政府采取的这个政策变革也就提高了天然气价格，并将更多的经济租金留给天然气厂商。对政府而言，它们会按照正常的税收制度向北海地区的天然气厂商的营业收入征税。

英国天然气公司一直有一个更深层次的垄断力量，就是它的900家产品展销店或者商店。它们主要经销用于零售的天然气设备。英国政府虽然已经威胁要从英国天然气公司手中收回这些资产，但是由于受到公司和工会的激烈反对，政府不得不搁置它的收回计划。不管怎么说，与前面说的重大的政策变动相比，这个计划无关紧要。

6.6 私有化

政府一种更深化的经济措施，包括售出公共部门全部或部分的所有权。具体的技术处理手段有很多。国家货运公司原来是一个公有制运输企业。铁路设备和卡车是其主要资产。目前，这家公司已经卖给它的员工，成为员工持有所有权的公司。英国大东电报局以及英国宇航公司（后者是一家制造型公司，主要生产飞机、导弹和航天卫星等）都将公司部分股权面向大众出售，但是公共部门仍然是大股东。两家公司都拥有巨额盈利，而在它们中公共部门参与无线通信和国防事业的行为或许能够合理解释为什么公共部门仍然存在控股的偏好。显然政府的目的就是让两家公司的金融表现（包括融资行为）应该在将来接受更多市场原则和惯例的制约。

英国天然气公司曾经被迫售出一座早已开发的陆上油气田——维奇法姆油气田（Wytch Farm）。因为私人部门的油气公司之前并不想要这座油气田，之后英国天然气公司自告奋勇去开发，所以它认为政府的强制售出命令是不公平的。

紧缩的金融政策迫使英国铁路局面临着各种选择。根据部分选择，英国铁路局一直在剥离旗下某些资产，比如旅馆和房地产。在它还没有卖出资产的领域，英国铁路局已允许私人开发商利用它的资产来经营产业，比如在苏格兰的鹰阁高尔夫综合度假村的房地产开发。

公共研究机构中的某些政府资助的小公司，比如安玛西亚公司的股权现在被全部售出，却因为股价被低估、股票投机者发财而饱受指责。政府应该制定立法，保障英国国家石油公司可以将它控制下的北海油气田卖出去。这最多能给它带来 20 亿英镑的收入。

现在，全球石油价格下跌，导致这项交易受阻，而撒切尔政府因为安玛西亚公司上市中的表现也多少感到一些尴尬。

撒切尔政府希望能够卖出英国航空公司、英国利兰汽车公司和英国钢铁公司的股权，可惜，现在这些公司的业绩亏损使得股权转卖无法实现。规模稍小的公司，比如英国蔗糖公司，可能也会卖出它的部分股权。国家公汽公司将引入私人资本。英国铁路公司或许会将私人资本引入它的非铁路资产中。

在撒切尔政府刚上台执政的时候，能源行业的经济政策相对比较温和，但随着时间推移，这方面的政策逐渐深化。撒切尔政府很高兴地意外发现，它对以上公共部门公司股权的操作方式竟然成功了，而且还没有与公司发生严重的负面冲突。根据英国公共部门记账原则，公营公司卖出上述类似资产的做法可以作为一种缩小公共部门融资缺口的措施，而不是用来为缺口融资的办法。考虑到货币政策像神一样不可动摇，公营公司售出以上资产的做法能够很方便地缩小公共部门融资缺口，这是货币政策的一种次要目标。虽然公共部门里的组织和机构因为服务低效、超额支出、物价上涨以及对公众收入的无尽索求而对撒切尔政府的执政策略造成严重阻碍，但现在撒切尔政府对它们的讨厌态度已经温和很多。撒切尔政府仅仅希望能够让它们不再给纳税人造成负担。

中央政府的公务人员好像并没有对这些政策变革提出过多的抗议。他们的职业生涯还有工资收入，并不是依赖于公营公司的规模或者地位。由于现在英国工党已经不仅非常偏左，而且还被新兴的社会民主党—自由党政治联盟拉到反对党立场上，所以未来的非托利党政府不会废除撒切尔政府以上政策的可能性非常大。这就是一直推动撒切尔政府坚持政策变革的深层次原因。虽然社会民主党—自由党政治联盟也许并没有胆量去实施这些政策,但是它们废除这些政策的概率肯定是非常小的,保证公共部门中市场导向型经济政策更大的连贯性还是有机会的。这种机会让撒切尔政府的内阁大臣可以在这项政策上比他们在下述情形中走得更远。他们曾害怕自己只是"溜溜球政治"中匆匆的过客,而如果工党上台执政,就会废除他们的经济措施。

6.7　公私合作型融资

撒切尔政府允许私人部门中的公司在某些项目中承担风险并从中获取收益,从而放松公营公司的外部融资限制。这是撒切尔政府的一种深化型经济政策。虽然对项目融资者而言,这是一块"肥肉",而且他们想通过公营公司面临的各种融资限制试图找出解决融资困难的办法,但是从整体上讲,找到合适的融资项目才一直是个难题。尽管这是公共融资理论圈中一个很难解决的问题,但我们或许可以把它的观点总结为两点主要内容。第一,英国财政部通常认为,如果公营公司能够找到回报率不错的投资项目,那么这些项目应该作为它们主要投资计划的一部分。第二,如果公营公司不向私人部门提供100%的担保,或者签署合同承诺书,比如财政部认为可以将本次项目投资控制在公共部门融资缺口以及外部融资限制以内的合同承诺,那么,公营公司将很难找到其他措施来覆盖私营部门面临的风险。

虽然政治家和政府公务人员在理论上愿意公共部门和私人部门合作成功,但是,各种合作尝试至今还没有在实践中取得好成绩。

英国财政大臣在最近一次财政预算的发言中预测政府将会出台一项创新措施——由英国电信公司发行大约1.5亿英镑的债券,债券收益和公司利润挂钩。虽然从理论上讲,我是支持这种浮动弹性和创新做法的,但是,在实践中,我们是很难找出一种切合实际并且合理的经济措施去控制风险—收益关系。因此,这种债券可能慢慢成为投资者和政府之间纯粹的赌博行为,就像法国政府最近发行的黄金债券。

6.8　其他市场

阻碍英国人口流动的一个重要因素就是英国房地产市场的不完善性。在英国,地方当局的房子是享受财政补贴的,而英国家庭大概33%的人口覆盖了大部分的国内成人人口,他们一般就住在这种房子里。由于这些房子享受财政补贴,所以,在正常情况下,人们对这种房子往往需求过旺,结果,他们就不想放弃一个地方的房子而到国内其他地方再找房子住。撒切尔政府已经采取了两大措施来解决这个问题。这两种措施将提高英国地方当局拥有的简易房租金,让其更加接近市场水平,从而降低财政补贴水平,希望进而可以减少地方当局住房的需求过剩。地方当局住房租金现在比 1979 年 5 月时的水平高出 76%,而且更加接近经济水平。然而,在这些住房的租金中,财政补贴仍然占据很大一块,所以撒切尔政府的政策至今还无法成功消除阻碍人口流动的因素。

撒切尔政府强制规定,人们可以从当局政府手中购买简易房,希望这样可以提高业主自住房与简易房之间的比例。保守党执政后,英国很多地方当局在政治观点上众口一词,这项经济政策才得以相对顺利推行。然而,在最近的地方当局选举中,大多数重要的当局部门已经掌握在工党手中,而新的行政当局的做法已经显露出它的破坏性作用。因此,撒切尔政府在 1980 年修改了相关法律,规定地方当局必须按照法律规定允许人们行使他们购买地方当局简易房的权利。购买价格低于市场中同等房产的价格,政府是否能够从这种简易房交易中获利,还要看人们预测的长期简易房财政补贴水平。地方当局一直还有另外一个更大的政策压力,就是将多余的土地售出用于住房建设。1981~1982 年,土地销售共计实现大约 700 万英镑的收入。

6.9 汇率管制

撒切尔政府取消了汇率管制,从而放开外汇市场。自 1939 年以来,英国政府一直坚持汇率管制政策,主要是为了保护国内的外汇储备。1979 年 10 月,撒切尔政府取消了外汇管制,给英国经济带来一次重大的彻底性调整:国内公司可以偿还外币借款,投资经理人可以购买大量的外国股票和债券。第一项调整,现在看上去已经完成了。不过,投资公司,比如保险公司和养老基金等,是否正在扩大外国股票在他们投资组合中的比例现在还不是很清楚。这类对外投资——1981 年大约有 40 亿英镑——已经受到来自工会和左派政党的指责,但实际上,1981 年是英国公司在英国市场中筹集资本数量最多的一年。1980 年,英国政府筹集的资本规模处于正常水平,而 1981 年所筹资本大约是 1980 年的 3 倍。不管英镑汇率在理论上存在哪一种可能,在现实生活中,英镑汇率的水平不仅已经更能让商业机构接受,而且事实上已经很少受到行业代表的指责和抱怨了。从整体上说,取消外汇管制看上去效果不错,而且至今也没有在任何金融市场中产生负面影响。

6.10 地下经济

撒切尔政府的另外一个政策主题在其他国家可能也存在。撒切尔政府坚信，我们称为"白色"经济（"white"economy）的经济系统所承担的正常法律制度太过繁重，以至于我们在某些经济领域中所需要的经济活动不符合法律要求。因此，撒切尔政府采取了一些措施，不仅取消了某些经济领域的法律责任，而且还为它们创造了运行环境。这种环境在英国更符合我们称为"地下"经济（"black"economy）的要求。因此，我们通常会看到，现在政府很迫切地将劳动法中关于小企业的部分删除，同时又将某些地域，比如市中心的投资活动所面临的某些税收条文删除。在"地下"经济中有一部分一直属于"白色"经济，撒切尔政府正在将这部分"地下"经济运行的环境变得合理合法化。这一直是英国政府多年来的一个政策主题，而且将来肯定也是，因为政府受到了代表小公司和市中心利益的两个游说集团的压力。

撒切尔政府主张金融市场中的公平竞争，并在两年前开始了货币改革。至今，撒切尔政府在维持上述公平竞争的经济政策中以及在货币改革中一直整体上保持着一致性。然而，总的来说，政府在促进商品市场竞争和现有私人部门市场竞争方面至今还没有取得重大成绩。有些机构，比如垄断与兼并调查委员会，虽然也很想实现这种目标，但最近几年，它们好像也没有发挥更多的作用。

6.11 税收

撒切尔政府的税收政策承诺虽然没有像拉弗曲线那样公式化，但却使用了更为通俗的政府声明的形式。相对于政府降低税收的刺激措施，税收削减所带来的收益如何是这份声明文件的一部分内容。以前没有任何经济理论认为，政府削减的税收额度一定要用增加财政收入形式收回来。为此，保守党在它执政第一年的预算计划中不但将直接税收的最高税率水平从83％降到60％，而且还削减了非劳动所得税。此外，它们还将收入所得税的标准税率下调了3个百分点，即从33％降到30％。曾经，英国政府一直征收直接税，而这种税收之前是造成政府腐败的原因之一。这一点，我还是可以肯定的。此外，我认识一位娱乐圈名人。他能忍受英国政府60％的税率，而不是83％的税率。这是影响他决定是否留在英国的一个现实问题。尽管如此，撒切尔政府的税收削减措施并没有对社会活动或者投资水平造成很明显的作用。它们一直以来更多地受短期宏观经济形势的影响。自从编制第一个年度预算后,保守党在控制公共支出中所遇到的困难已经使其提高税收,以便容纳一个可以接受的公共部门融资缺口。我们投向社会保障局的捐款与收入总额是成比例的,如果我们把它看成一种税收,那么除了获取最高收入的那部分人,其他所有人现在的税率水平比保守党在 1979 年 5 月上台执政的时候更高。

其他政策措施已经使得税收制度在通货膨胀期间变得不仅让人更加容易接受,而且破坏性更弱。现在的资本利得税正在实行指数化,但只针对真实收益征税。在实践中,有一种很有效、很强烈的道义责任,就是将个人免税额指数化,而不是推行"税级攀升"。撒切尔政府现在已经开始通过发行指数化债券——那些尤其厌恶通胀风险的人会申购——努力让储蓄市场和资本市场更加完善。

6.12 宏观经济环境

在 1979~1981 年,英国的真实 GNP 下降了大约 5 个百分点,失业人口则至少增加了 300 万人,占全日制劳动人口的 12%。在 OECD 国家中,英国是 1979 年以来宏观经济表现最令人失望的国家之一。上述统计数据自然而然地让英国还有全球范围内的公开辩论变得不再重要。为什么英国的经济产出水平和就业水平出现如此巨大的下滑?这种情况是不可避免的还是政策失误造成的?在回答上述问题前,我想澄清一下,我现在基本赞同供给侧经济学的政策目标和货币学派的经济政策,同时,比如,我现在非常反对采用收入政策。尽管如此,不管政府政策的理论背景多么牢固,政府必须得实时实地地针对实际人群采取政策措施。除非政府想增加政策的转型成本,否则,政府在制定政策的时候一定不能忽略经济系统中已知的行为模式。不管经济理论结构如何扎实,时机和技术手段对于取得成功而言是非常重要的两个因素。如果政府将现有的经济政策转型到货币学派的经济政策,并将其作为控制通货膨胀的基本政策,那么,其间肯定会不可避免地产生转型成本。拿英国来说,政策时运太差,加上落实中错误不断,造成了不可避免的转型成本。

1979 年,撒切尔政府主要的经济观点是,货币供给量调控政策就其本身而言已经足够控制通货膨胀——实际上,大家都知道,这是长期的事情。在经济中,还有其他因素可能会在短期内带来通货膨胀冲击,但撒切尔政府采纳上述观点后,起初对这些因素漠不关心,甚至好像把货币政策当成解决公共部门员工加薪要求的一种手段。撒切尔政府在刚刚执政的初期不但承受了巨大的通货膨胀压力,还面临各种成本的冲击。它们不仅在一年多的时间里阻碍了撒切尔政府的政策计划,而且还给这项政策增加了巨大的转型成本。

过去3年,英国经济产出水平和就业水平大幅下降,其主要原因就是撒切尔政府的政策引发了工商企业中的恶性现金周转困难。这次的恶性现金周转困难又引发了20世纪在英国或者任何其他国家最严重的一次库存周期缩短。两个方面的原因共同导致了恶性现金周转困难:第一个是成本冲击,它对工业企业必须承担的成本造成了冲击;第二个是其他因素,而工业企业的物价水平就是由这些其他因素来固定的。

很多方面的因素造成了工商企业面临的成本冲击。保守党政府采取的首批措施之一就是突然间将直接税改为间接税。具体做法就是削减之前提到的直接税,同时把增值税(一种消费税)提高至少8~15个百分点。1979年,正在进行工资谈判的劳动阶层认为,政府提高间接税的做法太具有挑衅性了。经过当年一个秋天和冬天的谈判,双方最终达成一个非常高的税率水平,即接近20%。公司雇主当时并没有留意当时实行的货币政策所产生的影响,所以他们在工资谈判中讨价还价的能力比较弱。保守党一上台就表示它们会兑现工资奖励。这种奖励由公共部门的工资委员会(克莱格委员会)提出。如果政府真的要兑奖,那么这个委员会将针对某些特定公共部门的员工范畴提出系列奖励标准,最高标准为23%。撒切尔政府同意了这种加薪。当撒切尔政府向地方当局和公营公司施压,要求它们控制好各自的借款规模时,它们则为了支付各自的成本而提高物价和地方税收。工商企业向公共部门支付的费用至少增加了20%。这些费用包括诸如远程通信服务费、邮局服务费、电费以及它们各自的地方税——一种增加的地方财产税。国际石油价格在1979年和1980年出现了第二次严重危机,而英国政府当时出于资源配置的原因而想让这种石油价格输入到英国经济系统中。对于很多英国自产的能源,工业企业所支付的能源价格同样提高了很多。

外汇市场上剧烈的反应对于刚刚执政的撒切尔政府是有利的。当时,英国正在努力实现能源的自给自足(1981年实现),而且随后就逐渐意识到英镑可以成为一种石油货币。考虑到当时能源价格突然上升,所以从1979年5月到1980年11月,英镑兑美元的汇率从2.06升到了2.45,至少升值20%,就不足为奇了。如果我们考虑到当时英国国内通货膨胀上升的速度更快一点儿,那么,从英国商品单位生产成本和国外竞争者相比的角度看,英国工业的竞争力至少会削弱40%。因此,无论是在海外市场还是在国内市场上与外国公司竞争的英国公司,发现它们承受着比外国公司高很多的成本,而它们所能获得的商品价格却因为国内紧缩的货币政策和英镑升值而死死地被压低。

这种形势产生的结果就是，截至1980年初，英国公司开始深刻地意识到它们面临着紧张的现金资源，于是着手削减公司成本和产出规模，以便保存更多的现金。这是一个积累的过程。我们很难预测这种积累的深度和时间，因为在很多情况下，一家公司的行动取决于其他公司的决策或者还没有被采纳的决策。然而，我们并不知道其他公司的决策内容。市场上，有人卖就有人买。但是，从持续了将近一年半而且直到1981年夏天才结束的库存周期缩短的现象中，我们可以看出英国公司当时所面临的压力。到1981年夏天，去库存周期结束了，但是真实个人可支配收入早已经蒸发了许多。1981年，储蓄率水平从16%下调至12%，降了4个百分点，避免了经济形势的进一步衰退。自此之后，国内经济一直多多少少地维持着比较温和的复苏趋势，并预测1982年的经济增长率在1.5%～2%。

在施行浮动汇率制度的经济开放型国家，货币紧缩政策导致过分恶性的库存周期缩短，而一些不必要的成本冲击和与世界石油价格上涨相关的错误时机又对紧缩的货币政策火上浇油。因此，当年的经济形势就是这么简单吗？问题仅仅就是一个过分恶性的库存周期缩短吗？答案是肯定的。如果我们站在现在展望未来，就会发现货币学派想要的大部分经济目标已经实现了。截至1980年，撒切尔政府决定在公共部门进行负责任的谈判，然后，公共部门的工资增加水平就被大幅削减，最后与通货膨胀率上升的目标保持一致，大概是10%的幅度。同时，私人部门，包括雇主和员工，对通货膨胀率的预期早已变得更加实际，在1980年，私人部门工资结算金额也大幅下降了。1981年，类似的形势继续出现，现在在工资结算额不再是实现通货膨胀目标的障碍。1980年通货膨胀的同比增长率提高到最高时的22%，之后就显著下滑，现在已经降为12%。虽然当时通货膨胀率有加速上升的趋势，同时英镑—美元的汇率从最高的2.45跌到了更加符合实际情况的水平，即1.8美元，但现在通货膨胀率开始稳定降低，今年下半年有可能会突破10%的底线。

有人已经提出现在的通货膨胀率比撒切尔政府执政初期稍微高一点，但我们应该注意到，那时候的通货膨胀率正在加速上升，而且任何政府都肯定会因为克莱格委员会的巨大通胀冲击而接受它。现在，我们所面临的经济形势是，虽然通货膨胀率在下降，但汇率、利率、经济各部门的成本冲击以及通货膨胀速度大体上都保持一致。撒切尔政府是否有能力配合各种市场上的供给侧经济政策继续推行正统的金融政策，这不仅要看撒切尔政府对选举压力的反应，还要看它是否能够在1984年5月的普选中重新执政。1982年的政府预算曾经表明正统金融政策的持续性。在 1979 年和 1980 年,不管是接受还是刺激通货膨胀的加速,撒切尔政府至少在 1 年的时间里为自己买单,并且它还发现自己的起步非常艰难。我们可以从中学到什么,从而用于货币主义的技术方法以及政府的政策机制?

现在,我们已经经历了政策急剧转型。在这种转型期,与货币相关的数据可能会给我们一个关于政策力度的错误信号。因此,可以说,在 1979 年和 1980 年,是由于货币政策收紧而不是放松,才让银行放贷和货币供给量一直快速增长。由于银行系统是企业部门资金差额的来源,所以在短期内,公司现金周转越困难,它向银行的借款就越多。曾经出现过双重性的经济现象,即经济中存在现金充裕的公司不断积累资产;同时又存在现金不足的公司,很不情愿地从银行借款,以便维持公司运行。撒切尔政府制定的银行系统政策的目的就是让银行充当公司的最终贷款人,而且在公司出现资金紧张的苗头时肯定不能阻止公司借款。结果,这套政策就扩大了银行的放贷规模。如果贷款利息累积,那么利率越高,那些本不情愿从银行借款的公司就不得不从银行借越来越多的钱。利率水平越高,货币供给明显增加的数量就越大。这些经济因素不会持续很久,而且如果我们认为货币供给速度、利率和货币紧缩程度之间反常的关系会一直存在,那就错了。虽然如此,当我们在关注短期剧烈的转型阶段问题时,我们还是要注意转型期内的经济活动,并且知道转型过程背后真正的运行原理。

即便英国政府把 M3 英镑数量作为政策目标,也没有为它的经济政策帮多少忙。政府的这项措施阻碍了其他与 M3 竞争的金融资产,比如大额可转让存单、商业票据和国库券等的供给。目前,M3 英镑数量的供给速度非常快,一部分是因为现在银行将资金注入房地产市场的力度比以前更大了,而不管是狭义的 M1 货币,还是广义的 PSL2 货币,它们的供给速度慢很多。如果我们想用这种严格的货币政策作为调控经济的手段,同时又不被政策误导,那么我们最好知道这项政策的缺陷所在。

现在大家对撒切尔政府抱有热切的期望,希望它能够实现以下经济目标的中期金融政策:一是将货币目标供给速度从 1982~1983 年的 8%~12% 降到 1984~1985 年的 6%~10%;二是将公共部门借款缺口(Public Sector Borrowing Requirement,PSBR)规模占 GNP 的比例从 1981~1982 年的 4.25% 降到 1984~1985 年的 2%。请注意,这项金融政策的结构特别包含了降低 PSBR 的内容。

撒切尔政府现在不仅成功地实现了正统的金融体系,而且在这个金融环境中各方面的经济因素之间基本上处于均衡状态。目前为止,撒切尔政府控制公共开支的政策效果还没有我们当时期望的大。

撒切尔政府能够成功缩小公共部门借款缺口的唯一原因,就是它的税收增加幅度和税率水平比刚执政时所希望的高出很多。受中期金融政策和公共借款的影响,政府政策转型失败。失败的方式以及经济衰退自身的成本是造成公共部门部分问题的原因。然而,即使考虑了以上因素,政府现在还没有完全控制住公共支出规模。

表1~表5列示了几种经济指标近几年的统计数据。它们分别是:通货膨胀、货币增长速度、货币目标(M3英镑)、PSBR目标和公共开支。图1~图9分别显示的是近几年的劳动力成本、英镑汇率、世界市场劳动力相对成本、通货膨胀率、经济产出规模、制造业结算比例、失业人数、部门结算比例、制造业结算比例的概率分布等因素的统计数据。

表1　　　　　　　　　　　通货膨胀(同比增长率)

	至1979年	至1980年	至1981年5月	至1982年2月
零售价格指数	10.3	21.9	11.7	12.0[a]
投入要素批发价格	10.9	23.1	12.8	12.0
产出批发价格	10.4	18.7	10.2	10.6

数据来源:就业部;产业部。

[a] 1982年1月的数据是最新数据。

表2　　　　　　　　　　　货币增长速度(同比增长率)

	至1979年	至1980年	至1981年5月	至1982年2月
M1[a]	13	1.8	12.7	10.9
英镑M3[a]	10.3	11.1	19.9	13.8
PSL2[a]	12.7	12	15	7.1
银行借款[b]	17.4	22.1	18.1	19.2
基准利率(5月)	12	17	12	14

数据来源:根据英格兰银行数据编辑。

[a] 历史系列数据截至1979年5月,其间缺失1979年4月数据。

[b] 1981年11月数据缺失。数据已经估计修正。

表 3　　　　　　　　　　　　　货币目标

财年区间	英镑 M3(%)	产出率(%)
1979~1980	8~12	10.5
1980~1981	7~11	21.5
1981~1982	6~10	12.5(估计值)
1982~1983	8~12	

数据来源：英格兰银行；中央统计办公室。

表 4　　　　　　　　　　　PSBR 目标(10 亿英镑)

财年区间	目标	产出率(%)
1979~1980	8.25	9.9
1980~1981	8.5	13.3
1981~1982	10.5	10.30(估计值)
1982~1983	9.5	

数据来源：英格兰银行；中央统计办公室。

表 5　　　　　　　　　　公共开支(10 亿英镑现金价格)

财年区间	目标(1981 年 3 月)	估计产出/当前计划
1979~1980	77.1	77.2
1980~1981	93.3	93.5
1981~1982	104.8	106.1
1982~1983	110.8	115.2
1983~1984	113.9	121.1

数据来源：英格兰银行；中央统计办公室。

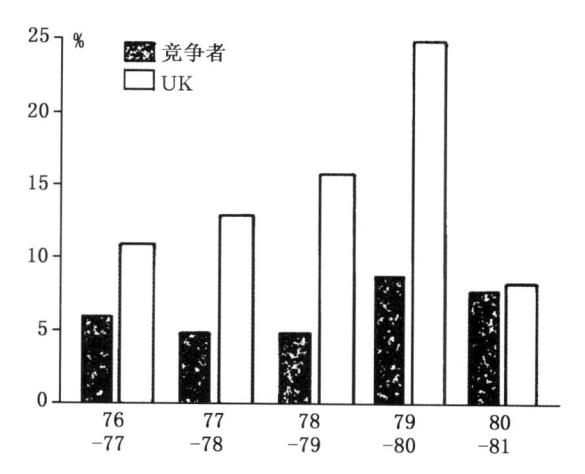

数据来源：英国产业联合会。

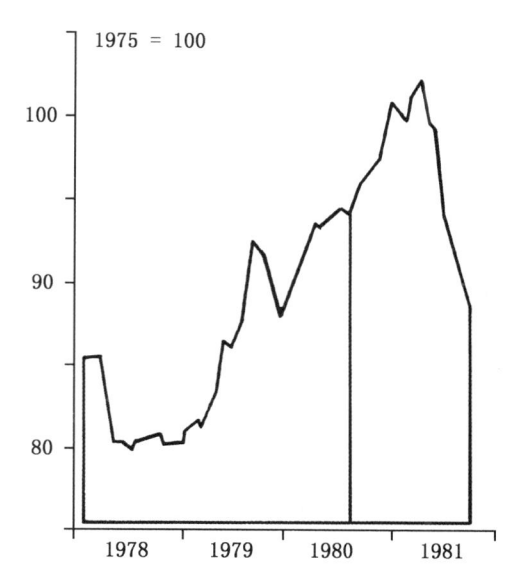

图 1　劳动力成本

"有效"汇率是针对一揽子货币而言的。
数据来源：英国产业联合会。

图 2　英镑汇率

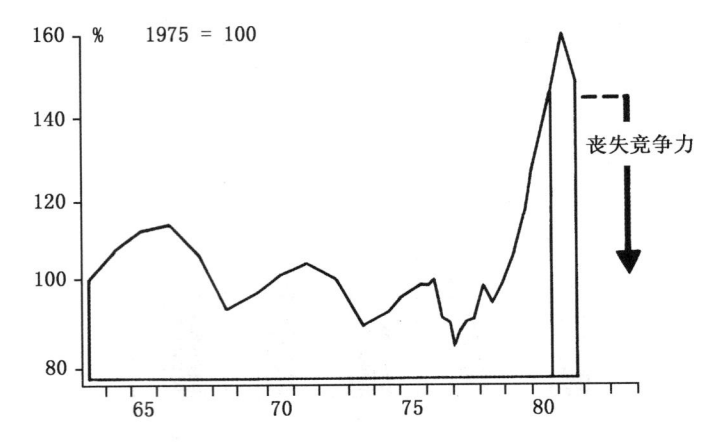

根据同一货币口径，英国制造业单位产出中劳动力成本和其他国家平均成本的比较。1975年成本＝100。

数据来源：英国产业联合会。

图 3　世界市场劳动力相对成本

数据来源：英国产业联合会。

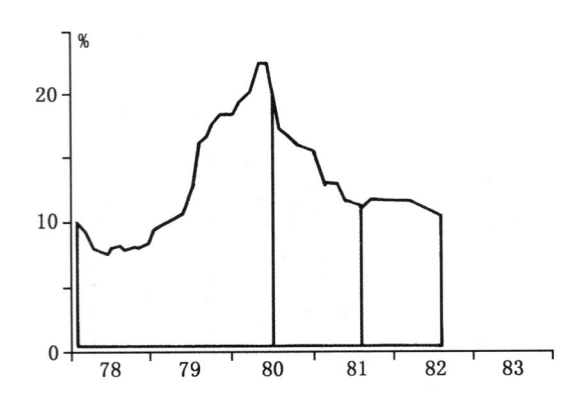

图 4　截至 1982 年中期的通货膨胀率

数据来源：英国产业联合会。

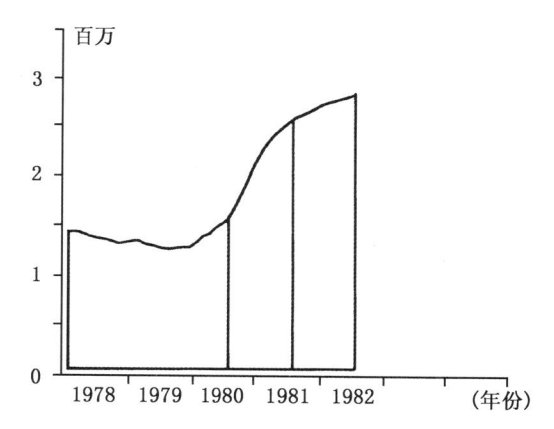

图 5　截至 1982 年中期的失业率

数据来源：英国产业联合会。

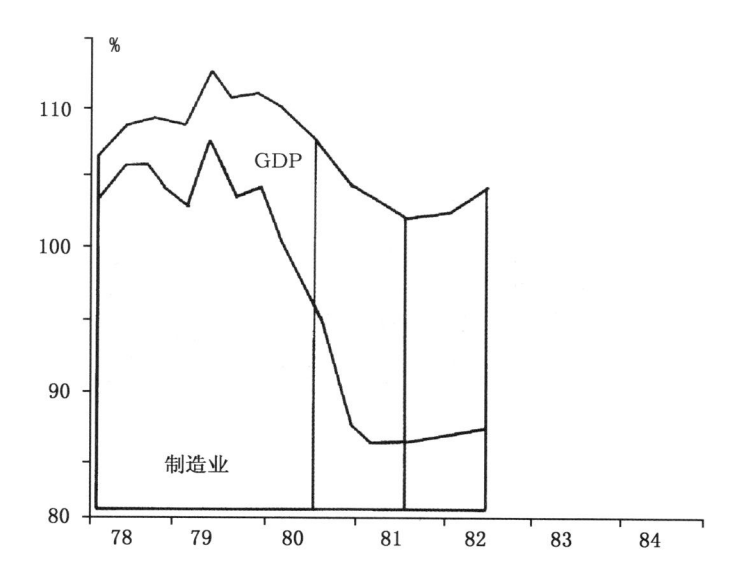

图 6　截至 1982 年中期的产出水平

数据来源：英国产业联合会。

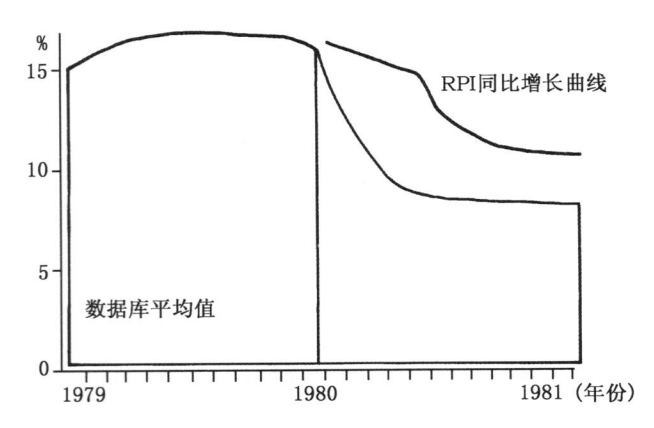

图7　截至1981年中期的制造业结算水平＋RPI

数据来源：英国产业联合会。

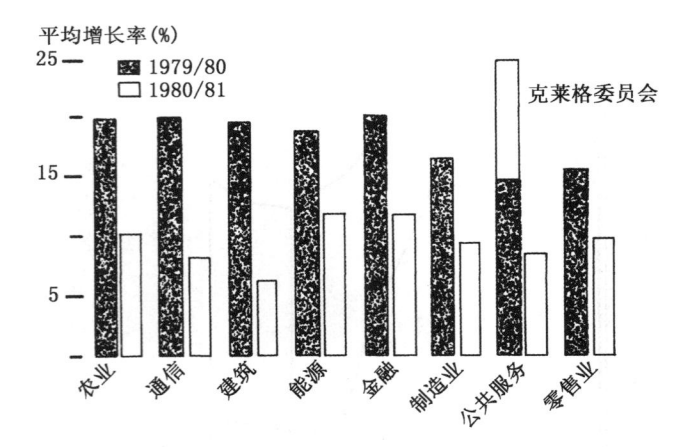

图8　产业结算统计图

数据来源：英国产业联合会。

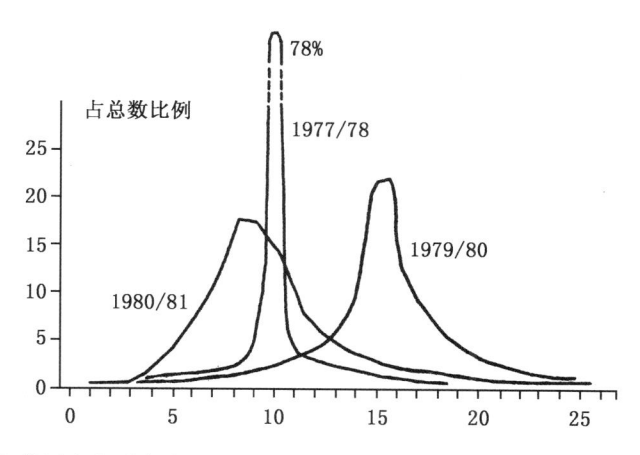

图 9　制造业结算分布示意图

6.13　结论

撒切尔政府现在已经非常坚决并毅然地走上了一条新的英国执政道路。在各类市场调控、垄断势力管理和政府监管变革等方面，撒切尔政府已经采取了很多政策措施，包括将公营公司部分或全部私有化、缩小垄断势力的范围、取消某些市场中的政府监管，比如取消外汇管制。

撒切尔政府预期这些政策可能会遇到不少反对，但到现在，这些政策所面临的反对声不仅比预期少很多，而且政策效果也普遍被大家接受，甚至还受到大部分政治团体的欢迎。即便在下次大选中保守党没有占多数席位，但考虑到社会民主党—工党联盟的出现，这些经济政策能够继续执行下来的可能性就更大了。

现在，英国经济已经在宏观层面上达到了相对均衡：已经适应货币扩张速度的价格预期水平；在通货膨胀率一直降低的同时，经济系统中的汇率和比较价格保持统一、稳定的增长。英国政府一直努力牢牢地控制财政状况，现在已经取得了不少成绩。这或许为进一步调低利率水平做好了准备。

不过，公众认为，英国的宏观经济形势主要体现在异常严重的转型成本上：1979~1981 年，GNP 规模缩小了至少 5%，制造业产出规模大概缩小了 15%，失业人数上升了至少 300 万，约占劳动总人口的 12%。造成这种异常严重的转型成本的原因有很多，包括不可避免的转型成本、时运太差、政策落实过程中的失误。产生高昂转型成本的具体原因主要有：

（1）政府在推出更加严格的货币政策的同时，接受了公共部门提高工资的要求；

（2）行业及员工对货币环境的反应存在滞后；

（3）公共部门对新的货币环境所做出的反应不是削减支出，而是提高收入，因而大幅提高了它们的价格水平；

（4）英镑对撒切尔货币政策的反应就是突然升值，市场把英镑视为一种石油货币，1979年和1980年石油价格猛涨。

这些因素不仅导致行业的恶性资金周转困难，而且还产生了20世纪内英国或者说其他任何国家所面临的严重的库存周期急速缩短现象。这种现象一直持续到1981年夏天，自此之后，英国经济才缓慢恢复。

最后，有三点突出的结论与美国经济政策的经验有着直接关系：

（1）英国的经验表明，即便是在一个经济相对高度集中、劳动力市场相对垄断的国家，政府如果采取果断的货币政策，就可以在12～18个月内打破通货膨胀预期，破坏引发通胀的行为。考虑到两国的经济结构，我们预计至少美国政府会很容易做到这一点。由于美国在1979年10月已经执行货币紧缩政策，所以我们从表面上来分析这套政策效果的证据并假设美国通货膨胀背后的深层问题现在已经解决了，而且似乎是完全合理的。

（2）英国经验表明，即便是或者可能是在一个经济相对高度集中的国家——在美国有一个广为接受的专业术语，即"自由福利国家"综合征——政府大胆地取消管制的措施不仅能够产生显而易见并普遍受欢迎的积极效果，而且产生的负面作用也相对较小。美国政府现在面临着与英国同样的情况，应该有更充分的理由这么做。

（3）在议会制下，如果政府在议会中占多数席位，那么这个政府组织就更有能力实现它们想要的立法。与特殊利益群体以及立法人员打交道是一个更加灵活的事情，出现阻挠议会立法的机会则更少。当然，我们对现任政府正在努力推行的经济政策的看法决定了我们对这种政治体制的看法。在这种情况下，英国政府已经采取了相对果断的措施，从宏观和微观层面上表示对供给侧经济学的支持。相比之下，美国政府没有表现出那么多的支持。美国特殊利益集团在各种独立市场中根深蒂固，所以，对里根政府而言，想要通过控制这种独立市场，同时又平衡它的宏观经济策略，从而为供给侧经济学打下基础，其实还有很长的路要走。

会议讨论

卡利森(Cullison)：我是卡利森。莫里斯先生，1979年，M1B增长率大概是6.5%；经过移动调整后，1980年的M1B增长率约为2.1%。看到这些数据，货币学派可能认为我们在增长率和货币供给量上（虽然它们从1979年到1980年出现了大幅下滑）曾有过一次宏大的经济尝试。因此，货币学派之前很可能预测美国经济在1980年7月左右会陷入衰退期。事实上，这事儿的确发生了。

以前支持金融创新理论的人所研究的货币供给总量，可能要比M1B货币规模更大。最终，或许他们认为，从前的美国经济没有出现过货币供给速度遭受巨大冲击的现象，而不是认为预计今年美国经济可能不会出现衰退而且通货膨胀率也不会再进一步下降。特别需要说的是，出现这种结论的原因就是您曾经一直说的要提高M1流通速度。M1流通速度提高后，货币当局就可以通过更小的M1扩张来实现美国GNP更大幅度的增长。

因此，我想，既然您一直认为，金融创新现在已经快打破M1B和GNP之间的微妙关系，那么，您如何解释当下的经济衰退呢？

莫里斯：1981年货币政策收紧，这是毋庸置疑的。我认为，1981年的货币环境没有移动调整后的M1B货币数量所展现出来的环境更紧张。换句话说，如果我们当时继续采用旧的M1货币，那么它的增长率只有2%，此外，考虑到我们当时必须要解决的通货膨胀率，我想大家，包括我自己，或许会认为1981年的货币政策确实紧张过度了。

从更宽的货币数量统计口径看，我们认为，货币政策环境并没有移动调整后的 M1B 货币数量所呈现的那么严重。

我在这里顺便说一下,虽然我们曾公布过这些移动调整后的 M1B 货币数量统计数据,但请允许我向大家保证,这些数据其实是无中生有的。之前,我们对货币增长率和储蓄账户中的可转让提款指令账户的比例没有一点概念。如果感觉 15% 看上去是一个比较合理的数字,于是就把它呈报上去了。这暴露出我们现在在处理数据的过程中所存在的脆弱性。

黑尔斯(Hales):我是来自罗林斯学院的韦恩·黑尔斯(Wayne Hales)。我想向艾伦·雷诺兹提一个问题。

您现在的观点是支持黄金本位制度的。那么,除了黄金之外的其他商品,比如白银、铂金、农产品或者工业品,或者是一种市场篮子,您会接受以它们作为本位制的对象吗?

雷诺兹:我有个习惯,总是对事物有着异想天开的想法,而最后的结果却不如人意。

人们选择偏爱黄金,理由有很多。白银有可能是最接近黄金的替代品。那么,市场篮子如何?市场篮子本位制度的问题就是我们没有将人们手里的市场篮子兑换成货币的执行机制。大家不可能只从字面上把市场篮子换成货币。

商品的货币可兑换性是最重要的。它在国际市场中可以兑换吗?还不错。我更喜欢商品在国内市场中的货币可兑换性。美元铸币和金银块相比,我更愿意持有美元铸币。从货币可兑换的角度看,我会尽量多地持有美元铸币。货币的可兑换性是商品的本质所在。

与货币数量规则或者市场篮子理论规则相比,金本位制度下的黄金规则的优点就是干净清晰、绝不含糊。在这种制度下,不会出现 M1 数量减少而 M2 数量增加的现象。我们不知道货币政策是松还是紧。这个制度绝对是透明的。

举个例子,如果黄金兑换窗口出现挤兑,那么我们能够预测到这场黄金挤兑;反之,也成立。到现在,这个说法都没有变过。从 1929 年到 1931 年,人们疯狂地增持手里的黄金。当时,这很明显地预示着美国出现了初期通货紧缩的现象。然而,当时的美联储已经从国会得到授权取消金本位制度,而事实上它们确实也这么做了。假如美联储当年没取消金本位制度,我们或许就没有通货紧缩了。

关于卡利森的问题,我想说一点自己的看法。或许我没有回答完黑尔斯的问题,但我对 M1 问题实在是太感兴趣了。从去年 12 月到今年 12 月,M1 同比增长 6.3%。前一年的 M1 同比增长率是 6.4%。变化并不大。

如果有人从利率为 16% 的货币市场基金中抽出自己的货币资金,并将其存入利率为 5.25% 的可转让提款指令账户中,其实这对他来说没有任何影响。这种思想就是移动调整法概念的基础。虽然这个概念很不可靠。至于某些人为什么那么做,我苦思冥想,想到的唯一的理由就是他可以将存入可转让提款指令账户的货币资金作为交易余额。因此,我认为,这么做不但有用,而且还不用进行移动调整了。市场上大部分人对移动调整后的 M1 是完全忽视的。

正如我前面说的,真正的问题是,在 1981 年经济复苏期间,第三季度货币流通速度的同比增长率为 6%,之后便一落千丈。在 1981 年第四季度,货币流通速度同比增长率成为一种周期性的重合经济指标(cyclical coincident indicator)。如果在经济持续温和扩张期间,货币流通速度年增长率为 6%,货币供给增长率接近 7%,那么我们几乎不会认为货币政策是紧缩的。

我们注意到,大卫·I. 梅瑟曼曾经将 1981 年第四季度的经济衰退归咎为 1980 年第二季度的 M 规模缩小。我不知道他如何解释 1980 年第二季度真实经济产出水平下降的现象。我想,我们必须至少往前推 7 个季度,研究当时的经济形势如何。我认为,当时美国经济没发生什么事。

巧了,劳伦斯·鲁斯(Lawrence Roos)在《华尔街日报》(1982 年 2 月 3 日,第 24 版)的文章中也隐约地提到了这点。不过,他的文章并没指出政策的时滞性。政策的时滞性是圣路易斯美联储将要考虑的非同寻常的问题。它们通常对政策保留一年的时滞,而且或许会说,M2 加速扩张后的一年,正如我们去年观察到的一样,并可能会在此后一年提高名义 GNP 的增长速度。如果这是真的,那么今年的名义 GNP 增长速度将会提高。

有人告诉我们,说货币需求不存在波动性,但是研究过货币流通速度统计数据的人不会这么说。货币需求没有波动性的说法本来就不对。过去两年,我们面临的经济形势是不同的,而当我们从经济中发现趋势后,其实我们看到的是 1979 年滞留下来的经济趋势。1980 年和 1981 年又是经济形势各不相同的年份。

佚名:洛马克斯先生,您提到工资谈判和通胀预期的时机问题,工资率调整是发生在贷款利率调整之前吗?它们两者的时差是多久?在上述因素发生之前,在英国利率水平下,较差的真实收益率有多低?

洛马克斯:关于你问题的第一部分,我的回答是肯定的。英国的工资结算调整发生在 1980 年夏天。当时我很吃惊。我们比较喜欢每年一次的工资谈判制度。1980 年夏天有过一轮工资谈判,最终确定工资结算增长幅度为 8%~15%。这个消息很快就传开了。目前,英国长期利率水平的下调幅度还没有那么大,它们的时间滞后比较长。

至于美国,市场对政府抗击通货膨胀的成功没有太大信心。因此,我认为,通货膨胀率有可能反弹,同时,长期市场的真实利率还会保持一个正数水平。

7

供给侧经济学的概念基础

马丁·费尔德斯坦

会议主持人科赫:我们还有两位嘉宾将会对其他的经济观点展开讨论,其中一位就是来自哈佛大学的经济学教授马丁·费尔德斯坦。他将在本次演讲中直接涉及供给侧经济学基础的基本原理。内容主要是探讨供给侧经济学的理论支撑:政府税收影响投资、支出和劳动力供给的机制是什么以及政府为了促进经济增长而做出上述变动所造成的后果又是什么?

美国国家经济研究所虽然是一家非营利的私人研究机构,但它60年来却一直从客观和量化的角度专门研究美国经济。费尔德斯坦现任这个研究机构的主席,所以有资格来探讨上述重大的经济课题。此外,他还获得过威望极高的约翰·贝茨·克拉克(John Bates Clark)奖章。这个奖章主要颁发给那些在40岁之前通过自己的经济研究成为学科前沿的经济学家。费尔德斯坦的研究和教学领域主要是关于国家经济问题和私人部门经济问题。或许大家记得,他已经撰写了无数篇有关经济的文章,主题涉及很多方面。

从去年里根政府一直贯彻执行的各项经济政策中,我们可以看出经济学家和制定政策的官员的经济思路出现了重大的转折。因此,尽管里根政府以及国会中一部分支持者一直在推行里根经济计划,但是理解这项计划的思想和分析基础仍然是至关重要的。里根政府中有的官员在刚开始讨论里根经济计划的时候对供给侧经济的描述可谓天花乱坠。然而,可惜就是这样被吹捧的供给侧思想现在已经掩盖和扭曲了里根政府经济策略的本质。我们时不时会听到有人指责里根经济计划。实际上,与这些指责相比,这项计划既没有展现出天真的理想化经济理论的影子,也没有透露出任何关于无德政治的踪迹。这种政治讲求自私的收入再分配制度。

凯恩斯的经济思想已经主导了美国35年的经济政策。供给侧经济思想是凯恩斯经济思想的一种倒退,这或许是我们对这种新经济思想的最好的解释。凯恩斯认为,政府可以通过提高收入水平减少失业人口,从而实现需求扩张,而供给侧理论革新的核心特点就是抛弃凯恩斯的这种思想。与凯恩斯主张的需求管理不同,供给侧理论强调通过资本形成和研究来实现产能创造。

凯恩斯从二三十年代在英国的所见所闻中得出一个看法,认为政府提高储蓄率只会带来更多的失业。供给侧理论同样摈弃了凯恩斯对储蓄规模的这种恐惧。这种新理论认为,资本形成规模的扩大能够提高经济生产率和人们的生活标准,而储蓄率的提高也是扩大资本形成的前提。

当然,这些经济思想中没有一个观点是完全崭新的。实际上,它们追溯了亚当·斯密的基本经济思想。亚当·斯密曾在《国富论》一书中详细阐述了他的基本经济思想。自这本经济学巨著出版两个世纪以来,经济学家对他的基本经济思想极为推崇,而且已经将它的内容不断丰富完善。我们一直知道,一个国家的产出能力,也就是说,一国的实物资本存量、劳动力的技能水平和努力程度、创业人数和投资者数量等因素最终决定着这个国家的财富与繁荣程度。要想实现资本积累,让人们甘于冒险、积极创业,并且实现整个劳动力群体对工作的努力,那么对它们而言,资本主义制度所创造的经济报酬是非常关键的要素。此外,从整体上来说,没有政府干预的自由市场运行机制将会让以上各种经济资源和劳动投入最终流向生产效率最高的用途上。

在20世纪前十几年里,经济学家曾发现,在某些独立的经济领域中,政府干预或许是比较合理的。虽然如此,当时大部分经济学家还是一如既往地认为,没有政府干预的美国经济的表现是最好的。

30年代的经济大萧条给刚才所有的说法泼了一盆冷水。30年代的经济大萧条不仅动摇了很多自由市场经济学家的经济信条,而且还将经济政策的重点,从创造长期生产能力方面转移到维持短期需求上。

在解决经济大萧条的思路上,新凯恩斯经济学有一个重要的特点,即强调政府的财政政策,尤其是强调政府应该将财政支出作为调控总需求量的一种政策工具。然后,从政府利用财政支出来维持就业水平到利用财政支出为更多的活动谋福利,包括从居民住房计划到健康医疗计划,再到老年人收入保障计划等政府活动,其实只需要神不知鬼不觉的一小步就行了。虽然财政支出作为一种经济政策刚出台时的目的只是想促使私人部门能够再次充分利用经济产能，但很快它就成为政府普遍干预私有经济各领域的政策基础了。

只要政府在经济中的作用仍然相对非常微小，那么经济学家们在学术思想上，不仅非常喜欢认为自由市场是无效的，而且还能从理论上说明政府的政策能够弥补这种失效的制度。60年代和70年代，美国经济中出现了大量的政府干预行为。从这些年的阅历中，我们可以看到，经济学家上述理论中大部分的内容太理想化了。

现在，已经有人认真地做了实证研究，结果证实，至今政府政策不但还没有彻底消除当初制定时想要解决的问题，反而频频加剧了这些问题的严重性，甚至是带来了预料之外的新问题。政府政策无效的现实证据层出不穷，现在越来越多的经济学家正重新定义政府在美国经济中的合理作用。

过去40年中，政府财政支出的扩大提高了政府征税水平。30年代中期，只有5%的美国家庭缴纳所得税，而已经纳税的人，其税率中位数还没到10%。"二战"后个人税率的急速提高导致政府鼓励就业，储蓄和投资的措施被加剧扭曲。

除了重新审视政府财政支出作用和税收政策作用之外，近些年来，经济学家早已开始更认真地研究通货膨胀问题了。在60年代末70年代初期，经济学家不但低估了通货膨胀对经济的负面影响，而且还没有意识到当时宽松的货币政策正是造成通胀的原因。凯恩斯经济学遇到了30年代大萧条的特殊经济环境，成功地把政策重点从货币扩张与通货膨胀率之间的关系方面转移开了。在此几十年前，已经有很多经济原理被广泛接受了。到70年代后期，经济学家逐渐发现控制通货膨胀应该成为经济中的重中之重，而且为了实现这个目标，还需要政府制定一个专项政策以降低货币供给总量的扩张速度。这也不是新的经济思想，而是对那些早被普遍接受的经济原理的回顾。

从70年代中期开始，不仅在大学校园里，而且在国会议员和工作人员之间，政府作用、税收和通货膨胀等一直是人们讨论的话题。讨论的最终结果就是建议政府制定一系列新的政策——税收政策、货币政策、预算政策，去年里根政府和国会已经采纳了。

然而，可惜正如我之前所提到的，里根政府中有的官员在刚开始讨论里根经济计划的时候对供给侧经济的描述可谓天花乱坠。就是这样的供给侧思想，现在已经掩盖和扭曲了里根政府经济策略的本质。此外，里根政府中一些政府发言人实际上对极端的供给侧经济理论十分推崇。他们曾预测说，政府的新政策将立竿见影，使经济增速度和生产能力迅速提高，让通货膨胀率快速下降。

经济学家的预测是天真理想的,虽然很让人开心,但却昙花一现。如今,国内的现实充分证明,现在美国的经济表现和那些预测结果完全是两码事。美国经济衰退现在不仅已经阻止了经济增长趋势,而且还让生产能力重走令人心寒的下坡路。里根政府刚开始曾预计联邦预算赤字规模会缩小,然而,现在很多人却担心,未来几年内,这个规模水平将会大幅提高。假如这些经济现实还不足够动摇公众对里根政府经济计划的信心,那么,我们会请大卫·斯托克曼向记者坦白里根政府的供给侧经济理论至今还未达到预期效果。

里根政府现在已经落实的是一种稳健型的经济计划,而某些政府发言人在开始描述这项计划时所用的是极端的供给侧经济理论。因此,划清两者的界限非常重要。同样重要的是,我们要用里根经济计划的长期影响来评判计划效果,而不是从极端供给侧经济理论所认为的里根经济计划没有实现它们的预测结果出发去评价这项计划。

里根政府曾把大批的供给学派经济学家汇集到华盛顿。他们提出了一套激进、新颖而又理想的经济理论。目前,政府的经济政策并没有买它的账。国会经过多年的认真研究和积累的专家建议,反而最终制订出稳健的基础经济计划。虽然在过去一年里两个政党关于这套经济计划的某些细节以及谁会因为立法所产生的最终的一整套税收政策而广受好评等争论得非常激烈,但是在这套计划的很多基本要素上,两个政党的观点还是一致的。此外,国会在推行该项经济计划的很多方面所取得的成绩要比政府靠自己努力所取得的还多。

在这里,我希望能把这套新经济计划真正的含义解释清楚,把它如何影响资本形成、通货膨胀和经济增长的途径解释清楚。

我认为,美国过去10年的经济问题源自华盛顿政府。60年代经济政策的失误造成了70年代的经济表现不佳:通胀高、资本形成率低、生产能力增长速度降低,用于政府支出和税收的个人收入部分在不断扩大。

整体的通货膨胀率的平均水平在60年代仅有的2.5%,到70年代上半期就上升到了5%以上,到70年代下半期,通胀水平接近10%。1979年,CPI突然上升,幅度超过13%。70年代就在CPI的上升中结束了,而1980年CPI涨幅超过了12%,拉开了80年代的上涨大幕。

当通货膨胀率不断攀升与高水平的有效税率碰到一起时,不仅降低了储蓄和投资的回报,而且还导致资本形成急剧下滑。用于厂房和设备的净投资规模占GNP的比例在60年代下半年到70年代下半年之间骤降了40%。

资本形成率偏低阻碍了美国生产能力水平的提高,降低了美国经济增长率。20世纪六七十年代,美国年度生产能力增长率降了一半,而在1978年、

1979年和1980年,美国雇员人均经济产出均出现下滑。

虽然如此,美国政府却一直在扩大财政支出规模,其所占国民产出的比重也在不断提高。美国政府双管齐下,通过财政赤字把私人投资挤出去,通过提高税收来减少对私人经济的鼓励,最终为不断增加的财政支出融资。

政府财政支出占GNP的比例,从1960年的18%上升到1970年的20%,到1980年,则达到22%。假如同期国防支出占GNP的比例没有缩小一半的话,那么这个比例的增长或许不止25%——事实上,的确超过了25%。美国政府的非国防类支出占GNP的比例从1960年的9%上升到1982年的18%,短短22年间,就翻了一番。60年代上半期,美国政府财政赤字占GNP比例的平均水平低于1%,到了70年代下半期,则超过2.5%。去年,如果一对美国夫妇的年收入为40 000美元,那么受所得税和工资税双重影响,他们除40 000美元以外的收入需缴纳55%的税金,而同等相对收入水平下,一对美国夫妇在1960年只需为额外收入缴纳36%的税金。因此,用于管理美国家庭收入优惠的边际税率在这20年里上升了至少50%。

通货膨胀率上升、资本形成率下降、生产能力降低等现象组团一起出现并没有反映出美国经济固有的弱点或缺陷。华盛顿政府在60年代的经济政策非常天真、理想化,而且在70年代还热衷于推行这套政策。虽然它的初衷很好,但其政策性误导的结果造成了上述不良的经济表现。

要了解华盛顿政府的经济政策思想发生了多少转变,这是很重要的。过去几十年间,我曾与国会委员和两党议员有过很多交流,发现他们的想法确实有所改善。我相信,1981年的税收法案以及这些新的经济政策已经反映出国会避免再犯老错误的决心。这就是国会经济思路的一个重大转变。

过去10年,美国经济形势不是很好。要解决这一问题,美国政府的税法调整以及货币政策和财政政策的变动能起到非常大的作用。但也因此,我很惋惜地说,里根政府至今还没对它的新经济政策做出良好的解读。大多数的公众,还有特定的商业群体已经从里根政府那里以及它的一些朋友口中知道了一些关于抽象的理性预期经济学的理论。他们一直不相信理性预期理论与夸张的供给侧经济学之间的结合,这个态度实际上是对的。这些毫不相干的经济学都是花言巧语。之前经济学家曾乐观地预测经济会快速增长,其实也只是貌似合理而已,而他们起初还曾预测政府赤字将会消失。现在,上述种种情况碰在一起,已经给里根政府经济计划的可信度造成了损失,而这种损失又导致国会削弱了继续扶持这项计划的力度。

7.1 低资本形成率

为了能够理解里根政府的经济计划,大家需要知道低资本形成率以及过去10年资本形成率骤降到底是如何造就了现在的税收法案以及宏观经济政策新风向的。这一点非常重要。很长时间以来,美国政府一直误解资本形成方面的问题。这种误解现在已经让政府产生了一种自满的态度,而正是这种态度曾阻挡了一些合理的立法变更。过去20年中,美国储蓄和投资规模大概占GNP的15%,几乎相当于OECD中几个重要工业化国家平均比例的75%。美国政府之所以如此自满,就是因为上面的现实数字。

然而,美国经济所需要的投资中的60%只是用来替换那些消耗的资本存量。只有约占GNP总量6%的投资才是被真正使用的净投资,也就是用于增加净资本存量。取OECD中其他工业化国家净投资比例的平均水平的一半,都比这个数字高。此外,由于在这6%的净投资中,有一半流向了房地产和库存,所以只有占GNP 3%的净投资被用于扩大美国企业所需要的厂房和设备的真实净存量。这个比例比其他重要工业化国家平均水平的一半还低很多。

过去20年,美国净投资数据表现不佳,甚至一直还在不断恶化。用于扩大厂房和设备规模的净投资,其水平本来就很低,在70年代下半期,曾一直跌到仅占GNP总量2.5%的水平。这个比例比它10年前的水平低了40%。

资本形成率低,意味着美国正在错失实现高回报率和提高未来生活水准的大好良机。厂房和设备存量的增加可以实现较高的11%的真实回报率(税前,但是在将通货膨胀和真实折旧考虑进去并做了调整之后)。其他工业化国家用于厂房和设备的净投资占其国民收入的比例比美国要高出很多,所以厂房和设备存量增加所带来的回报率至少要与它们一样高,甚至可能会更高。

为什么储蓄和投资的比例那么低?资本形成率低反映出了一系列美国经济政策:第一,税收制度。这个制度不利于储蓄,而且还打击了企业投资积极性。第二,社会保障计划。这项计划让绝大多数美国人感觉没必要再去选择储蓄。第三,信贷市场规则。这套规则在限制小规模储蓄者回报率的同时鼓励大规模的抵押贷款和大量的消费者信贷。第四,永久性政府赤字。这项措施不仅抽走了私人储蓄,而且因此减少了用于扩大再投资的各项经济资源。以上这些政策给国内经济生活的方方面面造成了巨大影响。

凯恩斯一向担心储蓄水平。过去40年中,美国经济政策和经济思想中处处渗透着这种忧虑,而现在可以说,以上四种美国经济政策的最终的源头就是政府对储蓄的担忧。大家或许记得,凯恩斯曾经认为,美国30年代的大萧条的主要原因是需求不足,或者换句话说,就是储蓄过高。因此,当时这个理论的影响非常明显:政府出台直截了当的经济政策,抑制储蓄,鼓励消费支出。这种理论,本来是为了解决30年代英国经济萧条而提出的,结果对50年代、60年代和70年代英美两国的经济政策造成了巨大的而且并不合理的影响。

就这样,美国和英国的经济与欧洲主要工业国家以及日本等国家的经济相比,形势十分不同。在这些国家,凯恩斯的思想和专业影响力相对较弱。这些国家的资本存量在第二次世界大战中受到了严重的损坏,所以它们迫切需要重建并替换这些资本存量,因此,相比之下,对它们而言,需求不足导致的经济萧条问题还没有那么严重。结果,这些国家施行的是鼓励储蓄的经济政策,而英、美两国则提倡抑制储蓄的政策。

税收政策、社会保障政策以及信贷政策等各个单项政策会产生独立的经济影响。即便把这些影响综合起来,也没有这三项政策组合所产生的影响大。美国政府通过结合反储蓄政策和政府声明已经在这一代美国人心中埋下了抵制储蓄的心理态度。实际上,法国、德国以及日本政府,从精神上和物质鼓励上,一直在向它们的公民强调储蓄越多、资本就越多,进而工作就越好,生活水平就会越高。相比之下,凯恩斯提出要当心储蓄规模,所以美国政府受其蛊惑,向全国公众表示减少储蓄和扩大用于美国自制消费品的支持规模是创造就业与实现繁荣的关键。可惜,在过去20年里,英、美两国的储蓄率在工业化国家中处于最低水平,原因就是上述逆向激励和误导性言辞的说服太成功了。

现在,一切形势都在改变。新经济措施一个非常关键的特征,就是彻底摈弃,而我希望是永远地放弃凯恩斯所说的提防储蓄。同时,我们还要认识到,提高储蓄率对美国经济来说或许是件好事。1981年税收立法就充分证明了经济思路的转变,同时还表明,美国两个政党对鼓励提高资本形成率的经济政策是非常赞成的。确实,目的在于鼓励扩大个人储蓄的个人税收制度曾经至少需要在6个方面进行法律调整。其中,最关键的就是允许4 000万劳动人口(已经参加了公司养老金计划的员工)将多出来的税收减免部分捐献到个人退休账户(IRA)。

我认为,去年的税法调整将会逐渐提高经济中的储蓄率水平。有评论指责说,扩展后的IRA条款以及其他制度仅仅是鼓励个人将其资产从一个账户转移到另一个账户,从而获取税收优惠。我并不认同这一点。国家经济研究所的研究结果表明,美国75%的家庭所持有的资产规模仅有2年的时间去利用这套新的个人退休账户,而之后它们还得通过提高自己的储蓄水平才能获得税收优惠。在实现税收改革道路上,我非常希望 1981 年的税收法规仅仅是我们在消费税方面迈出的第一步。

税收法案中涉及公司税部分的内容主要是降低公司性收入所面临的有效税率以及因此而带来的投资鼓励。在刚过去的 15 年中,尽管政府偶尔会出台法律规定降低公司税率以及出台放松法定折旧的规定,但通货膨胀率上升以及针对库存和折旧的税收记账方法现在已经导致公司资本性收入的有效税率突然提高了。60 年代中期,在非金融性企业中,股东以及债权人无论是从他们分配的股权资本还是债权资本中所获得真实资本收入中的 55% 以税收形式缴纳给联邦政府、州政府以及地方政府。70 年代下半期,税收比例已经猛涨到了 68%,回到了 50 年代初期加速折旧以及投资税优惠之前的税收水平。由于税收从 55% 提高到了 68%,优惠降低,因此,留给资本出让人的收入也就从 45% 降到了 32%,幅度大约为 1/3。在 70 年代后期,提供债权资本和股权资本的资本出让人面临的税后真实收益率仅有 3.1%,还不够充分刺激人们的储蓄行为和风险投资。当时 3.1% 的收益率表明 10 年间收益率下降了 40%。因此,在同样的期间,投资率水平下滑 40% 也就丝毫没有什么奇怪的了。

税收法案大幅减低了针对新投资的税率水平,因此,也暗示了净回报率将会上升。5 年周期、加速折旧以及投资税收优惠等相结合足以抵消大多数设备投资采用的历史成本折旧法所产生的影响。15 年期的折旧结构以及更为自由的租赁制度同样说明税收方面的巨大进步。当新税制全部出台后,有效税率应该会从 68% 降到 55%～60%,这个区间曾在 60 年代后期的投资繁荣期出现过。随着越来越多的公司将库存记账原则由原来的"先进先出法"改为"后进先出法",公司有效税率将会进一步降低。税率降低以及随后产生的更高的回报率最终会在 80 年代提高公司投资率。

特别重要的一点,这里需要说明的是,税收法案实际上并没有涉及居民住房投资税。这反映出一种刻意的决定。国会和里根政府现在已经认识到,现有房地产投资税的处理方式——特别是减免名义利息支付金以及资本利得税在实际意义上被取消——已经为房地产投资提供了大量的优惠。房地产库存量现在占美国固定资产投资总额的 50%。通货膨胀率上升的时候,抵押贷款利息减免政策出台,正是借助这项措施的便利,房地产投资比例近几年一直在攀升。流向居民房产资本的净投资和流向厂房及设备的净投资额,两者之间的比例从 60 年代后期的 1∶2 到 10 年后则上升到了 3∶4。国会和里根政府想稳住这个局面,并希望投资总额中有更多的资金流向厂房和设备投资。调整税制、削减联邦政府房产计划金、改变金融市场规则等措施将实现它们的目标。因此,最近以来居民建设项目量有所下降不仅是一种受高名义利率影响所产生的过渡性现象,而且还是长期中的一段异常经济现象。

7.2 新宏观经济策略

我在演讲开始的时候就说过,里根政府提出的新宏观经济策略现在不但已经被黑了,而且仍然普遍地被金融圈和商业圈人士误解。我认为,现在里根政府的根本出路是实行稳健的经济政策,但是这种政策以前刚提出来的时候是披着极端供给侧经济学理论外衣的。令人担心的是公众和国会将根据这套外衣来评价这项政策,结果这将削减政策取得成功的机会。

为了理解里根政府这套新的经济方法,我们将采纳一种好用的方式,就是把它与60年代早期指导宏观经济政策的旧经济策略相比较。货币当局通过放松货币环境来刺激投资,政府则通过紧缩的财政政策来避免通货膨胀,这是旧经济策略的目标。宽松的货币环境在当时意味着低利率,而紧缩的财政政策代表着预算平衡或者预算盈余。

很明显,旧经济策略失败了。当时,美联储为了努力将利率维持在较低水平,不断扩大货币供给量,结果却只是让通胀率越来越高。财政紧缩目标也从来没有实现过。政府预算从来没有连续两年内维持在平衡状态,而且在70年代每年都出现预算赤字。此外,受税法影响,旧经济策略完全发挥了一种相反的作用:由于它提高了通胀水平,因而从实际上看,它抑制了厂房和设备投资热情,同时又刺激了人们在房地产和耐用消费品方面的消费支出。之所以会出现这种情况,是因为通货膨胀率提高后名义抵押贷款利息减免政策的优势更加凸显,而历史成本折旧法和传统的库存记账法的不足同时显得更加严重了。

里根政府的新经济策略彻底改变了货币政策和财政政策应发挥的作用。现在的货币当局将重点全部放在实现降低通货膨胀率上,不再考虑增加投资的目标。财政政策则反过来将重点放在刺激储蓄和投资上,方式就是出台目标税收优惠措施。新经济策略带来的效果之一就是提高长期的真实利率水平,但不会如现在通货膨胀率降低期间的水平那么高。当然,这套策略会抑制各种支出行为,包括在房地产和耐用消费品方面的商业投资和支出。不过,自由折旧规则更加放开后,不仅能抵消更长期的资本成本,而且还可以完美地刺激商业投资。只有这样的税制变动,才能平衡流向房地产投资和消费品支出的资金成本上升。因此,可以说,新经济策略的效果不是造成了货币政策和财政政策之间的持久战,正如一些人所认为的,而是将两种政策混合,从而把房地产投资和消费支出两方面的资金抽出来转到商业投资中。

个人税率削减放在这套经济策略的哪一块才比较合适呢？难道它不会刺激消费吗？难道它不会引发通货膨胀吗？回答很简单：不会。虽然有税收大削减的政策鼓吹，但实际上，个人所得税并没有削减。尽管23%的个税削减被大家议论纷纷，但是，这个幅度也只够抵消税级攀升的后果。如果个税没有降低23%，那么税级攀升将会让纳税人提到更高的纳税级别。

对那些目前缴纳至少50%投资所得税的人而言，之后的税率肯定会降低。不过，这种税率调整所带来的政府财政收入损失仅有30亿美元而已，而全部的财政收入至少有6 000亿美元。然而，对大部分纳税人而言，由于受到个人所得税影响，他们缴纳的所得税在数量上根本没有任何变化。

虽然这种结论在意料之外，不过，它的数学计算过程很容易理解。由于个人所得税采取的是累进税制，所以，个人全部收入提高1%后，个人所得税将增加1.6%而不是1%。1981~1984年间，如果通货膨胀遇到真实经济增长，很可能每年将个人收入提高至少8%。但是，8%的个人收入增加会增加12.8%的财政收入，同时，为此政府需要4.8%的税收削减来维持税收收入与个人收入之间的比例不变。由于每年税收削减4.8%，4年税收削减可达18%，所以，里根政府提出的税收削减其实根本不是23%，而只是5%。这一削减幅度相当于1984年GNP的0.5%。

里根政府至今还没有向公众解释以上现象。它之前言辞凿凿的政策措辞就是为了把税法方案当成大幅削减税收的手段。作为总统候选人，里根当年在竞选初期的确曾讨论过拉弗曲线理想化的极端形式。这种极端形式的拉弗曲线要求政府削减个人税收，但又不会降低政府支出。事实上，我们现在更贴近的现实情况是，政府支出减少了，个人税收却没减少。然而，由于里根政府从未解释为什么个人税收实际上并没有降低，所以，现在已经有评论指责说里根政府的财政政策会引发通胀，而且是不负责任的。其实，削减个人税收的措施从根本上讲属于导致通货紧缩的财政和货币政策包。

之前，里根政府不但没有对以上现象作出解释，反而还想滥用大家对政府容易产生的信任，称政府采取的大幅削减税收的措施不会引发通货膨胀，因为这项措施将会释放出巨大的供给效应。通过这个效应，人们会更努力地工作，因而经济产出会大幅提高，足以平衡需求的增长。这个说法被普遍否定后，里根政府还尝试着坚持以下观点：政府提出的"大幅削减税收"之所以不会引发通货膨胀，是因为大部分税收削减被用来储蓄。再次说明，几乎对所有人而言，无论是支出还是储蓄，实际上并没有享受过税收削减。

7.3 预算赤字

尽管如此，80年代初，预算赤字规模达到 2% 的 GNP 水平，这一点确实是真的。国防真实支出每年增加 7% 将为 1984 年多增加 1% GNP 总量的财政支出，因而把赤字占 GNP 的比例提高到了 3%。企业税收削减会提高 1% 的比例，而个人税收削减措施——税率降低、储蓄优惠以及一些特别的税收制度（比如取消婚姻惩罚税）等各种措施——又增添了 1%。以上措施所带来的经济效应将赤字占 GNP 的比例提到了 5%。换句话说，在政府支出没有削减的情况下，赤字规模能达到 2 000 亿美元。

政府能够通过削减支出减掉占 GNP 4% 或 5% 的联邦预算吗？我认为还是有可能的，但是只要里根政府做好准备，除了在它最近经常做预算的预算项目之外，也进行预算削减。大家可以回顾一下，尤其是将非国防支出占 GNP 的比例调到与 1970 年一样的水平，联邦政府就能减少 GNP 5% 的财政支出。这 5% 的总金额正是政府所需要用来平衡预算的水平。

预算削减会削减经济中的哪几块内容呢？通过华盛顿政府，财政收入共享计划将收入返还至一直存在预算盈余的州政府和地方政府手中；联邦匹配计划则扭曲了地方政府的决策；医疗保险和医疗补助计划抬高了人们的医疗成本；各种类型的福利计划不仅提供了不合理的福利，而且还通过校园午餐券和食品券来抑制中等收入家庭的劳动积极性。以上各种经济计划或许都会成为预算削减的对象。虽然里根政府想要通过不完善的经济设计方案来减少新退休职工的社会保障福利，结果现在却让社会保障成为高度敏感的政治话题，但是我还是认为，我们总能找到一种办法来降低社会保障支出的增长，因而要大幅降低未来的政府支出规模。

过去 10 年中，每一位享受社会保障福利的人所得到的真实社会保障福利至少增加了 50%，而每一位员工的收入实际上并没有发生任何变化。社会保障福利规模的相对增长以前从来没有出现过，其发生完全在意料之外，也不是谁有意为之的，更没有一个正当理由。尽管如此，在今年 1 400 亿美元的社会保障支出总额中，有 450 亿美元是新增的。由于对新退休员工而言，这些额外增加的福利大部分都是意外收获，所以政府降低这些福利的增长速度也是合理的。除此之外，因为较高的社会保障福利减少了私人储蓄和私人养老金积累，所以，降低这些福利的增长不仅能够提高资本形成率，还能减少政府支出。让人欣慰的是，社会保障计划的融资问题实在太严重了，结果政府在未来几年里只能从严改革。

实际上,政府很可能至少需要 4 年的时间才能基本上重新实现预算平衡。其间,财政赤字将减少投资。减少后的投资水平或许比没有预算平衡时的水平还要低。新的个人退休账户(IRAs)以及其他税收优惠措施提高了储蓄率。尽管财政赤字存在,但是,高储蓄有利于维持或者甚至能够提高投资的实际水平。另外,美国从世界其他国家或地区的进口规模短暂提高,或者美国的出口规模短暂降低,有效地将美国的财政赤字输出到世界其他国家或地区,也能够让美国同时产生财政赤字和高投资率。

7.4 当务之急

目前,美国经济正处于过渡阶段,其间有很多使人痛苦的经济表现,尤其是当下经济衰退中的高失业率。这些痛苦的经济表现或许正在一点点啃噬掉整个长期的经济计划,这才是我们更严重的当务之急。如果国会把重点放到不断攀升的失业率和不断下滑的收益上,国会有可能重新选择过去的旧经济政策,即提倡凯恩斯的需求刺激政策。这或许意味着政府支出将会增加,美联储也将面临扩大信贷规模的压力,以便满足私人开支的增加。这种政策的结果将是通货膨胀率反弹,使将来调控通胀问题的经济环境更加艰难。

因此,我们要认识到,里根政府经济计划的思路是对的,而里根政府在降低通货膨胀率时的部分原因导致了当前不可避免的经济衰退。美联储能否坚持它的货币政策以降低货币供应速度,里根政府和国会能否坚持降低政府支出的增长决定了里根经济计划未来能否取得成功。

或许可以肯定地说,国会当初在批准同意新经济计划时并不知道现在的经济过渡期有多久、多艰难。现在,美国经济疲软,预测的财政赤字规模巨大以及所需要的大幅减少非国防支出,种种情况掺杂在一起,让国会有所忧虑,可能不再坚持它原先的经济计划。这种政策态度的转变令人感到惋惜。虽然 1980 年之后通货膨胀率意外地大幅下降,表明个人税率降低时间应该再延长一点,但是,这项基本的经济计划仍然保持着它的稳健作风,不应该被摒弃。不过,很明显,在今年的大选中,指责批判并废除这项经济计划的难度应该比支持它的难度更低。因此,1982 年是很关键的一年。这一年将检验根本性经济改革所面临的不可逾越的困难到底是政治上的鼠目寸光,还是 2 年的选举周期。我们只希望国会现在能够拿出它的政治智慧和勇气,继续坚持它去年刚刚满腔热血制定的经济政策。

注释：

作者注：本部分演讲内容均属于作者个人观点，与任何组织机构无关。

1. 关于本部分内容的完整讨论，详见 M.Feldstein,"The Retreat from Keynesian Economics", *The Public Interest*, Summer 1981.

2. 由于第二年和第三年税率降低，其基数比原始税率低，所以总的税率降低幅度为23%，而不是25%。

会议讨论

佚名：您认为当前房地产市场问题和《1981年的税收改革方案》密切相关，我可以这样理解您的观点吗？

费尔德斯坦：可以。我认为，当前房地产市场问题的严重性很明显地反映出现在的利率水平很高，但是，我们不应该把这个问题简单地看成一种短暂的或临时的经济现象。

一直以来，我们把过多的 GNP 和储蓄资金投向了房地产市场，而现在新税法将把资金从房地产市场转移到厂房和设备上。

沃尔夫：我是马丁·沃尔夫（Martin Wolf）。费尔德斯坦博士，您认为现在预测比较大的财政赤字在将来会对通货膨胀以及利率水平产生影响吗？

费尔德斯坦：现在预测的财政赤字在 1 000 亿美元左右，占 GNP 的 2.5%。这个规模的赤字水平肯定会让真实利率水平比不存在 1 000 亿美元左右赤字情况下的水平高。不过，请注意，我说的是真实利率水平。

如果通货膨胀水平持续下降，如果现在我们所执行的货币政策继续生效，那么，可以预见，在上述时间内，虽然真实利率水平仍然比 70 年代和 60 年代高，但利率的通胀溢价还是会下降的。

因此，相反，如果没有 1 000 亿美元左右的赤字，那么市场利率水平会更低，而且还会比近几年的水平低。这些赤字一定能引发通货膨胀吗？不一定。它们可能会产生挤出私人投资的这种负面效应。

如果美联储坚持当前的货币政策，而且政府降低了通货膨胀水平，从这个意义上说，那么这些赤字对私人投资会造成挤出效应，同时也会减少资本存量。

戴明：我是弗莱德·戴明(Fred Deming)。我有两个量化问题：

第一，您说，您认为从长期看，目前的或者去年的税收法案将会提高美国经济的整体储蓄率水平。这方面，您有什么量化的测算方法吗？或者是比较笼统的数量级？

第二，您说，虽然之前的真实利率一直都没有现在经济过渡期的水平高，但是，目前的或者去年的税收法案还可能提高原来的真实利率水平。您知道现在我们的均衡真实利率到底在什么水平吗？

费尔德斯坦：这两个问题很难回答。我认为，以我们目前对储蓄行为的掌握程度，还不足以精确估计去年政策变动的影响。但是，我前面说过，这些变动从根本上讲是有利于储蓄的。

随着IRAs、降低最高税率、部分利得税可能取消、房产税调整等政策的出台，我们或许很快看到，储蓄率相对于GNP而言会受上述政策影响提高2％或3％。按照国际标准，这个储蓄水平还不算太高，因而储蓄率可能会进一步提高。不过，我们希望储蓄率上升。

在新的税法环境下，公司提高其所能支付的回报率水平将成为提高真实利率水平的关键因素。但是现在，由于公司不是唯一的借款人，所以提高公司回报率的效果就打折了。假如公司是唯一借款人，那么真实利率水平或许受去年税收法案的影响上升大约2％。

然而，现实情况却是，除了公司充当借款人外，还有来自房地产市场、地方政府以及世界其他国家政府充当借款人，而它们提高真实利率的额外刺激措施并不一样。因此，我会认为，如果真实利率下降，那么2％就是它的上限。

梅纳什：我是艾萨克·梅纳什(Isaac Menashe)。费尔德斯坦博士，您和其他很多人刚刚评价了消费税可能存在的优点。您认为消费税会在长时间内成为刺激储蓄的额外推力吗？

费尔德斯坦：会的。其实，我们有两种办法可以从目前的税种转移到消费税。第一种就是对消费行为征税。这是一种增值税。我认为，这种做法不对。稍后我会解释。第二种就是像对IRAs税收减免的处理方式一样，对储蓄也进行税收减免，或者对资本收益部分，或者全部免税，比如在1985年免征15％，而之后也应该如此。

我个人更偏向第二种办法。我认为，第二种办法其实和只针对人们的消费品的征税方法是一样的，而且它还把人们的储蓄或者储蓄收益从征税基数中扣除，免于征税。不过，我现在并不希望政府在它的税收池中再添一种新税种。

这就是我为什么反对增加一种增值税的原因。我认为,但凡增值税所能实现的目标,我们同样可以在所得税制度下实现,不过我们必须不断扩大储蓄税减免机会和取消资本所得税的机会。

我会建议哪些具体的措施?如果通过牺牲收入来刺激储蓄,现在并不是好时候。当我们有一天能够再次这么做的时候,也是美国经济再次风光之时。届时,我认为,首要任务就是提高 IRAs 税收减免额,即 2 000 美元的上限,并对其减免额进行指数化处理。我前面讲过,虽然 IRAs 税收减免额对美国家庭而言目前很高,但随着时间变化,即便通货膨胀率和经济增长率都处于温和水平,这些减免额对美国家庭的额外储蓄不再产生边际刺激效应。我认为,将来我们能够在 2 000 美元的基础上不断提高减免额,这一点非常重要。

不过,早先时候,甚至比建议提高 2 000 美元减免额上限更早的时候,还可以采取另外一种措施——这项措施或许很受政治家欢迎,因为它可能减少政府的财政收入成本。具体来说,就是提高那些 IRA 存款的流动性,允许个人不仅在 59 岁时可以一次性提取这些存款,而且或许可以每 5 年提取一次。我提出的建议就是允许个人将其资金存入 IRA 账户,期限为 5 年,到期后,由个人决定是否将存款取出并缴纳存款利息税,或者由个人决定将存款再展期 5 年。

我认为,如果我们提高了 IRA 账户存款的流动性,那么可以预见,长期储蓄水平将会上升。这一点有些滑稽了。因为我认为,尽管 IRA 能够提供更优厚的回报率,但是它毕竟减少了很多年轻人手中的流动性,所以估计他们不愿意在 35 岁的时候就将手中的资金在 IRA 账户中存上至少 25 年。如果这些年轻人手里也有流动性,那么我认为他们将会很乐意利用这些资金。是支付存款利息税,还是将存款展期 5 年?当然是避税并展期存款更有诱惑。

我认为,提高 IRAs 流动性可能会让更多人选择 IRA 账户。

皮特森:我是迪恩·皮特森(Dean Peterson)。您刚才说,我们采取长期经济计划需担心的问题是短期内的痛苦。我估计,这些痛苦具体指的就是失业和持续偏高的利率。对缓和经济过渡时期内的痛苦,您是否有一些建议?

费尔德斯坦:没有。

史密斯:我是吉姆·史密斯(Jim Smith)。您在分析储蓄率问题时曾评论说,美、英两国因为执行了凯恩斯学派的经济政策,所以两国的储蓄率一直以来处于很低的水平。

汤姆·贾斯特(Tom Juster)曾对 1880~1980 年共 100 年间的美、英两国以及其他 16 个国家的经济情况做过比较。如果您看到这份研究,就会发现一个根本性的结论,每个国家每年的储蓄率连起来就是一条直线。不过,对美国而言,储蓄率水平现在是 6.5%,而且在经历第二次世界大战和大萧条的社会保障计划等出现之前,储蓄率已经达到了 6.5%。日本的储蓄率现在已经提高了,英国的储蓄率也少许有所提高。

美国的金融资产净累计率为 15%,这个水平与其他国家差不多;美国金融负债增长率为 12%。贾斯特建议,我们应该将两者之差作为美国的储蓄率。之所以如此,原因之一就是美国的消费者信贷网络和抵押信贷网络更为发达。如果我们真的希望提高储蓄率,那么我们应该减少提高现有负债水平的刺激措施。然后,从长期看,储蓄率不大可能比我们 100 年一直保持的 6.5% 的水平高出很多。

费尔德斯坦:我同意这个结论。不过,我不认同这个结论的前提。我认为,减少借款优惠的措施要比减少我们目前特定税收优惠更为真实些。我们只需要一定程度地降低通货膨胀水平,就能实现这个目的。

美国家庭借款主要类型终归就是抵押借款和消费信贷借款。两种借款在过去 10 年里的真实税后成本已经是负数或者为零了。

当利率超过通货膨胀率时,对借款人而言,借款的税后成本比通货膨胀率还低。只需要降低通货膨胀率就能打破借款的额外优势,我觉得这是好事。

赤字对政治经济的影响

鲁道夫·S. 彭纳

会议主持人科赫：下一位演讲者就是非常著名的经济学家鲁道夫·S. 彭纳。鲁道夫·S. 彭纳不仅担任美国企业研究所的财政政策研究室主任，而且还是该所的常驻学者。关于联邦赤字所产生的政治和经济影响，鲁道夫·S. 彭纳进行了深入的研究，而且他会阐述如何调解赤字影响与供给侧经济政策趋势之间的矛盾。

彭纳在学术界和政界都有职务。他目前不仅在美国管理与预算办公室担任副主任，而且还在美国住房及城市发展部担任负责经济事务的代理副部长。在此之前，他曾是罗彻斯特大学的一名经济学教授。

我不会尝试去调解联邦赤字问题与供给侧经济学之间的矛盾。我认为这个矛盾是不可能调解的。在这里，我会讨论两种增加政府收入的措施：税收和从国内外的公开市场上借款。

我不会讨论美联储的借款行为。尽管我想有一小部分经济学家提出了最优的通货膨胀率，但我比较偏向认为货币化赤字绝对是一个很差的经济政策。后面我不会考虑这个问题的。

因此，我只探讨增加政府收入的两种措施。想要非常精确地说明这两种方式几乎是不可能的。当时是因为不同的税收政策发挥着不同程度的作用。确实，我们所能想到的税收政策可能全部都是效果太有限或者太不公平，结果可能让我们一直更愿意通过借款行为而不是上述税收来增加政府收入。

同样,借款行为也分很多种,短期的、长期的、国内的、国外的,等等。不同借款行为的经济效率也是不同的。后面我会综合性地说一说这方面的内容。不过,为了我更具体地讨论后面提到的方式选择问题,请允许我作出以下假设条件。

第一,假设如我刚才所说,政府债券现在没有出现货币化。再假设如果政府没有大幅提高税收,里根总统延续国防支出趋势,并且对其他经济计划的费用支出也减少得不多,那么1983~1985年,赤字水平加上预算外的融资水平将会攀升到150亿~300亿美元。我知道,这个区间很大,但是那些热衷赤字的人现在必须得采用这么大的区间。

美国国民收入账户(National Income Account,NIA)的赤字规模很可能比这个区间还要少200亿美元。我更倾向于从下面的环境中考虑这个问题。1983年7月,政府税收削减政策减少了400亿~450亿美元的静态赤字。无论赤字位于区间内哪种水平,我会把政府坚持的大规模赤字和这笔静态赤字的减少水平从整体上作比较。我们知道,现在既有比上述政策更有效的税收增加政策,也有没上述政策更有效的税收增加政策,但是,我认为上述的政策属于一种中间政策。

考虑有两种措施可供选择,即提高税收或者提高借款水平,那么"减少静态条件下的赤字规模"这句话就有着重大的经济意义。这句话既有政治上的含义,又有经济上的含义。我先讲讲它的政治含义。

很多盯着联邦政府的观察者认为,控制国会支出的最好办法就是削减税收,因为只要政府提高税收,这笔税收收入只会被花掉。因此,提高税收对赤字产生的动态政治影响比静态影响小很多。现在,这个想法肯定假设国会认为扩大赤字规模是一种拙劣的经济政策。我把国会的想法同米尔顿·弗里德曼的思想相结合了。弗里德曼比较幽默,他自己并不担心赤字问题,但是显然他认为国会会很担心赤字,因为无论在什么经济形势下他都是支持减税政策的。他希望政府可以通过减少税收来减少支出的扩张。

我没有必要为米尔顿·弗里德曼的保守派资历说好话。有意思的是,同样是保守派的理查德·E.瓦格纳(Richard E. Wagner)和詹姆斯·M.布坎南,他们针对赤字问题提出了完全相反的政治学观点。他们并不支持国会将赤字当作拙劣经济政策的看法。

事实上,他们认为,所谓的"绝对财政立宪",其中非常重要的组成部分因凯恩斯革命而消失了。虽然这部分内容没有写进宪法,但是预算必须每年保持平衡。这条规则被大家普遍接受了。这条规则对预算平衡过程有着指导约束作用。他们认为,这个规则现在已经被搁置了,而且由于我们不再坚持这条规则,赤字规模扩大化实际上是加快而不是抑制了支出的扩大化。

瓦格纳和布坎南认为政府出售债券是一种自愿的交易行为,因此,它给经济带来的痛苦程度并不像强制性征税那样严重。因此,他们认为,从政治角度上看,相对来说,由政府发行债券做后台的赤字在为政府支出融资的过程中不会产生什么痛苦。

选民认为他们承担的政府成本只是他们直接缴纳的税收。瓦格纳和布坎南认为,如果能够稍微非理性地分析美国经济,那么他们将选民的想法纳入考虑范围之后也可以得出上述同样的结论。由于现在美国的赤字规模非常大,而且很可能延续到将来一段时间,因此,实质上,选民认为他们至少承担了80%~90%的政府成本。也就是说,他们没有直接向经济系统缴纳全部的政府成本。考虑到政府成本比真实水平低,所以,选民允许甚至要求多承担一点政府成本。如果政府成本比真实水平高,那就免谈了。

这两种完全不同的观点,孰对孰错? 赤字是对政府支出行为的约束,还是政府提高支出扩张速度的工具?

这是一个根本性、关键性的问题,而现在没有关于这个问题的实证研究。比尔·尼斯凯南(Bill Niskanen)关于这个问题写过一本书。不过我认为,他的著作中关于两个假设观点的实证支持力度是相当模糊的。

然而,如果不考虑复杂的经济学理论,仅仅用眼观察,那么我们很快会发现一个非常有说服力的结论:国会无论是在政府提高税收还是在减少税收的时候都会扩大支出。

虽然或许有一天,有学者认为从统计学上讲,上述两种政策环境存在着显著差异。但我认为,这个学者的观点与我们的根本性问题毫不相干。至少,放眼整个美国,联邦政府支出规模一直在扩大,而且之后还会扩大。1981年夏天,联邦政府表示,他们正在大刀阔斧地削减税收,而且还宣称将狠下心来大幅削减政府支出。然而,减少政府支出对政府支出的基本趋势来说并没有产生很显著的效果。我可以说,实际上,税收削减和政府支出削减比政府当年宣传的水平要低很多,小到几乎可以忽略。

不过,州政府和地方政府支出中出现的大变动是一个很有意思的现象,这里需要说一说。"二战"之后,州政府和地方政府的支出水平一直是增长最快的,而且远远超出了联邦政府支出的增长速度,但是,目前它们的支出水平已经停滞不前。无论是从绝对值还是从真实值上计算,它们的支出似乎在不断下滑。我想5年前没有人会预测到这种情况。

不过，回到我提出的那个根本性问题，联邦政府的赤字是约束政府支出的手段还是扩大支出的工具？最终，很显然，赤字肯定是一种约束手段，但不一定约束支出。它仅仅就是一种约束而已。

我认为这就是汤姆·萨金特刚才在他的讨论中提出并分析的观点，虽然很简单，但是非常重要。我重述一下他关于美国经济的基本观点：如果我们确实将无息的政府支出占 GNP 的比例保持不变，同时保持税收占 GNP 的比例不变（不过，税收收入少于政府支出），如果利率增长率超出经济增长率（现在它们都涨得很厉害），那么，美国的利率体系最终会崩溃。我们借钱花，之后又借钱支付前面借钱的利息，再借钱偿还支付利息的借款，由此下去，直至完蛋。

理性预期学派表明，通过这个冷冰冰的数字计算，政府最终会选择将债务货币化。也就是说，美联储为保证利率法案不崩溃，最后会买入政府债券，从而减少公众持有的债券数量。

我认为这种情况是肯定不会出现的。利率体系的崩溃也许最终会促使政府调整财政政策：要么减少支出，要么提高税收。实际上，马蒂·费尔德斯坦在前面提到过几点，现在我们不可能彻底地将货币政策和财政政策划分开。两种政策互相交织，关系紧密。

从理性预期观点出发，假如美联储受费尔德斯坦观点的影响——税级攀升以及通胀会提高资本所得税——尽早启动政府债券的货币化进程，那么美国的税收负担会加重。如果政府支出保持不变，那么上述做法可能会自动平衡萨金特式的利率崩溃观点。

我应该补充一点，即便政府预定在 1985 年将税收体系指数化，但税收负担和通货膨胀之间的关系还是会继续保持的，因为税收结构的指数化并不是完全的。当然，指数化和费尔德斯坦提出的通货膨胀如何影响资本所得税，两者之间并没有任何关系。

关于萨金特式的分析，有一点是需要说明的。如果我们看到他的数据，心里就会受触动，因为现在美国经济中的某些表现和某些数据是很吻合的。也就是说，现在预算中的利率方案快要崩溃了。我稍后再谈这个问题。

这么多关于赤字的政治观点，到底最终的结论是什么？虽然我刚才已经讨论过赤字是一种长期的约束手段，但是现在这个说法真的不够明朗。现在，面临巨大的赤字规模，政府官员可以让它继续存在，他们可以提高税收，或者减少支出。我说过，去年政府预计赤字较大，所以减少了税收。费尔德斯坦说，1981 年夏，政府削减了支出，但没有削减税收，但我并不这么认为。通过观察它们所占 GNP 比例，我发现政府削减了税收，但没有减少支出。如果我们看到税收收入占 GNP 的比例,就会发现税收在降低。政府支出现在没有减少,而且也不会减少,除非未来几年加大政府支出削减力度的提案能够通过。

如果我们在 1981 年受 550 亿～600 亿美元税收减少的影响,真的减少了政府支出,那么我们比吉米·卡特政府时期的预算最多少了 100 多亿美元。在 1982 年春夏之际,国会再一次预测赤字水平较高。这次它们真的不得不公布大规模赤字的估算结果。去年,国会通过宣传一些荒唐的经济条件,隐瞒了赤字问题。它们不能再犯错了,而且这次肯定是对米尔顿·弗里德曼和瓦格纳·布坎南两派经济观点的一种测验,看看到底谁是对的。这让人很感兴趣。

我个人认为,同时也是最简单的方法,就是政治家们基本上都会选择对连任威胁最小的政策方向。这些方向因时而变,但主要还是看经济形势以及选民的偏好或者政治家们所领悟的选民偏好如何变动。

有时候,政治家们提高税收就像他们在"越战"期间提高税收一样。政府很少降低哪怕一点点的政府支出。关于政府削减少量支出,我们实在很难找出大量案例。

不过,自上次 1969 年美国政府预算平衡之后,我认为,国会一直在推行扩大赤字的经济政策,这是对国会政策表现的总结,也是在下次总统选举前我至少想引用的例子。以"越战"时期作为基准年份,我们发现,"越战"时期的附加税取消之后,政府的税负削减幅度很大,但是政府支出却没有削减很多。实际上,我们把所谓"越战后和平红利"的钱花在了社会保障方面,之后,由于赤字规模扩大,在 70 年代,我们就允许税收上调了。到 1981 年,美国全部税负总量的平均值已经反弹到了"越战"时期的水平。其实,这个平均值还稍微高出了一点。

因此,我的结论肯定是,赤字对支出的约束作用还没有那么明显,以便我们可以采取赤字政策来达到约束政府支出的目的。

现在,让我们聊聊扩大赤字所产生的经济影响吧。假如,我们真的曾检索过有关赤字的经济影响方面的文献资料,那么我们或许会发现,这方面的观点结论和政治方面的一样,鱼龙混杂、五花八门。虽然不同的人有不同的结论观点,但我认为,我们还是能从他们身上找出更多的共性。

即使我们不考虑凯恩斯的观点,这个结论也是对的。我选择这么做,不是因为对凯恩斯没有兴趣,而是因为已经有足够多的经济观点让我去总结,所以我就不需要再研究凯恩斯关于赤字问题的理论框架。

不过,不考虑凯恩斯的观点,我认为,现在的赤字面临四个方面的问题。其中的一个问题我还没想清楚,所以,可能就有三个非常重要的问题。不过,我会尽量想办法把第四个问题说清楚。

第一个问题,不过不一定是最重要的,就是"挤出效应"。这是一个老问题了。从纯粹的理论上讲,有两个要素或者两种行为反应能够从根本上消除"挤出效应",并把"挤出效应"变成"挤入效应"。

无论是凯恩斯的需求观点,还是供给派的观点,都认为政府削减税收能够刺激经济。因此,削减税收产生的动态赤字效应结果会比静态效应小。第二,政府削减税收能够扩大私人储蓄规模,足够为多出的新增赤字提供融资来源,从而降低利率水平。这个观点在理论上讲得通,而且某些供给学派代表也认同这个观点。我完全不相信有供给学派的人会支持这个观点,也不认为会有任何证据可以证明,不过,我认为,至少这个观点在理论上还是存在可能性的。

说到我持有同样怀疑态度的另外一个观点,我们现在往往会想起鲍勃·巴罗(Bob Barro)。这是一种李嘉图的经济观点。巴罗认为,消息极为灵通的纳税人是非常理性的。一旦政府增加债券发行,纳税人预计他们将来会支付一笔税收债务,而且他们会短时间内迅速增加储蓄,用来应付将来支付的这笔税收,因而利率水平是不会提高的;确切地说,利率水平没有受到任何影响。因此,有时候,我们可以说,这项政策没有挤出效应,不过真正的含义是对资本形成而言没有挤出效应。

当然,如果因为政府开支造成债券融资增加,导致我们突然决定减少消费支出,那么我们的消费却是被挤出去了。

尽管完全是因为自己认为纳税人不可能那么理性,所以我才说对上述的观点同样持有怀疑态度,但是有些数据表明,想要完全地抛弃这种观点是不可能的。统计数据表明,私人部门和公共部门之间的储蓄互相抵消了,而且公共部门和私人部门的负债占GNP的比例也保持在一个特定不变的水平。

很多种机制原理能够解释清楚为什么这种结果印证了巴罗的观点。当然,这或许完全是因为政府赤字提高了利率水平,结果刺激了人们的储蓄动机。

事实上,我认为检测不同理论观点的方法就是看看它们能否反映出政府赤字与利率之间的关系。即便是我非常仰慕的人,也表示很难确定二者之间的关系。

他们中有的人不会像我一样理解巴罗的观点中没有挤出效应,反而会认为,由于外资市场竞争充分,所以即便美国政府赤字产生挤出效应,也不一定会发生在美国国内。有可能国外的经济活动会遭受美国赤字的挤出效应,而美国国内利率水平则不会上升很多。我稍后再讲这个话题。

不过,我所接触的文献使我比较认同艾伦·格林斯潘(Alan Greenspan)的观点。他曾说过,如果我们没有发现政府赤字和利率之间的关系,那么我们就是没有走对路。我认为,这个结论很显然是从全部的论文和经济模型中得出来的,而且此后我所说的每个观点都会假设两者之间确实存在着关联。

在展开"挤出效应"问题之前,我应该提醒一下,有人已经证实,政府赤字完全替代了被通货膨胀侵蚀掉的政府债务。我稍后会讨论这个问题,不过我认为,在目前的经济形势下,这个问题不是非常重要。

回到"挤出效应"的问题。想要分析"挤出效应",我们必须合理地对它的范围做出界定,尤其是针对储蓄和消费的合理界定。这是非常重要的。我们把消费耐用消费品作为一种投资行为,其实也是很合理的,因为在目前的经济环境下,挤出效应非常可能发生在投资领域以及房地产市场。原因就是,我们通过新的折旧税收法在某种程度上隔离了资本形成,不让其遭受外界因素影响。

不过,无论如何看待赤字问题,我预测在将来,如果经济政策没有大幅调整,国民收入账户(NIA)中的赤字应该会非常大。相对于所有你能够想起来的数字,这个赤字水平都是非常大的。尤其是与个人储蓄相比。1981 财年,个人储蓄总量只有 1 000 亿美元。1981 年第四季度,个人储蓄总量扩大到 1 200 亿美元。未来几年,NIA 中的赤字和个人储蓄规模之间的较量将会非常激烈。这个赤字究竟是超过还是比不上我们所统计的个人储蓄?

我已经说过,NIA 中的赤字本身就能够通过提高利率减少消费者耐用消费品的支出等来增加个人储蓄。但是,如果这个赤字与个人储蓄水平是相等的,那么这就意味着我们所有的净资本形成量肯定源自企业储蓄或者州政府或地方政府储蓄。这笔赤字可能会挤出州政府和地方政府的财政支出,但是,政府资助减少肯定会造成非常痛苦的经济结果。

依赖外国储蓄并不是避免挤出效应的好机制,只不过是一种声东击西的办法。如果我们选择引入外资,国际收支平衡表必须仍旧保持平衡,那么这意味着,我们不得不让经常账户陷入赤字。

进口规模必须大于出口规模。通常,提高美元币值就能够实现以上这个目标。这意味着,我们可以利用外国储蓄来降低美国国内赤字造成的利率效应,挤出出口数量并进口与美国存在竞争的行业商品。

有意思的是,我们会发现,汽车行业对这个问题的方方面面都很关注。汽车行业受到的冲击很大,因为消费者消费耐用消费品对利率增长非常敏感,而且也因为美国汽车行业是一种进口竞争型行业,所以对美元币值非常敏感。大规模赤字政策很显然是一种不利于美国国内汽车行业的政策——赤字政策不一定是坏的,但是考虑到美国汽车行业的低迷,至少在短期内这项政策让人很忧心——而且对房地产行业而言也是不利的,这一点费尔德斯坦之前说得很细。

但是,通过研究不同的经济比率以及经济效应的目标,我发现分析整个挤出效应问题的另外一种途径就是研究过去几年内美国经济的净投资总额所占GNP的比例。这个比例大概在6%或者稍微低一点的水平。NIA赤字规模占GNP的6%的概率在我的概率分布范围之内。

我说过,消费者消费耐用消费品应该纳入被挤出的对象范畴之内。现在,消费者消费耐用消费品的总量已经占GNP的8%~9%。不过,无论是通过分析赤字和净投资额的比例,或者赤字和净投资与耐用消费品总额的比例,还是通过其他方式的分析,结果都会发现,当前的经济政策已经表明未来这些比率水平都比我们"二战"以后所经历过的水平高,所以这些比率让我们极为担心。

虽然我非常不希望,但第二个问题有可能在长期内是非常重要的。这个问题就是政府债务中到底有多少会被货币化。我已经提到我自己估计的赤字政策,假定通货膨胀不会反弹,如果一定要让我预测债务货币化,我会认为我们不会将债务货币化。然而,现在我不自觉地开始担心自己的假设条件了。

伯顿·兹维克(Burton Zwick)、迈克尔·汉堡(Michael Hamburger)以及米基·利维(Mickey Levy)在他们的学术文章中提出,从数据统计上看,赤字规模和货币创造之间存在紧密的联系。三位作者态度很明确,称这种联系不是纯粹经济意义上的关联。它的背后隐藏着巨大的政治因素。大规模赤字抬高了利率水平。政治圈里的人并不高兴看到利率水平太高,美联储也会针对利率水平的压力做出政策反应。

现在的问题是,哪怕是投资圈的人都还没有必须承认存在债务货币化的可能,而我说过,我自己也不认为有这种可能。但是,今天站在这里,我不能说这个概率为零。零概率意味着我们必须要采取保护自己的经济手段来抵御风险了,而且还得为自己的资产要求一定的风险溢价,当然是要用没有计价的。

事实上,所有可能性中最坏的一种情况就是,我们预期会存在一些货币化,结果却没发生。

然后,最终风险溢价率被嵌入真实利率中。换句话说,原本是高水平的名义利率,最终却演变成了高水平的真实利率。结果,我们的经济活动就受到了抑制。

我很关心的第三个问题或许没有那么重要,但请允许我在这里阐明一下,因为我在其他场合中至今还没有听到有人对这个问题做过说明。在我说明"挤出效应"问题的时候,我所担心的是联邦政府会耗尽所有的国民储蓄。这与我们分析联邦政府发行的债券总量问题不同,因为债券总量中很大一部分是为政府借出资金来提供融资的。

预算外的很多项目都属于这种情况。美联储一方面借进资金,另一方面又借出资金,像这样的信用借贷有很多。这种行为并不会对储蓄流总量造成直接影响。

信用借贷计划只不过对储蓄流起到一种导向作用。不过,如果我们把政府发行的常规债券列入那些真正依托于储蓄行为的债券之中,或者将其列入为NIA赤字提供融资的债券之中,我们会发现这个债券规模大得吓人。

即便赤字水平达到我所提到的赤字区间的上限,也就是说,在1983~1985年间赤字达到1 500亿美元,我们必须得想尽办法让国内外的大众投资人每年按照16%的速度增持美国政府债券。如果我们把国会预算办公室的通货膨胀预期考虑进去,真实的美国政府债券持有量增速大概只有8%。"二战"结束至今,我们还没有做过以上尝试。70年代初期,政府债券每年的真实增长率为4%,而名义增长率约为11%。

因此,我们现在还吃不准到底会产生什么结果。或许,这种尝试会带来我称为"组合调整"的问题。突然之间,我们不得不改变投资人的行为。利率水平如果在长期内缓慢提高,也能让投资人改变他们的投资习惯,而我所担心的是,为了能够改变投资人的习惯,我们会在短期将利率提高到比长期增长更高的水平上,从而让投资人在短期内将政府债券消化掉。

现在我不是在讲一个整体提升收益率的经济现象,相反,我所说的是一个关于债券型收益率和权益型收益率比较的经济现象。

第四个,也是最后一个关于大规模赤字的问题,又重新回到我之前提及的萨金特式分析。这个问题涉及政府的净附息票据。

目前,这是大家对政府支出关注度增长最快的一块。我应该加快速度来说明一下,附息票据的不完全或者大部分不是因为赤字问题而产生的。附息票据的产生在很大程度上是因为政府要在更高的利率水平上为没有付清的政府债务融资。这个利率要比政府刚开始支付债务时的水平高。

政府预算分析师以前可以完全不考虑附息票据的问题。之前,附息票据的比例就像一个已知的常数,占政府支出的7%~8%,每年的变化幅度也不大。在1983财年,这个比例突然之间可能会在12%~13%之间波动。我们想想那些一直在长期内推行高赤字经济策略的国家,就会发现加拿大的政府附息票据占政府支出的比例竟然高达25%。

不过,我们的底线是1981~1983财年的附息票据增长幅度远远超过1981

年夏政府提倡的预算削减幅度。这是很吓人的。

我在开始的时候提出了两种增加政府收入的方式。不过,我目前只讲了一种——发行政府债券。这是因为我确信用税收来增加收入的政策的低效以及所引发的问题,已经说得很明白了。

关于赤字的前景问题,最为主流的观点并不是我一直所讲的那些理论,而只是它的规模问题。赤字规模如此巨大,无论我们选择哪一种经济理论,都会让我们提心吊胆。如果大家不像我一样真的认为赤字会制约政府开支,那么,请不要担心;即便政府大幅提高税收、扩大支出削减的力度,美国经济中还是会存在大量的政府赤字来约束政府开支的。

如果大家认为,政府通过巧妙地采用税收手段可以将挤出效应从企业资本形成领域转移到房地产和耐用消费品领域——我认为,很大程度上我们可以做得到——请不要担心;我们会有足够的赤字将房地产耐用消费品挤出去。其实,我认为,这种事我们已经做了够多。

虽然未付债务会承受通货膨胀带来的侵蚀,但如果大家认为政府应该将赤字规模扩大至足以偿还未付债务的水平,请不要担心;我们肯定会的。

换句话说,假如一国政府没有改变之前的经济政策,那么,凡是认为赤字并不是非常让人揪心的问题的说法,只不过是被之前的赤字数据所说服罢了。

我认为,我的结论很简洁。我愿意通过增加税负来减少上述的各种风险和不确定性。不需多说,我现在并不希望提高税负。在理想情况下,增加税收应该属于一种供给侧措施,也就是扩大征税基础,而不是提高边际税率。

可惜,我们无法实现这个目标。如果坚持走这条路,那么政府的每一项扩大征税基础的措施都会刺激一大批特殊利益群体跳出来,与我们在确定扩大税收基础的领域问题上引发政治上的大争论。

不过,并不是足够多的真金白银才能大幅削弱政府赤字。因此,我的底线是,我会尽我所能将所有方法几乎用光来减少未来赤字的规模。虽然政府在提高税收的同时对一并执行的重大支出削减政策进行了互换,但由于这些政策互换并没有真正融入到任何政治理论中去,所以,它们势必很难得到安排执行。

不过,我确实认为,政府采取行动的时候到了,行动内容肯定应该包括取消1983财年税收削减和某些商业措施的选择权。

在这里,我早就应该更多地强调1982或者1983财年的赤字问题并不严重。尽管我们猜测未来经济会大幅反弹,但是目前的实际情况是,这两年的赤字水平并不会受到当前政策影响而降下来。因此,我们应该把重点放在减少未来的赤字上。

会议讨论

沙德(Soter)：我是丹尼斯·沙德(Dennis Soter)。您刚才关于当前和未来赤字水平的问题，我想说说自己的看法。回顾过去，我们会发现，以前由于受到税后负利率政策的刺激，政府更愿意去借款。现在，仅国库券收益率就达到了13.5%~14%的水平，而通货膨胀率大概在较低的4%~5%水平，所以，我们面临的真实利率有可能达到8.5%。

您在分析潜在融资来源以及其挤出效应时，是否已经将个人所能获取的收益率变动考虑进去了呢？

佩纳：我相信，刚才马丁·费尔德斯坦关于政府如何调整税法的几种观点以及刚才你说的几点，对经济中的贷款和储蓄行为的刺激作用，要比它们以前的作用更大。

我相信，未来的储蓄水平会大幅提高。不过，现在个人储蓄自身规模比较小，所以我们肯定会大幅提高个人储蓄水平。企业储蓄水平可能也会提高。

即便如此，我认为，如果耐用消费品支出水平没有大幅降低，那么我们的储蓄水平上升得再高也无法为预期的赤字提供充足的融资。

或许因为你刚才说的挤出效应，或者因为其他什么效应，这种情况可能就会出现。经济资源会从耐用消费品和房地产市场流向企业资本形成上。我和费尔德斯坦都认为这是一种好现象。

不过，经济资源转移的数量有些过分了。我的意思是，虽然我们选对了方向，但是有点过头了。如果我们将赤字政策搭配着税收策略和高水平真实利率的间歇作用，通过发挥对耐用消费品行业的挤出效应，从而将经济资源从消费领域转向投资领域，那么，这么做会导致非常严重的经济调整问题。

也就是说，虽然这些耐用消费品行业占GNP的比重可能会下降，但是，它们不一定会被挤垮。"挤垮"这个词可能有点严重了，或者太感性了，不过，目前的经济策略确实给这些经济部门造成了极大的压力。现在，我希望可以通过将经济资源从非耐用消费品中重新转移出来，流向国防支出和企业资本形成，从而减少这些压力。我认为，提高所得税就是实现这个愿望的一种办法。

雷诺兹：我是艾伦·雷诺兹。我的第一个问题是，一个不断扩张的公司可以一直每年增加它的负债吗？第二个问题，如果相对于美国经济规模而言，美国国债水平并没有上升，那么是否存在刺激通货膨胀的可能？我记得汤姆·萨金特说，他所能接受的政策底线是为了将利率水平和利息成本维持在较低水平，美联储必须将政府债务货币化。因此，第三个问题是，如果美联储发行货币量提高了国债的利率水平，正如我所期望的那样，那么这种做法真的增强了财政政策吗？

佩纳：我认为您的第三个问题提得很好，而且也很重要。这个问题，换句话说，就是问美联储目前是否能通过货币化政策发挥一些作用。

对于美联储能够对真实经济活动发挥某些作用，我很怀疑。不过，债务货币化将利率水平提高后，能否阻止债务的大幅减少，从而在实际上降低附息票据的增长速度，在萨金特的经济模型中很难确定。

但是，我愿意回顾一下早先我说的财政政策和货币政策之间的关系。一旦我们开始债务货币化，我们就开始通过自动提高税收水平，尤其是一直利用的税级攀升制度，比较剧烈地削减政府赤字。

因此，很遗憾——我觉得，真的非常遗憾——通货膨胀确实是跳出这种财政政策陷阱的出路，而且现在对政治家而言，这条路肯定非常受欢迎。

我想，如果说我有所忧虑的话，就是怕出现这种情况。关于其他问题，我想我没太明白。

雷诺兹：哦，我的意思基本上是，国债负担和经济解决国债的能力多多少少有点关系。我们知道，现在国债占GNP的比重约为30%，而且据预测，以后也会在这个水平。我姑且向大家说明这个预测不可信，不过……

佩纳：不是的，我说的所有内容都表明这个比例会越来越差。

雷诺兹：好的，我明白了。

佩纳：所以说，在目前的政策环境下，国债增长速度远超过GNP增速。事实上，我前面说过，如果我们只是盯着国债，那么1 500亿美元国债创造量的假设则意味着，在未来四年，无论是国内还是国外市场上的公众投资人，每年要按照16%的增长速度持有未偿还的国债。我希望这会超过名义GNP的增长速度。

雷诺兹：过去的债务货币化行为或许让当时的政府利息负担和现在的水平一样高。此外，债务货币化政策不但没有解决利率负担，反而自身成了一个问题。

关于这方面的内容，我明白您的意思，而且您用了比较广义的通货膨胀概念和税级攀升等。我们都很理解。

不过，从现有债务展期和利率管理角度上看，我认为，很显然，利率是一种货币现象和企业现象。

第三部分

专门关于供给侧经济学的论文

会议主持人:罗伯特·E. 凯勒赫

传统的经济学道路上往往会散发出新的经济学思想和经济学方法。也就是说,这些新思想和新方法从学术思想高高的象牙塔中慢慢提炼沉淀,最终进入了政治家的视野。

不过,供给侧经济学绕过了大部分的传统经济学,很快地直接出现在了政治舞台上,供政治家采纳。关于供给侧方法和很多与供给侧经济学相关的问题,学术界一直都没有广泛辩论。实际上,关于供给侧经济学的评论,其中的一条就是说它至今还没有经历过足够的审核和检测。

我们本次研讨会的目的就是为组织这种学术辩论提供便利。一些优秀的专业经济学家会参与本次辩论。在这种基调下,在本书第三部分内容,我们将向您呈现一些与供给侧经济学相关的主题下最好的、质量上乘的研究成果。

我们有两份实证分析的讨论和一份理论分析的讨论。作者分别是埃默里大学的杰罗德·P. 德威尔、弗吉尼亚理工学院的德维特·R. 李和詹姆斯·M. 布坎南、佛罗里达州立大学的詹姆斯·格沃特尼、内政部政策分析办公室的理查德·斯特鲁普。

杰罗德·P. 德威尔讨论的是政府赤字的重要性。很显然,关于政府赤字问题,即赤字的经济意义以及政府赤字的政策反应,现在的经济学家之间争议很大。

关于目前赤字和通货膨胀之间的关系,有很多优秀的实证分析,现在德威尔的分析就是其中的一份。他的主题是:"通货膨胀与政府赤字之间是什么关系?"

杰罗德·P. 德威尔从华盛顿大学获得学士学位,又从田纳西大学获得了硕士学位,最后从芝加哥大学获得了哲学博士学位。他已经在几所大学任教过,最近是在得克萨斯农工大学任教。现在,他在埃默里大学教书。杰罗德·P. 德威尔在很多学术杂志上发表过学术文章。

1

通货膨胀与政府赤字之间是什么关系?

小杰罗德·P. 德威尔

我的观点比较基础、简单,而且与各位在报纸文章中看到的政府赤字不太一致。如果大家看报纸中关于政府赤字的报道,那么我们所读到的大部分内容表明,政府赤字成为几乎所有可能会发生的不良经济表现的罪魁祸首,当然也是导致利率水平走高的原因,而且或许还是造成通货膨胀的重大原因。有些政治家认为,政府的赤字政策会带来相反的效果,诱发经济大萧条。不过,无论是哪种观点,政府赤字确实产生了很多问题。

后面,我会说明政府赤字与以上所说的各种经济表现没什么关系;政府赤字对利率、通货膨胀、货币供给速度或其他重要的经济变量没有影响。

有几份经济研究是根据政府过去的赤字表现完成的,我在这里希望和大家分享一下这些研究结果。现在,这个问题很有意思;不过,由于各方面原因,根据本书的基调,还有一个更加迫切的经济问题,就是这些经济研究对当前经济政策的选择有何影响。汤姆·萨金特曾经表明,现在经济处于过渡时期,形势有点麻烦。我稍后会聊聊这方面的内容。

从各类经济文献中,我们可以总结出通货膨胀与政府赤字之间可能存在的三种关系。其中的一种关系是最为持久的,其实就是凯恩斯所说的关系。凯恩斯认为,如果未付政府债券的真实总量扩大,由于人们在将来会获得政府支付的额外多的利息,所以他们会认为自己变得更富有。结果,私人消费增加,储蓄减少,利率上升,物价水平提高。这是凯恩斯经济学的标准结论。实际上,也是我们从宏观经济学原理中得到的结论。

货币学派更推崇第二种关系，即赤字扩大会导致美联储购买更多的政府债券；结果，货币供给速度提高，通货膨胀率和名义利率上升。这种关系可能会存在。

直到最近，经济学家对第三种关系的关注度越来越低。第三种关系的观点认为，在以上两种关系中，政府赤字与其他变量之间的因果关系是相反的。上述两个假设观点认为，政府赤字规模扩大会提高通货膨胀率和物价。第三种关系认为，提高通货膨胀预期水平同时伴随着真实通货膨胀率的提高会导致政府扩大赤字，更确切地说，会让政府扩大面向大众的政府债券发行量。

背后的原因实际上是非常简单的。政府赤字改变了政府未付债券的名义或美元价值。在通货膨胀期间，政府债券名义价值的提高与土地名义价值的提高或者其他任何名义价值或美元价值的提高一样，都不是新鲜事。

实际上，这种作用机制非常简单。假设预期的通货膨胀率和实际的通货膨胀率提高了，那么，这对联邦政府有何影响呢？

通过费雪效应来说，对联邦政府的影响之一就是利率、名义利率也会提高。如果名义利率提高，政府支付的利息也会提高。

政府该如何做？当然，政府可以做的事情其中之一就是扩大债券发行量。其他的做法，要么就是降低真实政府支出水平（不含利息支付），要么就是提高税收。

如果政府扩大了债券发行量，那么，债券的名义价值会提高。但是债券的真实价值——也就是政府债券总值除以价格水平后得出的价值——将会保持不变，就像它在通货膨胀率下降的情况下一样。结果，我们可能发现赤字扩大和通货膨胀率提高之间存在着密切联系。

但是，两者之间的因果关系与很多人认为的完全相反。他们认为，赤字扩大意味着通货膨胀在未来会上升，而前面的观点认为，这个关系应该反过来——通货膨胀上升改变了未付政府债券名义价值的政府赤字规模，将会扩大。

有时候，会有一些值得让我们注意的现实情况却被我们忽略了。从美联储与财政部签署的协议到期，一直到1981年，这段期间几乎一直都存在政府赤字，这是大家都知道的。从6月开始，以每财年作为基础，按照严格的计算方式来计算赤字，我们发现这段时期内只有三四个财年存在财政盈余。计算赤字有很多方式，但基本上殊途同归——这段时期只有大概10%的年份才出现财政盈余，而且规模很小。此外，即使我们对赤字进行通胀调整——赤字除以CPI——最近几年的赤字水平更高了。

因此，这些政府赤字与通货膨胀之间存在正相关关系，即便在对赤字进行价格调整后。实际上，根据年度统计数据计算，二者的相关系数略大于 0.5。

即便如此，在整个上述期间内，真实政府债券没有出现扩大化的趋势。1981 年联邦政府真实负债量和 1952 年的一样。

现在，名义政府债券量水平已经提高了，价格水平也提高了。我们能够说的最多的就是政府债券真实总量水平根本没变。政府债券量既没有异常增加，也没有异常减少。其实，在 30 年（1952~1981 年）里，其中 14 年政府债券真实总量减少了。

在测算赤字及政府债券对经济行为的影响时，政府债券真实总量非常重要。不管我们是选择凯恩斯的分析——赤字扩大，人们认为自己的财富增加，物价水平上升——还是选择某些货币学派提倡的观点——美联储将债券货币化，真实的未付政府债券总量才是重要的经济变量，而不是债券名义价值的增加量。

我的结论是，站在非常有趣的经济角度上看，实际上我们认为 1952~1981 年的预算从平均水平上讲是非常接近平衡的。

我曾想把《经济探究》（*Economic Inquiry*）上的一篇论文（见 July 1982，"Inflation and Government Deficits"）的结论简要地向大家阐述。我的目的就是将关于赤字和通胀之间三种关系的假说区别开。这些假说的基本结果都源自一种分析机制。在这种机制下，可能依赖于或者可能不依赖于赤字规模的经济变量包括：基于 CPI 水平的通货膨胀率、名义 GNP 增长率、3 月期国库券利率、旧 M1 或 M2 的增长率以及美联储持有的政府债券利率。从赤字与通胀关系的角度分析，有的经济变量是很有意思的，而上述对经济变量的划分应该包括这些变量。考虑技术原因，以上所有的变量不会进行季度调整，所以我会在回归分析中加入季度虚拟变量。在全部变量中，有四个滞后变量被纳入到全部的回归分析中。

以上基本结果的特点可以用两种方式解读。其中一个方法非常简单：将全部上述变量的滞后值考虑进去后，知道大众持有的政府债券过去的滞后值并不能帮助我们预测以下变量：通货膨胀率、名义 GNP 增长率、3 月期国库券利率、货币供给增长率或者美联储持有的债券利率。

我曾尝试过很多方式，得到的结论非常具有系统性。因此，从直觉上讲，如果凯恩斯提倡的未来财富效应或者货币学派的货币供给效应很重要，那么我们所期望的经济结果根本不会出现。这些效应表明大众持有的政府债券会帮助我们预测通货膨胀率和其他变量。然而，现实情况是任何效应的检验统计和数量级都非常微小。尤其是1952～1978年,比如,假如我们当年想预测3月期的国库券利率,只要我们掌握了赤字之外的全部其他变量的数量,即便我们知道政府赤字的数量(或者大众持有的同等数量的政府债券)也无济于事。

另外一种解读结论的方式更为精确:1952～1978年,有一种专门针对这段期间经济表现的结构分析模型。在这30年里,大众持有的政府债券对通货膨胀以及其他任何经济变量都没有决定性作用。虽然我评估过这个结构模型,但是可以肯定地说,这个模型存在。

从某一方面讲,美联储持有的政府债券和大众持有政府债券存在很多不同点。美联储持有的政府债券可以帮助我们预测上述各种经济变量的趋势。实际上,美联储持有的政府债券在预测货币供给速度方面发挥着重大的决定性作用,进而又可以预测通货膨胀率和其他经济变量。

虽然理论研究结果和"预期通货膨胀会导致赤字扩大"的假说一致,但在这些理论研究的检测方面,我们的工作做得比较少。罗伯特·巴罗已经对同样的假说做过检测,结果也发现,预期通货膨胀会扩大赤字。

这些结果与我们从1952～1978年的经济表现中得出的结论(即大众持有的政府债券和通货膨胀之间存在正相关关系)是一致的。这个结果很简单。不过,得出这个结果的原因并不是政府扩大赤字会抬高通货膨胀率;相反,是因为通货膨胀率上升导致政府扩大了赤字。

上面的这个结果与我们之前稍早些时候提到的李嘉图等价定理是一致的。从本质上讲,这个定理非常简单。虽然政府可能会通过发行债券来为其融资,以便弥补减少的税收,但是在某些特定假设下,这种做法并不会影响任何宏观经济变量。这样做的唯一的结果就是改变了政府征税的时间。

随着时间变化,什么才是一致性的经济政策?在某个时候,政府为了支付债券利息,必须得提高税收。这里的债券全部指的是真实债券量。那么,这和当前的经济政策有什么关系?显然,关系非常密切。

我先提一下,经济顾问委员会(CEA)对目前的经济形势作出的预测显示,真实债券量呈上升趋势。如果预测的赤字规模扩大,那么真实债券量的上升空间更大。有种经济假说认为,真实债券量不会对物价水平和名义GNP以及利率水平造成直接影响。这与本文中提到的结论是一致的。还有一种经济假说认为,在关于美联储会货币化政府债券的说法上,我们缺乏基本的理由。这种观点也与本文结论一致。

然而这里的观点转折是由汤姆·萨金特在他文中提出的——如果我们的真实税率降低了呢?本文中的结论表明,我们真的没有理由预期改变征税日期能够发挥很大的作用。这个结论正在逐渐被证实。如果政府现在没有削减支出，那么政府就会减少税收。不过，这个政策不会长久。

如果我们用一种简单的方式来理解它，那么赤字预测规模所能体现出来的真实债券量增长速度要比合理预测的真实经济增长率高出很多。如果我们对未来3～4年的赤字进行严格的预测，情况更会如此。不过，我们很难严格预测，这是另外一回事了。

如果我们能够一直坚持一种经济政策，这个政策算是一致性的政策吗？当然不算。如果政府债券总量的增长速度比经济增长速度高出很多，那么我们肯定知道，随着时间无限推移，相对于经济规模而言，政府债券量将会无限大，而政府支付的利息总额也将会无限大。因此，这种情况的极端情况就是，如果政府不断扩大债券发行量，那么全部的GNP最终会用于支付政府债券利息。这不是一种一致性的经济政策。这是萨金特的基本经济观点。

那么，我们会得到什么结论呢？我们还是可以得出一条结论的，即在经济中，我们必须得牺牲点什么。萨金特比较偏向让美联储"放弃"它的措施，并且他还表示，由于受通货膨胀的影响，这种做法还不算非常理想。米尔顿·弗里德曼更认为政府应该牺牲财政支出。但是，我们在经济中必须要"放弃"某些东西意味着目前的经济形势对下述的各种可能情况是不利的。

如果我们想降低税收，那么更好的做法也许就是让政府从现在起就削减支出，而不是坐等将来政府可能会削减税收。这样的结果就是，我们或许不会预测真实债券量大幅增加，而且可能也因为如此，人们不再担心美联储最后会将债券货币化。

本文的结论表明，站在经济表现的角度上讲，我并没有基本的理由来证实美联储会货币化政府债券。但是，如果政府实际上降低了所得税和企业税收，同时维持财政支出水平不变，那么政府必须通过发行债券来为其财政支出融资。政府通过增加真实债券量来进行财政融资，而且它的增长速度超过了经济的真实增长率，这种经济政策并不是一致性的，而且不会持续。

我认为，看看这种政策会导致何种结果还是蛮有意思的。本文中的经济模型或许从根本上就预测了美联储不会做任何让步的。一种可能的情况就是，政府在未来会提高税收；另一种可能就是，政府会削减支出。考虑到默里·韦登鲍姆说过现在政府并没有削减支出，所以政府将来会提高税收，看起来就比较合理了。

2

我们的经济现在处于拉弗曲线的什么位置？从政治角度考虑的一些问题

詹姆斯·M. 布坎南、德维特·R. 李

会议主持人凯勒赫：下面有请我们的演讲嘉宾詹姆斯·M. 布坎南和德维特·R. 李。两位嘉宾将探讨大家熟知的拉弗曲线的经济和政治意义。

拉弗曲线描述了税率和税收之间的关系。无论好坏，有些经济学家和分析专家已经把供给侧经济学和拉弗曲线画上了等号。有段时间，经济学家对拉弗曲线进行了分析，我们对供给侧经济学的某些不解和误读都与这个时期有关。

布坎南和李已经对税率和税收之间长期与短期关系的本质以及这种关系与政治观点之间的关联性做了一些非常具有原创性的研究。

布坎南从圣地亚哥州立大学获得了学士学位，然后又从圣地亚哥的加州大学获得了哲学博士学位。他曾在多所大学任教，最近一直在 Polytechnic Institute 任教。布坎南已经出版过多部著作，并在多种学术杂志上发表文章。

这里，我们将向大家讲述我们在研究税率—税收关系时取得的一些分析成果，大家都知道，这种关系指的就是拉弗曲线。现在，我们评估美国经济在拉弗曲线上的位置的时候，存在一些政治上的考虑。本文的目的就是想把我们的分析成果与这些政治上的考虑结合起来。

我们假设，征税基础的范畴是非常明确而且是唯一不变的，进而一代人或者这个征税基础只有一种统一的税率。在整个分析过程中，我们采用了需求理论架构。在这个架构中，我们把潜在纳税人作为征税基础的潜在"需求人"。有了征税的收入基础，当然有机会判断纳税人在劳动力供给中的表现，或者他们在扩大征税基础的其他经济要素供给中的表现。大多数有关纳税人反应的经济分析采用的是供给侧的经济思路。[1] 需求理论架构和供给侧理论架构是互补的。它们所描述的经济行为是一样的，而且结论也是一样的。不过，我们的需求侧方法让我们能够利用正统需求理论中熟知的经济主张。如果采用了供给侧方法，那么需求理论很容易被大家忽视。

我们的研究目的就是分析税率和税收收入之间可能存在的关系。如果征税基础对税率变化而言是一个不变的常数，那么两者之间将会存在非常直接的比例关系。在我们熟悉的马歇尔建立的分析坐标中，如果征税基础在可能的税率区间内的需求弹性为零，那么税率和税收之间直接的比例关系是存在的。[2]

在所有非极端的情况中，我们可以预测，在可能的税率区间内，征税基础的"需求曲线"会呈下降趋势，因而它所表现出的税率与税收之间的关系是非线性的。为了描述方便，我们采用价格（含税）和需求量之间的线性关系。拉弗曲线和价格—全部收入曲线完全类似。在最基础的价格理论关系图中，需求曲线是向右下方倾斜的。在整个需求量区间内，我们假设税前的价格保持不变。从这样的关系图中，我们可以衍生出拉弗曲线。在坐标图中，我们从零税率开始，然后保持税率逐渐递增，这样就可以画出一段税率和税收关系的曲线，在这段区间内，税收收入随着税率的提高而提高，并会达到一个最大值。当税率超过实现税收最大值的水平后，全部税收收入会随着税率的提高而减少，直到收入减少为零。

出于一种理性动机，政治家往往会在税率和收入呈相反关系的这段区间内做出决策结果。这是为什么呢？这里所说的政治家，指的可能是将收入最大化作为目标的利维坦式的国家，也可能是把全部财政收入用于公共物品融资的真正的政府部门。无论我们如何为这些政治家的目标函数建立模型，以便让税率超出实现税收最大值的水平，但好像没有一个合乎逻辑的理由。

通过采用需求理论的经济分析工具，并且经过认真分析，我们明白了为什么政治决策人可能会发现他们自己的决策正好处于拉弗曲线往右下降的区间内，而且他们还面临着如何走出当前境况的两难问题。经济行为调整期分为长期和短期两种。长期内的和短期内的税基需求弹性系数值，大家都比较熟悉，而且很早就知道两者之间的区别，但区分清楚两种弹性系数对本次分析至关重要。虽然在关于拉弗曲线的普遍研究中，时期之间的关系已经得到了确认，但至少据我所知，目前还没有人尝试通过拉弗曲线来阐明经济行为的影响。个人为了应对税率变化并调整其行为模式是需要时间的；机构组织为了将政府的政策调整彻底地变得具有可操作性也是需要时间的。但是，政府部门偏向的短期政策行为，其时间不足以满足上述两种时间的需求。如果政府在确定税率的问题上一直保持着理性，并在短期内将财政收入最大化，那么最终的政治均衡点很可能会出现在长期拉弗曲线向右下降的区间内。

2.1 政府模型

如果我们要解释如何才能达到税率—税收曲线下降区间内的一点，我们需要建立某种政府或者政治决策模型。我们在第 2.2 节会建立这种模型。在这个模型中，我们所明确的只是政府一直在追求额外的财政收入。[3] 注意，我们明确政府目标并非一定意味着政治人士和/或政府官员希望让私人—个人收益不受税收增加的影响。他们可能会这么做，也可能不会这么做。对政府官员而言，他们通过额外的税收收入或许只是为额外公共物品和服务或者转移支付等进行融资。

我们分析政府行为的经济模型，其第二个特点是强调时域观念。这里所说的时域观念与政府的税收决策息息相关。无论是在民主国家还是非民主国家，政府部门，就其本身而言，可能会存续非常长的一段时间；而政治决策人，就其本身来说，他的存续时间相对于政府部门而言比较短。虽然决策人制定的经济政策会导致收入流中的产权严重流失，但他们还是会拥有这部分产权。这也算是最好的情况了。因此，可以说，政治家们不会利用"合理的"贴现率（可能非常接近经济中私人资本投资的回报率）来计算未来时间全部税收总量的现值。政治决策人很可能采用比较高的贴现率水平，将税收收入的现值最大化。从概率论的角度来讲，决策人的这种做法反映出其政治时域长度。[4]

在给定政府模型的情况下，我们可以按照我们的分析方法说明税率—税收关系中的"政治均衡点"。为了方便阐述我们的观点，我们选择一个看上去比较合理的情形，即我们将税率—税收收入曲线的起点刻意地设置在了原点。从原点出发，我们允许政府提高税率（政府部门直接调控税率变量），但是不能超过每一单独时期内的给定水平。我们假设政治家的政策时域值不会超过每一单独时期的长度，而且这个政策时域不能满足纳税人完全适应税率变化所需要的时间。我们的这次分析提出了动态行为调整过程。在这个过程中，税率通过一系列分散的尝试最终达到均衡点。在本文中，我们假设所有的调整过程都向这个均衡点集中，而且该均衡点是稳定不变的。

2.2 几何解析

我们采用了一种非常简化的几何分析方法,如图 1a 和图 1b 所示。横坐标水平对应的是税前价格,对货币收入基础而言,这个价格只有 1 美元。我们截取了货币收入基础的长期需求曲线中的一段,如图 1a 中斜率较大的 D_L 曲线所示。前面我们特别说过,"长期"的含义就是纳税人在这段足够长的时间里可以调整自身经济行为以适应货币收入基础的税率,而在这些适应性调整行为之后,我们能够在制度上实现完全均衡。查尔斯·斯图尔特(Charles Stewart)曾发表关于瑞典税收结构的研究成果。他认为,至少对瑞典来说,这段时间的长度最长可能达 10 年。[5] 虽然我们在分析普通商品需求时也有短期和长期之分,但在分析征税基础的需求时,由于考虑税收的调整适应过程,所以短期和长期的区别显得更加重要。相对来说,潜在纳税人不太容易对货币收入基础的税收做出适应性调整,而政府部门偏偏喜欢对货币收入基础征税(其实,是正统的标准税收理论学家建议纳税人这么做的)。这至少对前面一句话提供了部分的解释。

同图 1a 所示的需求曲线(斜率较大)一样,我们在图 1b 中画出了另外一种曲率较大的曲线,其中,横坐标数字代表税收收入总量。该曲线有两个端点。第一个端点位于坐标原点(零税率),第二个端点反映出图 1a 中需求曲线的纵截距。在第二个端点上,税率已经达到异常高的水平,这样一来,如果纳税人有足够时间完成全部适应调整,那么征税基础的需求将不再存在。如果我们能把价格转为百分比,尽管这个纵截距有可能很容易降下来,或者甚至是超过 100%,但它仍可能非常接近 100%。

我们先从零税率—零收入的原点开始分析。在这种财政政策环境下,纳税人对征税基础的需求量为 $\overline{Q}$。这一需求量以下好像都可以征税。虽然政府想对这块合乎宪法规定的征税基础进行征税,但我们早已声明,税率必须从零开始分步逐渐增加,每次增加量最多为 T。当然,税率增长速度也可以比 T 值小。

在曲线初始状态下(零税率—零收入),政府如果持有短期时域观念,那么它不会面临长期需求曲线,如图 1a 中的 D_L 曲线所示,或者如图 1b 中的长期拉弗曲线 $LRLC$ 所示。相反,政府面临的税率—税收收入之间关系曲线将与政府自身规划的政策时域(贴现率)以及特定的历史均衡点(即零税率—零收入的坐标原点)相匹配。为了方便解释,我们只分析一种短期关系。我们采用的是两阶段调整模型:在第一阶段中,纳税人沿着短期需求曲线调整自己的行为;在第

图 1a

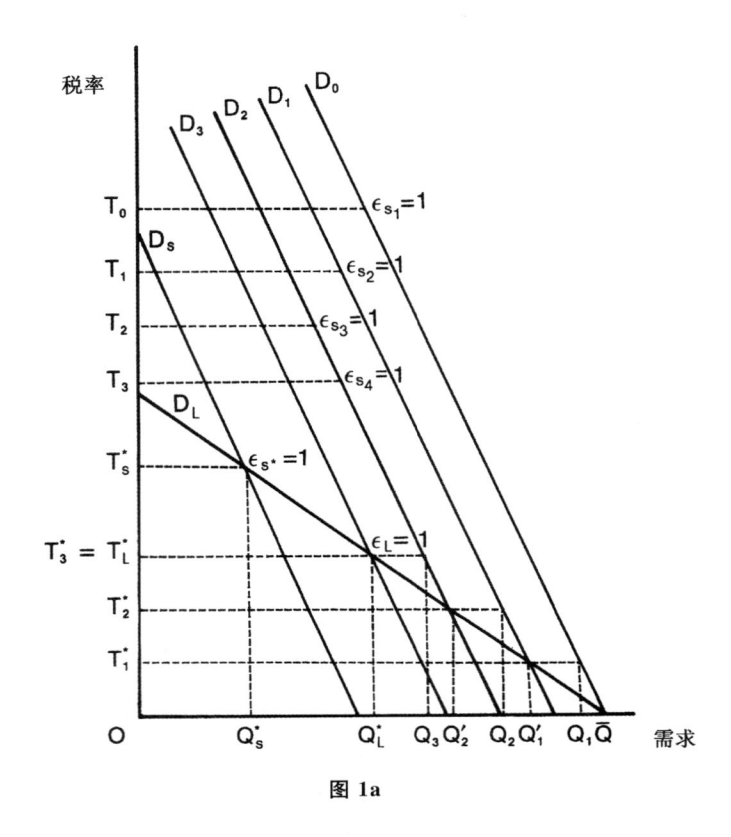

二阶段中，我们假设纳税人已经全部调整适应了新的税率。

从零税率—零收入的均衡点着眼，并结合纳税人从这个均衡点出发做出的适应性调整，我们可以得出短期需求的关系曲线，如图 1a 中的 D_0 曲线所示，其所对应的短期拉弗曲线如图 1b 中 $SRLC_0$ 曲线所示。注意，在图 1b 中有多条短期拉弗曲线（还有几条也许会画出），但在整个曲线区间范围内，$SRLC_0$ 曲线是其中唯一一条全部位于长期拉弗曲线外面的曲线。

政府将税率从零提高到 T_1^*（$T_1^* = \overline{T}$）后，可以充分发挥短期需求弹性小于 1 的可用优势，并期望能确保获得全部税收收入，即 $T_1^* Q$（见图 1a）或者是 R_1（见图 1b）。我们假设政府在第一阶段实现了全部预期；纳税人从行为上对税率提高立马做出的反应是沿着 D_0 曲线减少他们对征税基础的需求。不过，随着时间推移到第二阶段，纳税人的行为调整范围更大。根据我们的假设，纳税人会在第二阶段完成全部适应性调整。如果税率继续维持在 T_1^* 的水平，那么第二阶段的全部税收收入会是 $T_1^* Q_1' = R_1'$，这个值小于 $T_1^* Q = R_1$。

图 1b

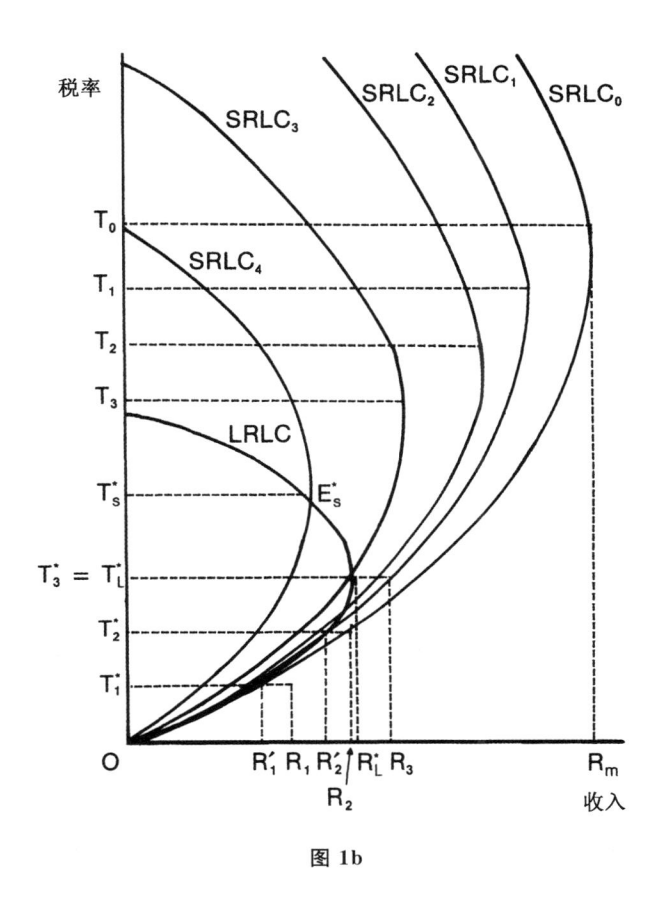

现在，我们开始分析政府第二轮提高税率的情形，即税率从 T_1^* 提高到 T_2^*。政府第一轮提高税率就是因为考虑到短期需求曲线缺乏弹性，之后的需求曲线也是如此。现在，第二轮税率提高的原因也是需求曲线缺乏弹性。同样，对税率从 T_2^* 提高到 T_3^* 的分析也是如此。注意，当纳税人完成了全部适应性调整后，政府部门如果考虑进一步提高税率，它将会再次面临一条短期需求曲线。虽然这条曲线和起点处的第一条曲线相似，不过，它穿过了长期需求曲线。这些短期需求曲线如图 1a 中的 D_1、D_2、D_3 所示，而它们所对应的短期拉弗曲线如图 1b 所示。注意，在任何大于零的税率水平上，当纳税人完成了适应性调整时，会存在一个税率水平，而政府相应面对的短期拉弗曲线在达到这个税率之前一直处于唯一的长期拉弗曲线下方；当这条短期拉弗曲线超过这个税率后，则一直处于长期拉弗曲线的上方。由于我们曾假设纳税人在一段时间内会对税率变动调整自己的行为，这种调整拖长了时间，因而短期和长期拉弗

一旦税率到了 T_3^*（或者是 T_L^*），政府就开始在短期拉弗曲线和长期拉弗曲线之间徘徊了。在这个税率水平上，如果政府希望扩大财政收入，那么它会抛弃原先规划政策时域，并在可允许的范围内提高税率。假设纳税人和机构已经全部调整适应了 T_3^* 税率水平。政府将会继续面临着短期需求曲线 D_3，相应的短期拉弗曲线见图 1b 中的 $SRLC_3$。在这段时期内，如果政府将税率提高到 T_3^* 水平以上，那么税收收入会立刻上升。虽然从长期来讲纳税人在 T_3^* 水平上能够实现全部适应性调整，而且政府也能够最大化税收收入，但是既然政府决策人规划的时域是有限的，那么政府理性的做法就是将税率提高到 T_3^* 水平之上。当税收或者收入对完全调整后的征税基础的需求弹性一致时，会产生一个税率水平，而政府部门会把税率提高到这个水平之上。

当税率提高到处于 T_3^* 和 T_S^* 之间时，短期和长期收入最大化的问题仍然存在。在 T_S^* 水平上，相应的短期拉弗曲线表明，短期税收收入最大化的点正好位于短期和长期拉弗曲线的交点上。在这一点上，如图 1b 中的点 E_S^* 所示，政府决策人没有任何提高税率的欲望，它们甚至把自己规划的政策时域只扩展到一个阶段而已。当税率超过 E_S^* 的水平时，好像我们并没有任何理性的适应性调整来将收入最大化，从而解释税率的提高。我们称这个点为"政治均衡点"。在这里，决定税率水平的人没有提高税率的欲望，而纳税人已经完全适应了现有的税率水平。

虽然政治均衡点处于长期拉弗曲线的向右下降的部分，但它仍然处于短期拉弗曲线收入最大化的水平上。在这个均衡点上，政府没有任何政治动机来提高或者降低税率。如果政府降低税率，那么在短期内会导致税收收入减少，但在长期又会增加税收收入。当前经济政策中关于降低税率所产生的经济效应的争论存在着两大对立阵营，而我们的分析模型很方便地为我们解释了两大阵营的立场。

有人认为，政府应该从来不会在拉弗曲线向右下降的部分做出政策抉择。也有人举例说明，政府降低税率确实会提高税收收入——他们肯定是从短期角度来分析的。另一方面，有人认为政府降低税率会在供给侧大幅刺激经济增长，足以提高政府的全部税收收入，这些人肯定是从长期角度来分析的，而且他们肯定认为初始税率水平处于 T_3^* 和 T_S^* 之间。任何供给侧方面的经济刺激，从其本身特性来讲，都属于长期的经济刺激。考虑到现代政治家们面临的优惠政策结构，我们从另一方面分析政府决策过程中的理性表现可能会以短期经济目标为导向。主张供给侧政策的人以及将税收收入最大化作为目标的政治家们可能都是对的。

2.3 纳税人的行为预期以及政府的税收立宪

说到这里,我们已经假设:纳税人面临政府施加给他们的税率,能够在短期和长期内积极地做出适应性调整。纳税人不会尝试预测政府的未来行为,也不会尝试在政府采取税收行为之前调整自己的行为。如果我们将纳税人的行为预期纳入进来,会给我们的分析结论带来什么样的变化呢?这是一个很有用的问题。

假如在模型中每一位纳税人都将政府的目标视为短期税收收入最大化。那么,纳税人做出的一系列行为预期会如何影响他们的适应性调整呢?答案非常简单。纳税人将预测到他们最终会归结到政治均衡点:假设实现均衡的条件保持不变。纳税人会预测,在这个均衡点上存在着一个税率,即短期需求曲线上的 T_S^*。虽然纳税人会从其他不同于 T_S^* 水平的税率上花费很长时间来完成全部的适应性调整,但他们仍会短时间内调整自己的行为来适应 T_S^* 的税率水平。与花费大量时间才能够实现政治均衡的分析不同,在这个模型中,纳税人可以很迅速地实现政治均衡点,正如2.2部分内容所述,这个均衡点有可能位于长期拉弗曲线向右下方倾斜的部分。

在政治均衡点上,政府决策人和纳税人作为一个整体将会发现他们处于进退两难的境地。如果政府降低了税率,而且税收收入也增加了。对两者而言,这是两全其美的事情。纳税人可以减轻额外的税收负担,而政府部门又能增加财政收入,以便支出。然而,想要走出这个困境可能非常困难。在预期的均衡点上,纳税人或许不能对税率降低做出彻底的适应性调整,因为他们会预计这种实现均衡的模式只不过是一种纯粹牺牲了自己的成本而不断重复出现的现象。除非政府让纳税人相信它的税率降低是永久的,否则政府无法通过降低税率把长期拉弗曲线往下移动,从而提高政府的税收收入。然而,由于纳税人假定政府部门的目标是实现财政收入最大化,所以他们不会预测到税率水平的持久性。在货币发行的垄断机构和现金或货币余额的持有人之间,也存在着一种两难困境。从很多方面来讲,这里所说的两难境地与它几乎一模一样。[6]

在这个存在行为预期的分析框架下,政府决策人和公共纳税人之间还是存在"交易互利"(mutual gains from trade)的。只要政府能够通过某种立宪形式承诺把税率水平降低到政治均衡点以下,并一直维持在这个较低水平上,那么这些收益还是可以保证的。政府通过一个货真价实的立宪承诺,囊括了税率或税收收入的上限，虽然这种做法或许看上去更有效率，但我们这里提到的政策两难困境为里根政府的税收政策提供了一种逻辑上的依据，所以它才坚持分成多年把税收削减下来，而不是一年一步到位。

2.4 政府收入的产出水平以及适应性调整所需时间

有人认为，1981年之前美国政府把税率提高到了非常高的水平，高到已经处于长期拉弗曲线向右下方倾斜的部分。我们不管这个说法是否合理，但在政府收入的产出水平以及适应性调整所需时间之间，肯定一直存在着某种可预测的关系。我们前面讲过，在某个税率水平上，全部的适应性调整已经完成。当税率高于这个水平时，无论政府在短期和长期内的收入是否提高；无论政府是否在短期收入提高，而长期收入减少；无论政府是否在短期和长期内收入都会减少；政府在短期内的收入—产出水平要比长期内的水平高。反过来讲，当税率低于这个水平时，无论政府在短期和长期内的收入是否都会减少；无论政府是否在短期收入减少，而长期收入提高；无论政府是否在短期和长期内收入都会提高；政府在长期内的收入—产出水平要比短期内的水平高。

关于税收政策方面，供给侧经济学方法主张政府降低税率。我们早先提到过，倘若政府仍然非常重视收入目标，那么这个主张一定是站在了长期角度。相对来说，倘若我们假设政府部门还没有误入其相应短期拉弗曲线向右下方倾斜的部分，那么可以说，一直以来，政府降低税率会在短期内减少政府的潜在收入。现在，我们面临一个或许非常关键的问题——"长期到底时间是多长？"在长期内，纳税人和机构组织会完成全部的适应性调整，如果我们从这个角度来解释，那么这段时间或许确实有点长，可能会是几十年。如果是这样的话，那么或许我们需要一个针对征税基础相对比较低的税率，才能在一个可持续征税的基础上实现最大化的税收收入。实际上，在考虑政府政策时，有些中间阶段是非常重要的。因此，从这个方面来讲，我们的两阶段模型可能过于约束了。

中间阶段为适应性调整提供了时间。我们在图2中用简单的几何形式归纳了中间阶段的重要性。我们假设前期税率为 T，而且个人早已经调整了其行为模式并适应了这个税率。在这个税率水平上，政府实现的总税收收入为 R。我们假设，现在政府把税率降低到 $T-\Delta T$ 水平。在一个非常短暂的时间里，纳税人无法调整其行为模式来适应这种税率变动。因此，政府的税收收入会同比例地减少，而且这个幅度也是最大的。描述这种短期内税率—收入关系的是一条穿过起初均衡点和坐标原点的直线。如果我们将纳税人和机构组织进行适应调整的时间因素考虑进来，那么，政府的税收收入会有所提高，如图 2 中税率—收入曲线簇（拉弗曲线）中其他曲线所示。举个例子，如果我们将中间阶段设定为半年，那么纳税人的行为表现沿着的拉弗曲线是 S_1；如果中间阶段为一年，拉弗曲线为 S_2；如果是两年，拉弗曲线为 S_3，以此类推。或许，我们再打个比方，S_6 曲线或许表明这条曲线上的纳税人的表现只适用于非常长的调整阶段，比如 20 年。

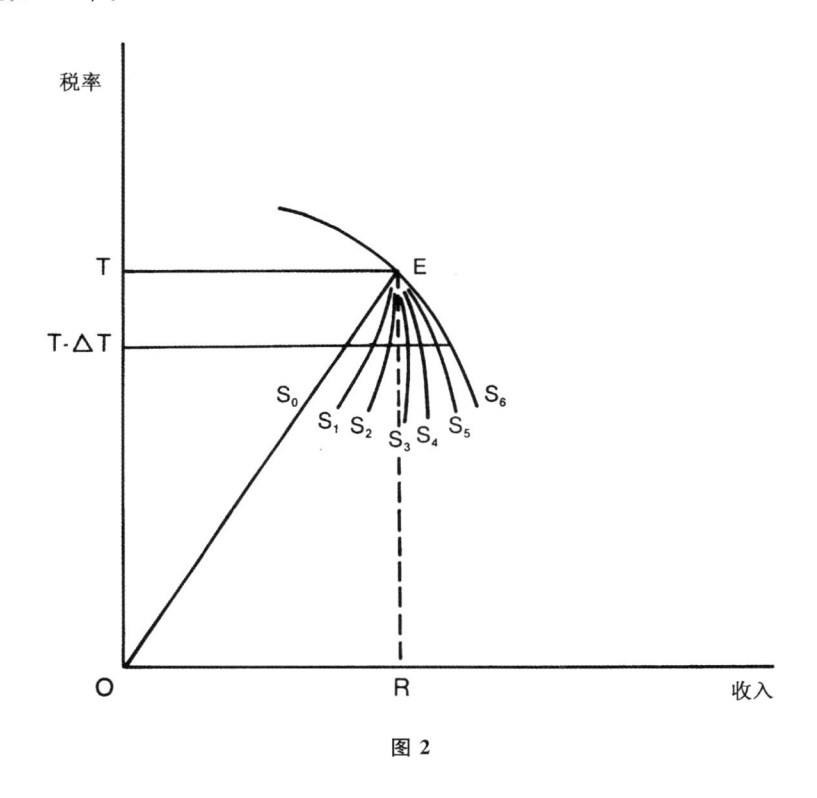

图 2

如果我们确认纳税人对税率降低的反应曲线是很有必要的，显然，我们对税率降低对政府税收收入总量的影响很难做出有价值的预测。有人认为政府降低税率肯定会减少政府的收入，那么他们现在会断言说，无论适应性调整的时间有多久，税率和收入之间不可能存在正相关的关系。然而，如图 2 中 S_6 曲线所示，在均衡点 E，这条长期拉弗曲线开始出现在垂直线的左侧。有人认为政府降低税率肯定会增加政府收入，然而，他们不会提到两者之间在极短时间内的关系；他们肯定考虑的是要留给适应性调整足够长的时间。现在，他们断言，给定了这个长期的调整时间，曲线会从均衡点 E 处开始向外凸出。[7]

2.5 结论

我们想要做出一份有价值的实证研究，一个必要的而且是最基本的要求就是分析框架应该条理清晰。1981年美国财政政策状况是否与图1b中的均衡点E_s相似呢？里根政府正是以这个潜在的前提条件为基础，大力推行税收政策。现在，已经有很多经济学家针对这个前提展开了争论。然而，我们的分析表明，无论是哪一边的观点，我们或许都很难找出实证证据。

虽然我们在要素投入弹性方面拥有众多的实证证据，但是这对判断税率降低对政府收入的长期作用并无决定性影响。比如，唐·富勒顿（Don Fullerton）曾尝试阐明这种长期作用。当时，他做了13份劳动力供给弹性的实证研究。[8] 然而，在这13份研究中，除2份之外，其余全部是横截面数据。在这种数据环境中，任何关于适应调整完备性的估计模型都不会得出什么结论。这13份研究的估计结果是根据以下现实得出的，即劳动报酬的变动没有得到补偿。在这些大部分的研究中，如果我们研究的是特定劳动细分市场对劳动报酬变动的反应，那么刚才这句话就比较合理了。然而，当我们要分析整体税率变动的影响时，肯定要对整个劳动力市场进行估计。因此，如果我们想要估计整个劳动力市场对劳动报酬变动的反应，那么更合理的做法就是假设至少存在一些对劳动报酬变动的补偿。劳动者虽然会因税率降低而受益，但是政府服务所带来的福利减少却抵消了这部分受益。同样，即使政府提高了税率，导致劳动者出现损失，但政府服务所带来的福利增加却能弥补这部分损失。[9] 当闲暇成为一种正常商品时，如果我们忽视了政府服务的这种抵消作用，其实也就低估了劳动力的供给弹性。

事实上，投入要素的供给弹性整体会比产出弹性小很多，而产出弹性才是我们最终关心的问题。劳动报酬增加所产生的积极影响或许主要就是刺激劳动生产效率，而不是鼓励劳动者延长劳动时间。额外增加的劳动报酬能扩大人力资本规模，从而引发产出效应。但是，劳动供给弹性并没有提高产出效应水平。存量不断增加的人力资本和实物资本之间存在一种互利共生的关系，两者之间的相互作用能够进一步巩固加强这种产出效应。

关于投入要素弹性的实证研究，我们仍然有很多工作要做。这不仅需要我们对长期投入要素弹性（这里的长期有可能至少长达10年）进行估计，而且还需要我们将各要素的弹性纳入分析模型中。通过这个模型，我们可以确定各投入要素在已知产出水平的实现过程中的弹性之间存在的动态相互作用和反馈。

在本章节,我们提出的分析方法不仅对质疑拉弗曲线的人而且还对支持拉弗曲线的人都提出了挑战。

注释

作者注:感谢我的同事对本文早期初稿的建议良言,他们是杰弗里·布伦南(Geoffrey Brennan)、尼古拉斯·泰德曼(Nicolaus Tideman)、罗伯特·陶利森(Robert Torrison)以及戈登·塔洛克(Gorden Tullock)。

本部分简要版论证内容可参见我们的注释——"政治学、时间以及拉弗曲线",《政治经济学杂志》(Journal of Political Economy),1982年9月。

1. 专门探讨拉弗曲线关系的文章,请参阅唐·富勒顿的"关于税率和政府收入之间存在负相关关系的可能性研究",1980年4月国家经济研究局工作论文第467号。

相比之下,杰弗里·布伦南和詹姆斯·布坎南在他们的新书中利用了一个需求理论框架,并将其贯穿于他们的理论分析中。详细内容请参阅他们的著作《征税的权力》(The Power to Tax)(剑桥大学出版社,1980年)。

2. 在我们的分析框架中,不管商品是单一的,比如"啤酒",还是纳税人有可能用税后收入购买的一揽子商品和劳务,征税基础指的都是最终消费"商品"的金额,而我们分析的税率直接与这种税收基础挂钩。这样一来,我们不仅可以将税率很方便地转换成税前价格的一个增量,而且还可以直接利用正统的需求分析方法。不过,请大家注意,所得税的"标准税率"是对税基产生过程的征税税率,所以这种税基是含税的,而我们分析框架中的税率与"标准税率"不同。举个简单的数字例子,假如1单位某消费品的税前价格为1美元,税率为10%,那么,根据我们的分析框架,该消费品的税前价格相当于要增加10美分。为了能够实现最终消费品的1美元价值,纳税人必须要有1.1美元的含税收入。如果按照"标准税率"计算,想要实现10美分的税收,这个税率得达到9.09%。因此,可以说,我们分析框架中10%的税率和含税税基9.09%的税率所产生的税收是一样的。

根据我们的分析框架,税基产生过程中的方差、净税收方差意味着税率、税基产生过程以及明确的税收总量之间存在正相关关系。概括地讲,也正如本文所表明的,税基和净税收的需求函数在所有的变化区间内都是没有弹性的,这就意味着税率、税基和税收总量之间存在着正相关关系。因此,可以说,区分我们的税率和"标准税率"是很重要的,因为这涉及税率变化的影响测算角度。

3. 我们还在一篇论文中提出了一个更加综合性的政府模型。其中,税率在政府效用函数中是一个负面变量。论文名为"政治均衡中税率和税收的简要分析"(Tax Rates and Tax Revenues in Political Equilibrium: Some Simple Analytics),目前尚未出版。

4. 对决策人自身还有他们的选民而言,由于"政治资本"(political capital)不具备市场销售特性,所以政治决策人时域观念的重要性开始显现。政治决策人在执政期间将整个财政系统内的现值达到最大化,那么,在结束执政的时候,决策人不会像他的企业伙伴那样轻易地将自己努力积累的成果拱手相让。决策人要满足选民们的需求,因为这决定了他执政生涯的长度。他的选民通过理性规划做出的长期"投资"促进了"稳健金融体制"的资本价值。与决策人一样,他们也不想把这些资本价值低价出手。

5. 请参阅查尔斯·斯图尔特(Charles Stewart)的文章"瑞典税率、劳动供给和税收"(Swedish Tax Rates, Labor Supply, and Tax Revenues),隆德大学经济系,《信息》(*Meddelande*),1979:64。

6. 关于货币垄断困境的更多讨论,请参阅杰弗里·布伦南和詹姆斯·布坎南的《征税的权力》(*The Power to Tax*)(剑桥大学出版社,1980年)第6章。如果想要了解入门内容,请参阅他们的另一本著作《货币垄断和通胀》(*Money Monopoly and Inflation*)(伦敦:经济事务研究所出版,1980年)。

7. 我们从量价均衡点处延伸出的一组扇形需求曲线在教科书里是用来阐述不同时期内需求弹性的,而图2中的曲线簇就是从这组扇形需求曲线中推导出来的。如果想要找个例子,可参阅米尔顿·弗里德曼的《价格理论》(*Price Theory*)(芝加哥:阿尔定出版社,1976年)第16页。

8. 唐·富勒顿,"关于税率和政府收入之间存在负相关关系的可能性研究",1980年4月国家经济研究局工作论文第467号。

9. 关于该观点的理论探讨,请参与艾萨尔·林贝克(Assar Lindbeck)"劳动供给方面的税收效应和预算效应的对比分析",1980年7月瑞典斯德哥尔摩国际经济研究所研讨会论文第148号。

3

边际税率、避税以及里根政府的税收削减

詹姆斯·G. 格沃特尼、理查德·斯特鲁普

  会议主持人凯勒赫：本部分第三节由詹姆斯·G. 格沃特尼和理查德·斯特鲁普撰写。两位作者在供给侧经济学的统计数据和诸多问题方面做了大量研究。比如，边际税率在某些时期内波动非常大，针对这些时期以及期间内税收负担发生巨大变动的方式，詹姆斯·格沃特尼和理查德·斯特鲁普做了大量研究。此外，他们对避税问题也做了研究。他们目前正在著书探讨这些话题。

  格沃特尼从渥太华大学获得学士学位，之后又从华盛顿大学获得了哲学博士学位。现在，他在华盛顿大学和佛罗里达大学执教。理查德·斯特鲁普现任内政部政策分析办公室主任，曾在蒙大拿州立大学、佛罗里达州立大学、西雅图大学和华盛顿大学执教。

  关于美国市场的现状，格沃特尼和斯特鲁普已经合出过一本有关经济学原理的畅销书——《私人和公共选择经济学》。除了这本畅销的经济学教科书外，他们在一些学术杂志上还发表过不少论文。

  过去，宏观经济学家常常忽略税收的供给侧效应。税率除了影响可支配收入外，还会改变相对价格水平，进而影响个人工作、投资、储蓄、高效利用资源以及避税的积极性。额外收入在税收和留给个人消费资金之间的分配比例是由边际税率决定的，所以边际税率显得尤为重要。当政府提高边际税率时，个人所持有的收入会越来越少。

3.1　1965～1980年间的税率提高

美国政府在1964年削减了税收之后就开始了长期的扩大政府支出和提高税率政策。在此期间,美国政府通过立法提高了社会保障税;此外,通货膨胀以及随之而来的"税级攀升"导致个人所得税提高。这两种现象是导致政府提高税率的重要原因。1965年,在劳动者个人所得中,收入4 800美元征收3.625%社会保障就业税,最多缴纳的税额为174美元。到1982年,个人所得中的32 700美元需要缴纳6.7%的社会保障就业税,也就是每人最多缴纳2 191美元的税额。即使我们用1965年的美元折算这个税额,得出的结果仍然比1965年的税额至少高出4倍。

虽然美国政府公开提高了社会保障税率,但是个人所得税税率并没有出现明显的提高。尽管通货膨胀没有改变个人的真实收入,但是却提高了个人的货币性收入。考虑到我们的所得税在逐步提高,个人实际收入虽然没有发生变化,但却被划入更高级别的边际税率档次。因此,即便纳税人的收入经过通货膨胀调整之后没有发生变化,但他们的平均税率水平和边际税率水平却因通货膨胀而提高了。

表1　个人所得税平均税率增长统计(1965～1978年)

年份	联邦所得税			其他税收		
	调整后的总收入(10亿美元)	所得税收入(10亿美元)	所得税收入占总收入之比	州政府和地方政府所得税(10亿美元)	社会保障就业税(10亿美元)	所得税和就业税占总收入之比
1965	429.2	49.5	11.5	4.4	29.4	19.4
1970	634.3	83.8	13.2	11.1	57	23.9
1975	947.8	124.4	13.1	22.8	108	26.9
1977	1 158.5	158.5	13.7	30.9	139.5	28.4
1978	1 302.4	188.2	14.5	35.5	161	29.5

数据来源:《个人所得:个人所得税申报统计》,美国国税局;《政府融资纪实和数据》,税收基金会,1981年(表11和表147)。

表1描述的是1965～1978年政府税收占调整后纳税人总收入(adjusted gross income)比例的增长趋势。这些数据涵盖了1965～1978年联邦政府所得税收入、州政府和地方政府所得税收入以及社会保障就业税收入。这些税收所占调整后总收入的比例,在1965～1978年间,从19.4%提高到了29.5%。在整个期间内,这个比例水平一直保持增长趋势。

表 2　　　　　　　　　1965 年后一对典型劳动夫妇面临的边际税率

年份	制造业平均周工资美元	二人综合周收入美元	二人到手周收入美元	总税额[a]	平均税率	边际税率组成明细			
						联邦税率	加州税率[b]	社会保障税	边际税率
1965	108	335	289	1 152	13.70%	19%	1%	3.625[c]	23.60%
1970	133	335	279	1 735	16.7	19	3	4.8	26.8
1975	191	348	282	2 825	19	22	4	5.85	31.85
1980	289	345	273	4 721	20.9	24	5	6.13	35.13

注：假设该对夫妇其中一人拿的是制造业平均工资，另一人则为对方的一半。这就是夫妇二人的收入组成。他们有两个孩子，并且接受标准税收减免办法。我们的预测借鉴了 1981 年报业协会（纽约）的《1981 年世界大事年鉴》、1981 年纽约麦克米伦的《咨询年鉴》以及其他税收形式。

[a] 夫妇二人的总税额（联邦所得税，加利福尼亚州所得税，社会保障税）。

[b] 在加利福尼亚州，联邦税收是不允许从州所得税中扣除的。联邦所得税、州所得税的减免标准以及加州税收豁免或优惠标准如下：

年份	联邦	加州	豁免/优惠
1960	2 400 美元（每人 600 美元）	1 000 美元（每次联合报税）	4 200（夫妇 3 000 美元，个人 600 美元）
1965	2 400 美元（每人 600 美元）	1 000 美元（每次联合报税）	4 200（夫妇 3 000 美元，个人 600 美元）
1970	2 600 美元（每人 650 美元）	1 500 美元（每次联合报税）	66（加州政府将豁免调成了优惠）
1975	3 000 美元（每人 750 美元）	2 000 美元（每次联合报税）	66（夫妇 50 美元，个人 8 美元）
1980	4 000 美元（每人 1 000 美元）	2 580 美元（每次联合报税）	84（夫妇 64 美元，个人 10 美元）

[c] 1965 年，高收入者不会面临边际社会保障税。

表 2 描述的是政府提高税率对一个典型劳务家庭（育有两个孩子，居住在加利福尼亚）的影响。我们假设，夫妇中的一人按照制造业平均工资标准领取工资，另外一人在 1 年内领取上述一半的工资。我们对这段时期内该夫妇的收入进行价格上涨的调整后，发现在 1965～1980 年间这对夫妇加起来的真实总收入只增长了一点点。即便如此，这对夫妇的税收负担（联邦所得税和工资税以及加州所得税）仍然保持稳步增长。相比 1965 年的 13.7% 的税率，截至 1980 年，该夫妇的平均税率水平早已达到 20.9%。对该夫妇的积极性影响更大的就是边际税率的提升。1965 年的边际税率是 23.6%，到了 1980 年，则跳到 35.13%。如数据所示，20 世纪 60 年代中期至今，美国政府一直在大幅提高税率水平。

3.2　税率提高和避税

关于边际税率和劳动时长之间的关系，经济学家至今已经做了很多研究工作。总的来说,这些研究表明,政府提高边际税率会减少员工的工作时长。这种负作用对男性户主的劳动力而言相对较小,但是对女性以及其他非家庭主要收入来源的劳动力来说就非常明显。

此外,有理论认为,政府提高边际税率将影响劳动者的生产能力,而不是对他们的工作时间造成影响。劳动者通过提高生产能力从而提高可征税的小时收入水平。然而,政府提高边际税率会降低劳动者提高生产能力的积极性。因此,劳动者改变或接受新增任务、接受新培训内容或者参与提高技能活动等各方面的积极性会降低。他们只是希望通过某种方式来提高加薪的几率。因此,税率对工作时长的影响,虽然对我们的分析很有用,而且也很方便观测,但却很显然地低估了它们对劳动者生产能力和有效劳动供给的全部负面作用。

我们前期研究的重点一直是劳动供给,但现在我们认为,很多时候,我们一直忽略了高水平边际税率法则的另外一个非常重要的负面影响——避税。如果边际税率较高,那么个人会因此愿意放弃回报率更高的项目,同时选择可以避免当前收入所得税的项目,但这样做会减少避税所带来的收益。合法的避税措施主要有以下两大类:(1)第一种避税措施是指在短期内导致个人账面损失,但却能在未来产生资本收益;(2)第二种避税措施就是允许个人参加一些娱乐性活动或者购买称心如意的消费品,并把这些支出作为一种经营成本。

现在,人们还没有普遍认识到通过"娱乐性商业活动和消费活动"来避税。曾经有评论说,如果我们想少缴税,那么我们应该弄清楚自己最喜欢做的事情是什么,然后把这件事转化成一种商业活动。[1]这种娱乐性的商业活动有很多,比如打高尔夫球、滑雪、集邮、旅行、奢侈品升值收藏等数百个种类,但无论是哪一种,我们可以肯定的是已经有很多人靠经营这种活动来发家致富了。倘若一个人喜欢做一件事情,通常他/她总会找到一种办法把这件事情商业化。因此,在享有税收减免优惠的经营性娱乐活动上,我们在扩大支出的同时还是有能力为自己更多的收入找到避税出路的。

假如避税行为只是简单地将资源从一个经济部门转移到另外一个经济部门,同时又不会改变经济效率,那么我们没有理由去担心什么。然而,事实并非如此。如果我们在税前比较投资项目的税前成本时发现项目并不盈利,但是仍然会被我们采纳,其原因就是这些项目不仅具备避税功能,而且还能产生收益。对于享受税收减免优惠的商品或劳务而言,它们的价值要比其税前价格低,所以经济中的个人可以购买这种类型的商品或劳务。会计师、律师和理财师被捆绑在一起提供商业化服务,并指导我们的投资,之所以如此,并不是因为他们可以为客户提供物美价廉的服务,而是因为他们可以为投资型纳税人提供避税收益。扭曲的相对价格水平和成本费用导致避税行为的出现,这是我们所能容忍的底线。现在,各种资源正在从高生产率的领域流向低生产率的领域,结果造成了经济资源的浪费以及真实收入总量的降低。

3.3 避税和美国国税局的税收报损

测量避税程度就像测算地下经济规模一样,很难做到。[2]但是,我们还是可以把控住避税大趋势的。纳税人如果采取了避税措施,经常在商业活动和项目投资中出现当前损失——这种损失会减少他们当前的税额。纳税人在进行商业决策时,尽管事后才知道存在收益,但是如果决策不够谨慎,会带来意料之外的损失,而纳税人的避税行为也会产生一些可预见的损失。从纳税人商业活动和项目投资活动的会计损失中,我们可以看出这两种损失的影子。如果纳税人提高避税力度,那么我们预计美国国税局在商业活动和投资活动领域会出现会计报损。

大家最为熟知的避税方法会给美国五大税收板块造成税收损失。这五大板块分别是资产租赁、商业经营以及职业事务所、农业、合伙经营和小规模企业公司。有人认为,虽然纳税人通过投资折旧性资产可以在未来实现资本收益,但是却在当前承受一定的会计损失。尽管纳税人知道这一点,但如果仍然选择投资折旧性资产,那么他们中出现租赁收入报损的人数比例将会提高。冒险性商业活动不但可以免去纳税人购置商业性商品和劳务的成本,而且还能为纳税人提供避税功能。如果纳税人这么做,那么他们中从事小规模企业公司经营、商业经营以及职业事务所、合伙经营以及农业的人出现会计报损的比例将上升。

房地产投资、设备租赁(比如飞机、计算机、卡车、铁路车厢、内河驳船或者X光机)以及油气开发等活动常常采用有限合伙的经营模式。快速折旧、借款以及早期垫付的成本等会导致有限合伙人的收入遭受损失,但他们期望在项目到期时有一笔资本性收入。因此,有限合伙模式让他们认为自己会从收入损失中"收益"。当然,这种类型的项目意味着纳税人会增加报税金额,同时也表明合伙经营所产生的收入损失。

避税措施肯定会产生一定的成本,主要涉及组织机构的确立、参与和/或监控的时间成本以及风险等。如果边际税率比较低,纳税人通过比较避税的成本—收益,认为避税是不值得的。然而,当边际税率提高时,避税的好处就放大了。因此,经济学理论认为,当边际税率提高时,会有更多的纳税人选择避税。

3.4　1966～1978年的避税增长趋势

假如边际税率提高能够产生刺激性作用,那么在1965年以后,由于美国的边际税率水平一直处于上升渠道,所以纳税人应该在承受收入损失的同时缴纳越来越多的税金。现在,有几个问题把我们的假说检验变得更为复杂。第一个问题,在1964年美国政府削减税收后的15年中,很多经济变量出现了巨大变化。随着"二战"后出生在婴儿潮时期的一代人步入成年期,美国个人报税单数量出现了急速增长,尤其是年轻人的报税单数量。第二个问题,女性劳动力人口增加使领工资的人群出现多元化,从而扩大了报税单数量。第三个问题,离婚率上升,而且离婚人口的年龄结构也发生了变化,这扩大了单身人群的报税单数量。

表3　联合报税比例表明1966年、1969年、1973年和1978年各年资产租赁、商业经营以及职业事务所、农业、合伙经营和小规模企业公司五大板块存在收入净亏损

	1966年	1969年	1973年	1978年
联合申报税单数量(千)	40 154.8	42 724	43 645.2	44 483.3
存在净收入损失的联合申报税单				
数量(千)				
资产租赁	1 802.8	1 923.2	2 095	2 454
商业经营以及职业事务所	770.1	954	1 289.8	1 624.7
农业	877.2	1 016.5	1 067	1 192.8
合伙经营	343.3	432.6	669.5	899.3
小规模企业公司	73.6	115.4	147.9	208.9
百分比				
资产租赁	4.48	4.50	4.80	5.52
商业经营以及职业事务所	1.92	2.23	2.96	3.65
农业	2.18	2.38	2.44	2.68
合伙经营	0.85	1.01	1.53	2.02
小规模企业公司	0.18	0.27	0.34	0.46

数据来源:国家税务局,《个人所得:个人所得税申报统计》(年度)。

为了让以上三种扰乱因素的影响最小化,我们分析的重点首先是夫妻共同

报税单。表3中列出了1966年、1969年、1973年和1978年四个年份中，在商业活动和项目投资活动中纳税人出现收入报损的比例。在这段时期内，夫妻共同申报税单比例大幅提高，表明我们所分析的五大税收板块出现了收入损失。夫妻在租赁活动中的收入损失体现在夫妻共同申报税单上。1966年，这块税金约占总申报税金的4.48%，而到了1978年，这个比例提高到5.52%。从事商业经营以及职业事务所服务的夫妻，他们的共同报税单占总报税单的比例在1966年为1.92%，到1978年，则上升至3.65%。同样，从1966年到1978年，凡从事农业、合伙经营和小规模企业公司经营的夫妻，他们的共同报税单所占总报税单的比例均呈现出大幅增长趋势，而共同报税单反映出他们的收入损失。

表4则列出了夫妻收入报损与调整后总收入之间的比例水平。虽然相对于调整后的总收入，夫妻的收入损失非常小，但是五大板块每一个都出现了收入损失。1966年五大板块收入损失之和约占调整后总收入的1.74%，而到了1978年，这个比例跳至3.12%。

表4 1966年、1969年、1973年和1978年各年资产租赁、商业经营以及职业事务所、农业、合伙经营和小规模企业公司各自收入净亏损所占联合报税基础，即占总收入（调整后）的比例

	1966年	1969年	1973年	1978年
联合申报税单数量（千）	40 154.8	42 724	43 645.2	44 483.3
调整后总收入（10亿美元）	367.63	472.41	632.53	947.13
联合申报税单中存在的净损失（10亿美元)				
资产租赁	1.43	1.80	2.76	6.30
商业经营以及职业事务所	1.65	2.2	3.34	6.4
农业	1.72	2.3	3.67	6.59
合伙经营	1.15	2.02	4.94	7.93
小规模企业公司	0.44	0.64	1.09	2.33
合计	6.39	8.96	15.80	29.55
净损失占调整后总收入之比（%)				
资产租赁	0.39	0.38	0.44	0.67
商业经营以及职业事务所	0.45	0.47	0.53	0.68
农业	0.47	0.49	0.58	0.70
合伙经营	0.31	0.43	0.78	0.84
小规模企业公司	0.12	0.14	0.17	0.25
合计	1.74	1.90	2.50	3.12

数据来源：国家税务局，《个人所得：个人所得税申报统计》（年度）。

有人或许会问,在1964年政府减税之后,这些关于收入损失的数字是不是只反映出越来越多的人选择了某些特定的商业组织形式。表5中的数据让我们更方便地单独考虑五大板块出现的收入损失扩大现象。

表5　1966年和1978年五大板块中净损失和净收益的纳税申报单对比

板块	申报税单数量(千) 1966年	申报税单数量(千) 1978年	存在净损失的税单百分比 1966年	存在净损失的税单百分比 1978年
资产租赁	6 229	6 934.1	35.9	46.9
商业经营以及职业事务所	5 908	8 178	15.9	24.8
农业	3 009	2 685	33.6	50.8
合伙经营	1 879	2 819	22.5	38.2
小规模企业公司	305	633	27.1	37.3

数据来源:国家税务局,《个人所得:个人所得税申报统计》(1966年和1978年)。

从表5中,我们可以看到出现净收入损失的报税单数量和出现收益或损失的报税单数量以及前者所占后者的比例。1966年出现租赁收入损失的报税单约占出现租赁收入(盈利或亏损)的总报税单的35.9%。1978年,这个比例上升至46.9%。其他板块中出现净收入损失的报税单的比例也呈现出同样的增长趋势。在1966年的商业活动和职业事务所服务的收入(盈利或亏损)报税单中,有15.9%出现了损失,而到了1978年,则上升至24.8%。在农业、合伙经营和小规模企业公司经营中,越来越多的报税单出现收入亏损而不是收入盈利。

表6列示了五大收入板块中净收入亏损与净收入盈利的比例。1966～1978年,每个板块中的净收入亏损与净收入盈利的比例水平提升得非常快。1966年,租赁性收入亏损仅占租赁性收入盈利的40.1%。到1978年,这个比例达到71.4%。商业活动和职业事务所服务的净收入亏损占净收入盈利的比例,从1966年的6.9%提高到1978年的12.8%,几乎翻了一番。1966年的农业收入亏损占收入盈利的比例为32%,到1978年升至67.7%。比例变动水平最大的是合伙经营板块。1966年,合伙经营中的净收入亏损仅为净收入盈利的11.2%;1978年,这一比例升至38%。同样,来自小规模企业公司的收入亏损占其收入盈利的比例在1966～1978年几乎翻了两番。从表6中可以看出,从整体上讲,1966年五大板块的净收入亏损总量约占净收入盈利的14.2%,到1978年则提高至31.2%。1978年,五大板块收入亏损大约占收入盈利的1/3。

表 6　　　　　　　1966 年和 1978 年五大板块中净损失和净收益的对比

板块	1966 年申报单			1978 年申报单		
	净收益 (10 亿美元)	净损失 (10 亿美元)	损益比 (%)	净收益 (10 亿美元)	净损失 (10 亿美元)	损益比 (%)
资产租赁	4.36	1.75	40.1	10.98	7.84	71.4
商业经营以及职业事务所	28.14	1.95	6.9	61.41	7.87	12.8
农业	5.99	1.92	32.1	11.03	7.47	67.7
合伙经营	12.08	1.35	11.2	24.24	9.22	38.0
小规模企业公司	1.66	0.46	27.7	5.06	2.75	54.3
合计	52.23	7.43	14.2	112.72	35.15	31.2

数据来源：国家税务局，《个人所得：个人所得税申报统计》(1966 年和 1978 年)。

20 世纪 70 年代(以及 20 世纪 60 年代末)，美国政府提高了税收级别和边际税率，这让很多人开始选择从事商业活动和项目投资活动。然而，若非因为可以从项目活动中获得避税性收益，否则他们是不会从事这些活动的。五大板块每一个板块中出现收入亏损的报税单数量每年都在稳定增长。此外，净亏损占净收益的比例也在不断提高。当高边际税率刺激了个人，让其将高价值且具备其他用途的资源用来避税时，我们可以预计上述趋势。

3.5　里根政府税收削减政策的影响

里根政府的税收计划会减少流向避税用途的资源数量吗？不好意思，"可能不会"。国会曾为了一些特殊利益群体，像拥有赛马的有钱人和商人，增添了一些法律内容，以便为他们提供税收优惠待遇。新的法律中添加了租赁条款，这会让更多人青睐作为一种避税技术手段的租赁活动。资产账面价值折旧越来越快，尤其是房地产，这将使更多人选择利用折旧资产作为避税手段。

然而，人们不太相信 1981 年的政府立法能够减少避税行为。其主要原因在于，大部分人认为这项立法不会降低他们真实收入的边际税率。如果里根政府没有出台税收计划，那么 1981~1984 年的税率水平要比现在低很多。但是，这段时间的税率可能与 1980 年持平，或者高出一点。从本质上讲，里根政府"减税"措施的效果被税级攀升和社会保障税提高等抵消了。

表 7 中的数据说明了这一点。在 1977 年、1980 年、1982 年以及 1984 年中，一个育有两个子女、夫妻双职工共同报税的美国家庭，其所面临的经过税级攀升调整之后的平均税率和边际税率如表 7 所示。假设夫妻中一人的收入为另一人收

入的一半,税率包括联邦个人所得税和就业税(仅针对职工),1980～1984 年的通货膨胀率为 8%,收入水平按照 1980 年美元计算,范围则是 20 000～80 000 美元。

表 7　　　　1977～1984 年间双职工的四人家庭所面临的平均税率、
　　　　　　 边际税率(仅考虑联邦所得税和社会保障税)

调整后总收入(美元) (以 1980 年的美元购买力为基础)	1977 年	1980 年	1982 年	1984 年
	平均税率(%)			
20 000	10.57	11.27	13.36	13.13
40 000	16.13	19.00	19.53	18.78
60 000	19.62	23.29	23.56	22.26
80 000	23.23	27.1	26.87	25.07
	边际税率(%)			
20 000	24.85	24.13	25.7	24.7
40 000	33.85	38.13	39.7	39.7
60 000	41.85	49.13	50.7	44.7
80 000	45.00	49.00	55.7	48.7

注意:上述计算基于以下假设,夫妇二人联合申报纳税,所有收入均为工资收入。一人的收入为另一人的一半。纳税人要填写免税金额或者逐条列清楚减税部分,总金额为收入的 23%,其中,收入指的是二人中较高的收入。我们还假设 1980～1984 年的通货膨胀率为 8%。

　　整体上讲,1982 年的平均税率比 1980 年高一点,但明显高出 1977 年卡特担任总统时的平均税率。边际税率整体上差不多。家庭联合收入(按 1980 年美元计算)为 20 000 美元、40 000 美元、60 000 美元和 80 000 美元的美国夫妇,在 1982 年时面临的边际税率要比 1980 年高。在每个收入水平上,1982 年的边际税率明显比 1977 年的水平高。1984 年,我们假设 1981 年的立法未变,情况将稍有变动。1984 年的平均联邦所得税税率将比 1980 年收入水平处于 40 000 美元以上的所得税税率高出一点,但会比 1977 年同等收入水平下的平均税率高出很多。总的来说,1984 年的边际税率与 1980 年基本上差不多,但明显高出 1977 年的水平。

　　从供给侧经济观点来看,表 7 中的数据是非常重要的。既然边际税率不会降低,那么我们认为 1981 年的税法不会减少避税行为出现的概率,或者对总供给产生巨大的推动作用。对某些纳税人来说,政府将边际税率的上限从 70%降到 50%,影响非常大。显然,政府通过立法降低了收入非常高的纳税人的避税积极性。但是,在1981年税法出台之前,全国纳税人中仅有1%的人面临50%以上的边际税率。对绝大多数的纳税人而言,里根政府出台的个人所得税一揽子政策想要达到的效果就是稳住税率(个人所得税和社会保障税的综合税率)不要上升,就像在1981年税法未出台时一样的水平。

注释

1. 这类避税性质的商业活动很可能服从于个人的正职工作。这些活动也许会产生一些免税的收入或者损失。重要的是,这些活动可以让个人承担自己喜欢做的事情所产生的成本,并将其作为一种商业支出。

2. 边际税率过高还会使经济活动转向不报税的地下经济。虽然地下经济的数据比较零散,但是有关这方面的研究显示,地下经济的增长幅度几乎是已报税经济活动的两倍。收入隐瞒不报是非法的。相比之下,本章中重点分析的避税行为都是合法活动和已上报的收入(往往是亏损形式)。

会 议 讨 论

利维:我是东南银行的米基·D.利维。我想简单谈一谈对杰瑞·德威尔(Jerry Dwyer)研究成果的看法。他的研究认为赤字对通货膨胀是没有影响的。

我最近在《货币经济学刊》(*Journal of Monetary Economics*, Vol.8, No.3, Nov.1981, pp.351-373)上发表了一篇论文——"影响通胀时期货币政策的因素分析"(Factors Affecting Monetary Policy in an Era of Inflation)。我想在这里跟大家聊一聊这篇文章。

通过结构经济模型,我对1952~1978年的经济数据做了一些统计检验。德威尔曾经也做过。我发现,在这段时期内,基础货币的增长有一半的原因来自美联储满足了美国政府部门不断扩大的借款需求。当然,关于这个问题,目前还没有定论。现在,1978年才过去不久,而在1952~1978年,美联储的重点不是货币总量目标,而是利率目标。

我认为,李嘉图等价原理非常注意细节,内容表达得也非常清楚。然而,当考虑美联储的行为时,我认为它不会按照"李嘉图等价原理"来思考问题。目前,在国会和政府等政治圈,"李嘉图等价原理"还吃得开。我认为,这个原理会在比较短的时期内用到。即便美联储能够按照"李嘉图等价原理"的思路想问题,但此时如果我们希望美联储把重点放在货币总量上,那么政府借款的增加会让投资者转移他们的投资组合,结果可能又会推高利率水平。因此,我认为,我们可以这样说:赤字或者说扩大的政府借款增加了美联储贯彻反通胀政策的难度。

当然,萨金特认为宽松的财政政策和紧缩的货币政策是没用的,而且在长期中,两种政策也无法解释。他的观点与我所说的内容是有关系的。不管怎么样,即使美联储没有货币化政府债券,但是高水平的政府赤字确实提高了利率的风险溢价水平。

最后,关于德威尔的观点,我想说您认为通货膨胀降低了赤字水平,对吗?

德威尔:说反了。通货膨胀抬高了赤字水平。

利维:我不赞同您的说法,原因有两点:第一,受累进税制的影响,通货膨胀降低了名义赤字水平,而且还减少了政府的实际未支付债券;第二,如果我们仅盯着净真实债券量的法则问题,那么我们可以从中推测出政府赤字对通胀预期以及真实利率或者利率风险溢价等都没有影响。很遗憾,我认为美国市场现在的表现印证了我的说法。

德威尔:萨金特刚才讲了很多。关于这些内容,我们已经讨论过了。关于您从我的发言内容中得出的相关结论,我来谈谈自己的看法:首先,现在我要做的就是拿到利维的数据,并且想办法搞清楚到底我们两个人的研究差别在哪里。利维的研究结果是建立在特定的结构化经济模型基础上的,并且以模型的准确性为前提。有些经济模型是分析政府赤字如何影响美联储收购政府债券的,有些则是分析美联储的收购行为如何影响货币供给的,或者是分析货币供给如何影响通货膨胀的。我的研究结果并不依赖于以上任何一种特定的经济模型。我的统计检验和前面所说的所有问题不沾边。因此,我会说我的检验会更有说服力。我之所以做这样的检验,部分是因为我不想让自己的研究结果建立在大量未经过检验而且还被大家推崇的假说条件之上。

因此,可以说,关于数据检验的问题,从某种意义上讲,还没有定论。考虑到我所掌握的相对于货币供给、美联储收购政府债券的基础货币的动向,我很乐意做出一种预测。从这个角度上讲,数据检验不再是一个问题。如果用我的方式来研究基础货币,那么根据简化的等式,你们会发现公众购买政府债券的增加并不会影响基础货币。也就是说,公众虽然增加了对政府债券的购买数量,但这并不会让他们预期到美联储持有的政府债券增长速度提高,或者基础货币扩张速度提高。现在我不清楚为什么我的结论与你的会是一致的。

第二点就是李嘉图等价原理。这个原理的基本思想实际上非常简单。美联储是否能够理解它,其实并不重要。这与"消费者是否懂得最大化效用函数或者集合论并不重要"的说法是一样的。他们没必要一定要懂。我们现在的问题是美联储的行为而不是它的思维。

如果李嘉图等价原理近乎完全正确,而且我的研究结果也非常符合这个原理,那么,赤字对利率是没有影响的。赤字(非美联储持有的政府债券)不可能影响到利率。

此外,有的研究可能认为,人们对经济的表现形式或许存在不少错误的预期。也许他们并不懂经济。我的研究结果表明,1952～1978 年,人们的表现还不至于那么愚钝。这与上述观点是不一致的。

我的研究结果其实部分回答了关于美联储如何表现的问题。另外一部分就是:你想如何看待美联储?

我们对美联储的一种印象是:动作过于针对短期虚假无聊的经济现象。这种印象的结果使我们认为在美联储工作的人真的是太不够聪明了。

对美联储的另外一种印象是——虽然我在美联储干过几年,但是我还会这么认为——美联储要部分考虑到财政部、政府和国会希望的货币政策,然后才能做出行动。从这个意义上讲,美联储要满足政府和国会的货币需求,这一点我们毫无异议。我认为,从很大程度上讲,货币政策完全独立绝对是天方夜谭。

那么,问题来了,政治家们将如何打算呢? 也就是说,如果公众所吸收的赤字数量不影响利率水平,也不影响通胀水平或其他经济指标,那么政治家们或者政治家一旦下台,美联储该如何应该对这些赤字呢? 为什么说它们"应该"呢? 我没有什么深层的原因,就是因为赤字还没有造成什么影响。

在对你的或我的研究阶段的成果进行解读时,你一定要注意,1952～1978年公众持有的政府未偿还的真实债券量没有出现太多。公众持有的真实债券量不多,但是,美联储持有的政府债券数量却增长了。这就是当时出现通货膨胀的原因。虽然换了一种方式说,但是内容都差不多。

一旦或者如果在一段时期内赤字出现了,但数量不多,那么从某些程度上讲,我们要努力做的事情就是从这段时期中推导出一些结论。然后,你应该努力做的事情就是从极少的统计信息中推导结论。现实情况就是如此。可惜,目前这已经是美国经济最没意思的数据了。

利维刚才说的最后一点是关于通货膨胀会扩大赤字。其实,这基本上是一个计算题。背后的道理非常简单。我们先不管税级攀升的问题。税级攀升多少与这个观点有些关系,而且税级攀升有可能对"通货膨胀会扩大赤字"现象起到部分抵消作用。不过,这个作用的基本思路很简单。假如我们预期未来通货膨胀水平提高,那么名义利率会如何变动呢? 1952～1973 年的全部经济数据以及之后部分年份的数据表明,名义利率至少会与通货膨胀保持同样的增长速度,而且全部都一致。

因此,现在的国库券收益率上升了。那么,政府的利息支出当然是增加了。如果联邦政府的利息支出水平提高,那么联邦政府该如何应对呢? 想做事,但又不能违背它的预算约束,那么,美联储只有三种选择。办法总归是有的。美联储可以削减政府的真实开支而不是减少利息支付,或者提高税率,或者扩大债券发行量。

如果联邦政府里的人(肯定就是政治家们,进而就是选民们)对真实的经济变量非常关心,比如,政府的真实支出和真实的政府未付债券规模足以支付现在及未来利息的真实税收规模等,那么,他们以后会扩大政府赤字。他们之所以这么做,就是因为公众持有的真实政府债券量与不存在通货膨胀上涨情况中的数量是一样的,而且还因为不含利息支付的政府支出、政府税收以及公众持有的政府未付债券数量等变量的发展趋势与不存在通货膨胀上升情况下的趋势也是一样的。

这个基本道理很简单,就像是说劳动者对名义工资并不感冒,用"收入中性"来说,他们的级别并没有发生变动。政治家们其实并不一定要理解或者关注或者甚至听过"李嘉图等价原理"这种微不足道的学说。

不过,这个原理的思想真的很简单。假如政府部门说:"我们打算在这周降低税率。实际上,我们想取消税收。高兴吧?当然了,为了还债,我们下周想收你双倍的税。"

老百姓会怎么干?由于我们不想改变自己的消费资金流,所以可能会说:"政府已经在这周减少了我们的代扣所得税,确实如此,但我们还是把这笔钱存起来吧。"我们不会说:"哎呦喂,我这周终于可以花钱了,但下周就要饿瘪了。"

这其实就是李嘉图等价原理的基本思想。

黑尔斯:我是来自罗林斯学院的韦恩·黑尔斯。您之前的研究发现赤字和利率之间是没有关系的,对吗?

德威尔:对的。

黑尔斯:那么我可以从这个结论中推断,赤字不会造成财政上的挤出效应。对吗?

德威尔:对的。

利维:这个说法还是有待商榷的。虽然我们不会预测赤字会影响名义利率水平,但我们可以预测赤字对真实利率水平吗?

德威尔:为什么我不会预测赤字对名义利率的影响而是预测它对真实利率的影响呢?这意味着赤字会对通货膨胀率产生一种完全相反的影响。

利维:但是赤字往往会出现在经济衰退期间,因而应该是没什么用的。不过,如果考虑其他条件不变,赤字可能会对真实利率水平产生影响。由于这个现象很难观测到,所以不容易去做检验。

德威尔：不过，你可以提出下面这样的问题：我们已知的公众购买的政府债券价值对我们预测通货膨胀率或者名义利率是否有帮助呢？你可以问一下这两种预测是否有区别。答案是没区别。

黑尔斯：我想请教德维特·李一个问题。您认为，政府应该在短期内提高税率，长期内政府收入会提高，但我感觉这样做会减少政府收入。

一旦政府税率过了拉弗曲线的最高点，那么政府降低税率会导致政府收入减少。我非常不理解您刚才所讲的拉弗曲线的原理——到底政府如何才能通过降低税率将收入重新提高到最高点？

李：刚才我说的是，市场对税率的反应调整一定是长期的才行。如果政府提高了税率，那么我们不会立刻觉察到资本的收益出现了流失。资本贬值是需要一段时间的。如果政府迅速压低了税率，那么我们也不会即刻发现自己的资本收益（一种征税基础）出现了大幅上升。

因此，我的意思就是，市场的反应是有长期和短期之分的，这点非常重要。如果政府提高了税率，那么短期内政府的税收收入可能会增加，但不是很多。即使政府提高税率，投资者由于会在长期内对税率变化做出反应，减少他们的投资和税收基础，进而导致政府的长期收入减少。

这反映出的问题是，如果政府降低了税率，政府税收会立刻出现下滑，即便长期内政府税收收入会上升。提高政府收入要看政府在长期内如何应对投资者的行为——消耗掉全部投资，同时又扩大自己的征税基础，仅此而已。因此，可以说，我的观点非常直截了当，就是对长期和短期的一个比较。

黑尔斯：您针对的不是上面说的拉弗曲线，是吗？

李：对的。我说的是一个无穷的拉弗曲线簇。具体所指哪一条，还要看你说的时间跨度了。

在这些曲线中，有一根是长期拉弗曲线，但很可能与政府的决策没关系。在这些曲线中，有一大块属于短期拉弗曲线，不过这也得看你的时间点从哪里开始以及要经历多久。

短期拉弗曲线才是政治决策时考虑的问题。

第四部分

落实供给学派经济政策

会议主持人：威廉·F. 福特

大家知道,美国财政部历史悠久,积攒了不少老传统,而它的组织结构是一个非常完美的金字塔形状。通常,财政部会有一位比较有意思的当家人,比如说唐纳德·里甘(Donald Regan),不过,之后我们会发现,里甘99%的时间都在外面逛荡。在他离职后,两名副部长才算是真抓实干的人。目前,至少在这些岗位上的人没有称他们尸位素餐,而且我所认识的他们的前辈们在过去那么多年中也没有无所事事。

像他们这些人,在入职政府部门之前往往都在社会上担任着引人注目的职位。比如诺曼·图尔,他以前是税收经济学研究所主任,并且担任过总部位于华盛顿的一家经济咨询公司——诺曼·B.图尔公司的领导。在此之前,他是策划研究公司(PRC)的重要成员。刚出道的时候,他曾在大学里教过经济学——这与我们很多的嘉宾一样——比如在佐治亚华盛顿大学、沃顿商学院以及伊利诺斯学院。

走出学术圈,他早期曾在财政部担任税收顾问和财政部税收分析小组成员等其他职位。

他还有一件非常有意思的事情,而且也从来不向大家隐瞒——他曾在尼克松总统和肯尼迪总统两届政府的税收特别工作小组中工作过。我想,这要是放在个人简历中真是太牛了。

当然,他写过大量关于公共政策的书和文章,不过这些政策都是他曾出谋划策过的。他所关注的政策领域大部分是关于税收问题的。现在,他已经被视为美国税收结构问题方面的权威,而且关于这方面的问题,他已经发表无数次演讲。

1

落实供给学派经济政策

诺曼·B. 图尔

我很开心能有这个机会与大家一起探讨供给侧经济学。这个学说的理念深深地烙在了里根经济计划的背后。我以前对马丁·费尔德斯坦的评论观点绝对是很感兴趣的。他曾提出过的建议满足了政府的某些需要,在这里,我对此表示感谢。之前曾有些我觉得是毫无理由、无中生有的批评言论,说政府发言人早已经言之凿凿地谈到了政府会通过供给侧政策来实现社会福利以及这种福利的实现速度。我感觉,如果上面的建议没有被这种言论所困扰,我或许会稍微更能接受它们。

我认为自己就是一名政府发言人。如果自己不是,我真怀疑自己这几周都干什么去了。就我自己而言,我知道这点是真的。我认为,对财政部长、副部长斯普林科以及其他所有我认识的人来说,这点肯定也是真的。那些我所认识的人都在从财政部的立场上阐述并推广里根政府的经济计划。我觉得,对政府中的其他人来说,这也是真的。我知道,政府发言人做出的一些承诺会让大家预期可以摆脱里根经济计划实施的影响,但是,一个铁打的现实是,这些承诺要一直而且非常直接地以实现的政策结果为条件。

在这些要实现的结果中,最重要的一个就是美联储会迅速地想办法实现并保持一个温和稳健的货币扩张速度。斯普林科在跟大家讨论这一点的时候,我认为他会很痛苦。

在唐纳德·里甘(Donald Regan)被任命为财政部长的时候,我之前已经和他打过照面了,当时与他讨论的第一个非常实质性的话题就是:"部长先生,以前我们能够在财政政策方面创造奇迹,现在我们能够在政府的监管政策方面最终实现正规有序的政策环境。但是,如果货币供给又像过去几年那样持续过山车似的波动,那么所有的政策都将付诸东流了。"

这是一年多以前的事了。现在我想,当时我给他的提醒已经被重提好多回,至少每个月都有。如果没那么频繁的话,我想在过去几个月,基本上一天五次。

货币政策的缺陷至少延迟而且很可能大幅削弱了美国经济实现强劲持续的复苏趋势。这就是我们一直在敲响警钟的地方。

政府以供给侧经济学为名组织的经济计划有很多种,也很详细。然而,其中没有一种是关于供给侧的。有人差点想问:"真的有人是供给学派的吗?请站起来一下。"

我发现,比方说很难确定供给侧的分析结论,即认为不存在用于个人消费或者储蓄的政府削减税额,这样的结论完全误读了边际税率下调的目的和本质作用。从根本上说,去年政府下调个人税收的目的和作用才是增加个人消费或者储蓄的。

政府下调类似个税的税收,其意义不在于在税收下调的货币数量,而是表现在税率下调的影响上。政府调低税率会对劳动和非劳动(或者说闲暇)之间的相对成本以及储蓄和消费之间的选择造成影响。

当然,我很想谈一谈赤字问题。我想大家肯定已经留意到,我们现在正在讲一个关于赤字威胁的新故事。我说的"大家",并非指政府中的人,而是来自金融圈、企业圈的其他人,其实就是像参加我们这种研讨会的人。我真的很想把自己精挑细选组织起来的上千字发言稿撕掉,然后与大家好好聊聊赤字,不过至少在这个时候,我还得克制一下自己,忍住冲动的诱惑。

1.1 里根计划的前提条件

实际上,里根计划的很多重要部分体现了政府观念的巨大转变:政府促进经济运行效率的具体责任是什么?如何才能最有效地履行这些责任?在前任政府中长期流传一种潜在经济的观点,即如果我们让经济中的市场因素自己运行,那么经济肯定会乱掉。现在,如果我们突出强调这个观点,就有些夸张了。虽然很少有人直接清楚解释这一观念,但是,实际上,在之前政府制定政策的每个阶段,这个观念都会扩大政府在经济中的参与范围,并且超越了一直不断扩大的经济活动范围。

现任政府并不认可这个观点。里根计划的前提条件是,如果政府政策和措施对市场的干预度减少,那么市场能够而且将会更加有效率地运行——比它长期以来的效率都高。最终,市场运行的结果——经济在一个比以往更加自由的环境中运行——不仅会被大家接受,而且还被视为最佳的结果,而且这种结果是完全可以实现的。

我们不应该把这种前提视为对市场完备性的盲目迷信。相反,这个前提条件会让政府有更广的政策方案选择范围。政府所承担的相应责任就是发现并确认市场失灵的地方并积极配合市场,使其更加有效地运行。这与以往政府约束并主导市场的做法形成了鲜明对比。

市场脱离政府控制的同时,显然会伴随着责任分担的转移:市场活动的启动、市场活动参与者的取舍以及市场活动发展趋势的确定等责任会从政府部分转移到私人部门。很明显,这种市场脱离政府控制的政策姿态要求政府必须放下自己的经营管理理念,即公共政策制定者要比私有市场参与者更清楚什么政策才对后者有利。

有些证据不足的观点认为,政府可以一方面关注就业和产出的最优水平,或者在两者之间取舍,另一方面可以关注物价的增长率。政府部门管理总需求并随之对上述观点所产生的整体经济后果进行微调。政府的这些做法虽然没有什么意义,即使没有反作用,政府同样应该将其放弃。政府这样的政策姿态意味着,无论经济波动是否能够避免或者最小化,如果没有政府干预,私有市场会更加有效地自动调整并遏制市场冲击。

此外,政府放弃短期内的微调干预意味着公众政策的重点要转移到长期目标上。政府的首要任务是定出一些条件或要求。根据这些条件,经济中可以而且非常可能实现一个长期的最优增长路径,这条路径的位置以及形状则由私人部门中各个家庭的意愿决定。在考虑技术约束的情况下,这些家庭希望将市场指导下的劳动时间和"闲暇"时间进行交换,并且希望把当前消费和未来收入流进行交换。

政府制定这些条件需要一种制度安排来确保私有市场机制能够更加有效地运行。显然,为了实现这种目标,政府部门必须降低制定大量复杂监管制度的力度。目前,政府面临的政策问题不是取消现有的监管制度,也不是彻底摒弃监管的作用。相反,政府需要做的是将监管重点从单纯地给家庭和企业的行动画圈,并对其进行约束和控制,变为允许他们通过内部消化(如果可能)相关收益和成本来提高运行效率。

同样的道理,政府的开支项目必须调整,而且不只是简单地减少他们对经济产能的强制性购买总量,从而确保这种强制性购买用于合理的经济目标上。通过这种方式,政府才能够最大可能地有效实现这些目标。反过来说,这需要我们放弃下面的假设条件:政府有计划而且被赋予一定的周期。

经济发展越来越依赖于私人部门,这种形势的转变需要政府对税收制度进行大刀阔斧的修改。税收制度调整的目标是,修改后的税收制度能够完整传达市场投放的信号,即生产能力利用报酬率最高。税收政策的重点是把税收中的消费税效应最小化,即(直接的或者间接的)相对价格交替变化。这种变化在不存在税收的情况下比较常见。

最后,如果私人部门有能力有效履行自己的责任,那么金融市场的有效运行必须要在货币政策上得到大力支持。如果货币政策使货币存量变动变得不稳定、不可预期,那么这会给有效投资组合管理带来高昂的困难成本,而且还会扭曲和混淆当前以及未来的真实交易信息。货币总量扩张速度太快以及随后的通货膨胀率很可能与税收制度相互作用,从而进一步提高真实的税率水平,加剧消费税的负面效应。

里根经济计划的最低要求是货币存量稳定、低速地增长。除此之外,还有一个重点需要强调一下:政府要取消金融机构的传统监管制度并确保这些金融机构对金融市场的有效运行是有利的,而不是扯后腿。

1.2　里根经济计划的内容解析

从所有重点领域的角度来讲,里根经济计划反映了所谓"供给侧学说"的内容。其实,并不是说里根总统或者他麾下重要的政策顾问历尽千辛万苦对"供给侧"做了详细诠释,最终才敲定这一系列的经济计划。不过,如果他们真的这么做了,如果他们真的一直相信所有相关关系精确而又典型的细节特点,并一直坚持由这些细节所决定的计划方案,那么,里根经济计划从整体上说与里根总统推崇的1981年提出的计划没有什么区别,即便有,也非常小。我们从中或许能够推测出的一个说法就是,供给侧学说引导我们趋向的公共政策更强调对经济中私人市场的依赖性,而政府在经济中的作用被弱化。

供给侧经济学其实就是在分析经济总量时应用到的一种价格理论。我们可以从现代古典经济学派的著作中找到它理论上的先例。供给侧经济学建立在大量的传统学术思想之上。关于这一点,鲍勃・凯勒赫和比尔・奥热霍夫斯基(Bill Orzechowski)在他们的论文"财政政策的供给侧影响:一些历史观点"(Supply-Side Effects of Fiscal Policy: Some Historical Perspectives)中做了大量研究。供给侧经济学本身没有新的理论框架；相反，它将新古典分析模式纳入进来，进而解决公共政策问题，不管这些政策的重点内容是全部的经济问题还是特定部分的经济问题。

政府行为会给家庭和企业带来（直接或间接的）相对价格变动，从这个角度讲，供给侧经济学最基本、最突出的特点就是明确了政府行为的初期作用。面对相对价格变动，这些私人部门经济体的反应决定了政府行为的最终影响效果。他们的反应包括对现有生产资源配置的调整，包括申请分享经济产出成果——这或许（多少会比较迅速地）导致经济活动总量和/或经济活动结构的变动。如果经济总量发生变动，那么真实的收入总量也会变动，而且真实收入总量的变动会导致经济活动进一步调整。

换句话讲，政府活动对相对价格的影响是"第一阶段"影响。私人部门的反应对收入总量造成的影响属于"第二阶段"影响。这种影响顺序——先价格，后收入——是供给侧分析至关重要的前提条件。

同样，供给侧分析指出，政府行为首先影响的是资源配置，而这种配置效应其中的表现之一，或许就是让整体经济活动发生变动。另外，我重复一下，除非政府行为产生的第一阶段影响或消费税效应引发了配置效应，进而造成第二阶段影响，否则，政府行为不会影响整体经济活动水平变动。这种分析模式同样认为由政府财政措施导致的这些配置效应会在很大程度上决定扩散型的财政措施效果。

为了理解这套理论的重要性，我们要记住，几十年来，传统观点一致认为，不同类型的公共政策会分别独立地决定资源的配置、收入及财富的分配、整体经济活动的增长率，不管是名义的还是真实的。曾经，人们希望从事决定经济发展的活动，政府也有这方面的相关政策，但是在将收入和财富再分配作为政策目标时，尽管供给分析并没有采纳这种传统观点，但这一观点却很好地解释了以收入和财富再分配作为目标的经济政策，政府完全没有考虑上述政策的影响。

供给侧理论认为，政府行为不可能会在初期直接影响经济中真实总收入的变动。这种对第一阶段收入效应的否认（再重复一次）是供给侧分析非常突出的特点。

现在有一个普遍流行的观点，认为政府行为直接影响了真实收入总量。这种观点源于以下看法：一方面，政府行为通过影响可支配收入来直接影响总需求，而可支配收入变动又被认为是直接受生产总量变动影响的。另一方面，供给侧分析认为政府行为对真实总需求在初期是没有直接影响的，而实际上，只要货币存量同时发生适应性变动,政府行为会影响名义总需求。真实总需求发生变动,我敢说,将提高产出总量水平。

与这个话题相关的问题是,产出总量水平没有先变动,真实总需求变动是如何发生的呢?根据定义,总需求指的是来自各个经济实体,包括政府部门、企业、家庭等的各种采购总和。总需求肯定与总收入吻合。反过来,总需求每时每刻一定正好与总产出价值相等。只有产出发生变动,真实收入才会发生变动。只有生产投入要素量或者投入要素密度或者投入要素的利用效率发生了变动,产出才会发生变动。

为了实现第一阶段的收入效应,政府行为将直接对生产投入要素的数量进行调整,或者对其利用效率进行调整。不过,政府行为自身不会改变经济中可用生产资源的总量或者生产能力。只有当用于生产的生产投入要素的使用产生了回报,即每单位投入要素的真实价格发生了变化,这些要素的数量才会变动。假设相反的情况,我们认为增加劳动力或资本服务的机会成本在短期内是不变的,也就是说,短期要素供给曲线是水平的或者说短期要素供给对价格是完全弹性的。很明显,只要生产投入要素的供应商错把要素名义报酬增加当成实际报酬增加,那么政府行为导致的名义的而非实际的总需求变动会提高真实产出水平,因而增加真实收入和真实总需求。

请允许我简单地解释一下这些供给侧原理。假设现在政府预算起初是平衡的,之后政府降低了税收,但是没有减少开支;我们再假设,财政变动没有造成货币存量的变动。这些政府行为在第一个假设中增加了可支配收入。在传统的总需求分析中,可支配收入的增加会增加私人部门的总支出规模。根据供给侧经济的观点,在开始的时候政府降低税收实际上不会提高私人部门总支出的水平。

在假设条件下,由于政府税收削减量与政府支出削减量并不一致,因而政府会流失一定的税收收入——这与可支配收入的增加量相等,结果就产生了等量的政府赤字。然而,私人总储蓄(税前总收入扣除消费和税收之后)的增加量正好不仅等于政府税收削减量,也与税收削减导致的赤字增加量相等。因为政府赤字以及投资总量的融资来源都是私人总储蓄,所以私人总储蓄一旦增加,必然全部被用于赤字融资。结果,虽然私人总储蓄增加了,但却没有提高消费水平或者扩大其他支出。提高消费水平,需要一个前提——总产出水平提高,进而提高总收入水平。

虽然税收变动的总需求效应并没有被接受,但这并不意味着供给侧分析专家认为所有的税收变动都是无关紧要的。恰恰相反,实际上每种税收都会产生一定的消费税效应——改变了不同征税对象之间的相对成本——所以,其实每种税收变动都会对资源利用的需求结构和资源在各自用途中的配置产生一定的强烈刺激。相对于花在"休闲"上的时间成本和资源成本,政府削减税收降低了"市场导向"型的劳动成本,结果提高了劳动供给水平。如果此时保持其他条件不变,那么,税收削减将提高真实产出和真实收入水平,进而提高真实总支出水平。正是税收削减对劳动和闲暇之间相对成本的影响,而不是对赤字的影响,才最终产生了这种效果。

同样,税收削减还降低了储蓄和消费之间的相对成本。这将提高资本供给量,进而提高真实产出和真实收入水平,进而提高真实支出水平。在上述两种情况中,税收削减的性质不同以及它对劳动和储蓄各自相对成本的影响程度不同,最终导致税收削减对真实产出和支出的影响程度不同。赤字规模的变化并不会造成这种不同。

下面,我们来考虑另一种"扩张型"财政措施——保持政府税收不变,同时增加政府支出。首先,我们假设政府将增加的支出用于转移支付,也就是说,政府对商品和劳务的需求量没有出现直接上升。正如在政府降低税收的情况中有些人的可支配收入会增加,即那些得到额外政府转移支付的人,他们或许会扩大自己的总支出。然而,其他人必须得减少自己的开支,因为政府肯定会从他们身上进行赤字融资。

虽然花钱的主体以及费用支出的结果随时会变,但是,在主体刚开始消费的时候,真实支出总量是不会上升的。转移支付为生产部门提供了劳动投入要素,或者换句话说,减少了用于生产活动的劳动投入要素的真实成本,从而提高了劳动的真实报酬。只有在这种情况下,真实支出总量才会增加。不过,实际上,所有劳动报酬肯定存在着负面影响——它们减少了生产性劳动的供给,而在市场价上,我们随处可以找到劳动服务。因此,这种负面影响进一步抬高了劳动力的使用成本。其实,劳动报酬就是对"闲暇"和劳动消费税的一种补偿。

显然,关于政府转移支付的"供给侧"分析并没有谈到里根计划的人道主义。不过,对里根计划是如何影响经济活动水平以及结构的,"供给侧"分析确实提供了解释。尤其要说的是,这种分析表明,我们不应该认为里根计划从总需求角度上看会带来"扩张型"财政政策后果。其实,里根计划的目的,一是控制生产投入要素的供给,尤其是劳动力的供给;二是巩固处于下滑趋势的工资率;三是调整享受政府补贴的服务相对价格水平。尽管如此,里根计划可能还是有存在价值的;不过,它存在的合理性并不是因为它对总产出、就业以及真实收入的影响令人满意,而是因为其他方面。

假如政府将增加的支出用于商品和劳务采购。我们认为,这些额外支出不会扩大总支出。因为这笔支出会导致赤字相应增加,而且与政府削减税收的情况不同,赤字增加会减少国民总储蓄。反过来讲,国民总储蓄减少优惠并减少总投资。政府额外支出不会增加生产投入要素的真实或者有效需求,从而提高整体就业水平、产出水平和收入水平。为了能够再现前面的观察结果,我们只要在短期内保证增加生产投入要素的机会成本不变,即只要保证短期内要素供给曲线是水平的,或者它的价格弹性无限大,这样,一旦政府对产出或者生产投入要素的名义需求增加,总产出水平就会提高。

在现实世界中,政府将支出用于采购商品和劳务,通过改变总需求的结构(直接或间接地)改变相对价格水平。政府在刚开始采购指定商品或者服务的时候会提高这些商品的名义需求量,进而提高产出所需的投入要素的名义需求量。相对这些商品或服务在私人部门中的价格,需求自身内部的调整肯定会提高它们的名义价格。这是一种价格扭曲现象。其后果就是私人部门减少了这些商品和劳务的采购数量。某种特定投入要素或者衍生需求的增加提高了购买这种投入要素的私人部门所面临的市场价格,从而降低了私人部门的采购数量。这样一来,这些投入要素就会从私人部门产出转移到政府部门的产出。

政府采购所产生的需求变动,就其本身而言,是不会造成生产投入要素生产能力变动的。因此,可以说,任何给定数量的以上投入要素,它的真实回报率是不会改变的。同样的道理,虽然投入要素配置很明显出现了变化,但是这些要素的供给并没有增加。因此,政府的采购并没有带来总产出水平的变动。

如果相对于私人部门,政府部门使用的投入要素的真实生产能力提高了或者降低了,那么从另一方面讲,这些投入要素被重新配置后可能会改变真实总产出水平。政府采购量的变动并不会通过改变总需求来改变总产出水平。真实总收入只随着生产投入要素利用效率的变动而变动。显然,类似总产出的这种变动模式不一定与政府采购量呈正相关关系。

从特点上讲,政府采购给相对价格水平和资源分配带来的影响与税收的价格效应是一模一样的。此外,要想按照这种方式来确定政府的支出水平,那么政府支出对整体经济形势的影响需要与税收的影响一样。显然,这种观点与传统的总需求观点形成了鲜明对比。传统总需求观点认为,不仅税收,还包括政府的支出,都会消耗所有的收入流。

在前面的阐述中,我做了一个非常严格的假设:税收削减或者政府支出扩大所造成的赤字并没有被货币化。我做出这种假设的目的就是避免混淆货币政策和财政政策的影响。现在,我们放宽假设,考虑一下货币扩张政策的影响,而不管它与政府赤字扩大问题是否有关。

根据供给侧分析,现在的问题是明确(某领域)相关货币总量的变动,尤其是意外变动对(该领域)相关的相对价格水平造成的影响。现在我们的基本假设是:任何此类变动都会打破组合均衡,即额外货币的边际效用比组合中其他额外要素的边际效用低,结果迫使组合中货币数量减少,而其他商品或者资产数量增加。这种调整行为预示着物价水平的增速要比货币扩张加速之前的预期增速高。

未来价格水平相对于当前水平所发生的预期变动是由货币存量扩张速度的变动所引起的,而这种预期变动产生的分配性影响就是大家可能预测到当前收入在分享当前产出和未来产出之间的分配。货币扩张速度提高,一方面意味着未来价格水平带来的收益率提高,另一方面会导致当前商品和劳务的需求量增加,至少是那些可以存储的商品数量。这种分配性影响提高了当前收入的消费分配比例,同时降低了储蓄分配比例。

现在的问题是,名义总需求量的意外增加还扩大了真实产出规模。如果真实产出规模扩大,那么生产投入要素的供给量肯定增加。为了得到这种结论,我们必须假设生产要素供应商把名义供给价格错当成了真实供给价格,或者假设货币存量的增加通过某种方式降低了劳动相对于闲暇的成本以及降低了储蓄—投资相对于消费的成本。然而,货币存量增加对相对价格并没有这种影响。确实,我们认为增加货币存量提高了价格水平,从这个角度来讲,我们更会这样理解:货币存量增加通过影响真实边际税率提高了劳动相对于闲暇、储蓄—投资相对于当前消费的真实成本。这种观点肯定会减少投入要素的供给,进而降低产出水平。

关于货币存量意外变动所产生的影响,供给侧假说认为,需要以不存在抑制价格迅速变动的重大制度性障碍为前提。实际上,我们普遍认为,各种制度性因素阻碍了合同条件和具体价格水平的迅速调整。因此,分配性调整具体表现为名义总需求变动导致的生产投入要素的利用水平变化,进而导致产出水平的变化,也可能会被抑制。不过,大家注意,这些真实变动依赖于制度粘性的变动,而且会产生短期调整,而不是长期或者永久性调整。供给学派和货币学派一致认为,长期内,货币数量水平对真实产出和收入没有决定性影响。

1.3　供给侧经济学政策

从我的这部分讨论内容中可以很明显地发现,供给侧分析方法带来了与以往多年的标准政策全然不同的政策建议。我认为,同样明显的还有里根经济复苏计划与这些新政策建议完全一致。

一方面,供给侧方法显然并不认为政府支出和总产出之间存在正相关关系。两者之间的正相关关系意味着,如果政府出台政策减少政府支出,那么毫无疑问会减少总产出、降低就业水平和收入水平。然而,恰恰相反,供给侧的政策观点认为,政府降低公共支出水平或者收益率会扩大私人部门的产出和就业规模。同时,还会增加总产出的净收益,但以下情况除外——政府活动受到限制,却仍然使用与私人部门同样或者更多的生产投入要素。

显然,这种观点被纳入了里根计划的措施中,即大幅降低联邦支出的扩张速度。里根政府认为,要解放生产投入要素,并将其用于生产效率更高的私人部门,降低支出增长速度是关键性的一步。因此,这也是里根政府政策的基本要素,旨在刺激私人部门拉动经济增长。

关于供给侧税收政策分析的影响,很显然,它的重点从税负额度转到了其他税收条款或制度的消费税效应。因此,当年《1981年经济复苏税收法案》的主要问题就是通过降低边际所得税税率的级别,从而减少劳动、储蓄和投资的相对成本。当时,通过降低这些税率,无论收入处于何种水平,税负额度(按平均税率)其实是次要的问题。

最终版的税法中有很多条款(实际上是大部分的条款)曾反映了这一根本性的问题——税收对纳税人其他行为相对成本的影响。比如,我们之所以对资本回收的税收条款进行大幅修改,即用加速成本回收制度替代过时的折旧制度,是因为受到以下观点的影响——要降低基本所得税对储蓄和资本形成造成的不利影响,这种大幅修改税收条款的措施非常重要,尤其是考虑到通货膨胀会加剧这种不利影响。

虽然关于政府支出和税收政策的分析方法各不相同,但是它们都不赞成通过财政政策或者预算政策来控制总需求。总需求中有一部分是由所谓的政府支出构成的,而政府支出的对象不会由这种支出结构决定。税收收入总量对整体经济活动水平和变动有着巨大影响,但这并不是政府政策重点考虑的内容。同样的情况下,赤字规模对政府的某些调控政策而言无关紧要。通过这些政策,政府可以实现对就业、产出、总收入等经济指标设定增长水平或者增长速度。

同理,在评估财政措施对价格水平的影响时,财政政策中的供给侧方法提出一个与总需求方法非常不同的结果。根据总需求分析,政府税收和支出的变动导致总需求变动。由于我们认为供给情况不受任何财政措施的影响,所以总需求变动可能会提高或者降低通胀压力。相比之下，供给侧的分析认为，只要政府的财政措施通过"第一阶段"的价格效应首先影响了总产出，那么，这些措施也会对总需求产生影响。

因此，可以说，政府降低所得税税率，通过其产生的相对价格效应提高劳动力和资本服务的供给水平以及产出水平；真实需求同等数量地提高肯定与产出水平提高密切相关。因此，根据这种分析逻辑，通货膨胀压力不会增加。通胀压力上升往往是由货币存量扩张速度变化引起的。其实，假如货币存量扩张速度维持在一定水平上，在此期间，好像政府并没有制定法律来降低税率，那么，政府降低税率所带来的产出增加会减缓价格上涨的压力。财政措施的作用渠道不仅是在里根经济计划中非常基础的一环，而且还为里根政府提供了坚实的后盾，使人认为 1981 年的减税措施未来不会带来通胀压力。

"供给侧"分析对"预算赤字本身是就能引发通货膨胀"的观点提出了反驳。有人观察到，预算赤字可能会被货币化。据此，他们认为，预算赤字是引发通货膨胀的一种根源。通货膨胀肯定不是预算赤字所产生的自然后果或者必然后果。我们经常在金融或者商业专栏文章中读到这样一种观点，即"紧缩"的货币政策和"宽松"或者扩张的财政政策水火不容。其实，这种观点完全没有分析证据。现在的问题不是政府是否有足够的货币供给来为赤字融资、为私人部门投资提供所需要的企业贷款。

现在，政府部门根据上述分析逻辑制定了一项重大的政策，即应该打破货币扩张和政府赤字之间的制度性关联。货币政策应该继续坚持货币存量缓慢、稳定地增长，大部分时候不要考虑预算预期或者实际结果。我相信，大家已经知道，这正是里根政府现在不断强烈要求美联储执行的货币政策思路。

供给侧经济学的重要分析成果之一就是反驳了所谓的描述通胀和失业之间关系的"菲利普斯曲线"。同理，供给侧分析并不认为只要能够忍受奇高无比的失业率水平，价格水平就会得到稳定，或者政府部门可以通过推行非常可能引发通货膨胀的财政和货币政策实现大家可以接受的就业水平。通过经济衰退将通货膨胀从经济中消除，这种做法缺少分析依据。

相反，供给侧分析表明，政府出台的合理的公共政策措施不仅是为了刺激就业、储蓄和资本形成，而且还会抑制通货膨胀压力。相对于真实产出的增长速度，货币存量的扩张速度过快，这一直是通货膨胀——经济中整体价格水平上升——的根本原因。我们应该很清楚地看到，给定货币存量的增长率，政府的税收措施在刺激劳动供给并减少对储蓄和投资的税收歧视等方面的效果越明显，价格水平上升的压力就越小。

我们推测,成功控制住通货膨胀的货币政策将增加劳动力供给和资本服务并提高总产出与总收入水平。通货膨胀提高了所得税的真实边际税率,从而加剧了现行税收对劳动和储蓄的歧视。因此,通货膨胀会减少劳动力和资本服务的真实税后报酬,进而抑制劳动供给、资本投入和总产出的扩张。因此,"紧缩"的货币政策,即紧紧地将货币存量增长速度控制在稳定、合理的水平上,与政府追求的产出和就业高增长并不矛盾。相反,抗通胀型的货币政策会加强政府实现上述目标的预期。

1.4　观察结论

里根政府发起的这项经济计划与过去 45 年联邦政府的经济政策显然不同。然而,里根政策背后的经济思想并不那么具有创新性或者说很特别。相反,这些政策实际上严格地遵守了很多种经济方案,而这些方案是根据极为严苛和冷静的分析框架制定的。这种分析框架也不是从纯粹抽象的思考活动中衍生出来的。实际上,一直以来,大量的实证研究统计使我们更加相信这些分析方案的真实性、基于分析方案的政策真实性以及以上政策的预期结果。

里根计划是一项非常伟大的制度设计。它希望可以恢复经济自由和个人责任,从而让经济活动再度焕发出活力,从而刺激经济增长。里根计划的有效实施肯定会遇到很多困难。美国金融市场的现状就是里根经济计划发挥积极作用的一个重大障碍。不过,如果合理的货币政策能够得到落实并且能够维持,那么金融市场的形势将立刻得到改善。

金融市场形势的重大改变之一就是将来的利率结构会比现在更能密切地反映出资本的边际产出和预期通胀水平。在这种情形下,房地产、建筑、耐用消费品和资本商品等领域的经济收益将会大幅增加。抛开这些收益不说,经济自由度扩大、个人投资的同时由个人决定自己经济地位的机会和责任增加,这些都应该成为衡量里根经济计划成功的真正标杆。

第五部分

媒体观点

会议主持人:唐纳德·L. 科赫

第五部分的唇枪舌剑或许是最有意思的部分了。在这里,我们会看到非常现实的经济对话。媒体人认为,这些对话的内容是关于供给侧经济学背后的现实经济状况的,而且他们每天都得将这些对话内容传播给拥有投票权的蓝领工人。

迄今为止,我们看到,几乎还没有一个经济学概念能引发媒体如此关注供给侧经济学,而且这一点也不奇怪。现在,供给侧经济学的假设前提不仅从理论上已经成为公众热点,而且在突然之间,几乎在外行人还没弄清楚"供给侧"到底与哪种经济观点有关系的时候,我们早就发现,本届政府实际上正在策划将供给侧观念纳入法律体系中。

在第五部分,将有四位著名的媒体人来探讨供给侧经济学以及媒体在处理这个话题时的技巧。媒体对供给侧经济学相关内容的报道准确吗?客观吗?那些缺乏写作经验或者带有偏见的商业版和政治版记者,在报道供给侧经济学观点时,写的文章很差吗?新闻媒体如何将一个如此复杂的经济话题介绍给外行人呢?媒体记者如何塑造他们自己的供给侧经济学观点呢?公众对供给侧经济学的看法受媒体报道的影响,那么,媒体人又会怎样看待媒体在这方面的影响呢?

四位媒体作者分别是:《福布斯》杂志高级编辑小马尔科姆·S.福布斯;《纽约时报》常设经济学专栏的专栏作家里昂纳德·希尔克;《华尔街日报》社论版副主编乔治·麦隆恩;《财富》编辑董事会董事阿尔·F.埃巴尔。

第一位作者是里昂纳德·希尔克。他从金融新闻机构取得了从业资格。可以说,他被业内高度推崇为美国顶尖的商业经济学家和专家。此外,由于在职专业经济学家的身份,因而我们也可以说他在一定程度上代表了学术界。

目前,里昂纳德·希尔克一直在卡内基—梅隆大学的产业管理研究生院执教,而且还是该院杰出的福特研究教授。我还记得在60年代中期读过他的经济评论。现在,他仍然坚持着自己充满火药味儿但又不乏真知灼见的风格,发表了大量的经济评论文章,其观点不仅非常具有针对性,而且评论非常到位。

1

里昂纳德·希尔克

作为开场白,我想讲一部关于蓝领工人的动画片。我想稍微修改一下一部老动画片的剧情,片中一位非常高贵的绅士坐在办公桌旁,他的助手进来汇报说,先生,门外来了三名记者,还有一位先生是来自《纽约时报》。

实际上,我之所以这么改写剧情,是因为这种情况在波士顿确实发生过。当时确有三名记者,另外一位先生则来自《波士顿晚报》。不过,或许除了我之外,这件事情发生的时间都在你们的时代之前。

北加州大学也有一位历经沧桑的绅士教授莫里斯·李(Morris Lee)。李教授曾经发表过一段言论,而它就是我今天的演讲主题。关于里根经济计划和里根经济学,李教授曾说过:"这确实是一个革命性的经济计划,首次表明美国政府在不借助已知经济学理论或者经济学证据的情况下开始承担起出台稳定经济发展计划的重担。"

我发现,这个观点与诺曼·图尔截然相反。李教授虽然没有指名道姓地提到那些具体的经济学家,但他坚持认为里根经济计划只不过是对经典经济学的实践。我不确定李教授所说的经济学家是不是供给学派经常提到的让·巴蒂斯特·萨伊,或者是大卫·休谟(David Hume),或者是亚里士多德,或者是他认为正好赶在图尔、克雷格·罗伯茨等人之前已经写好里根经济学的那些人。

我和图尔是老熟人了,但要让我继续和图尔维持还算过得去的好友关系,那么李教授可以将他的观点换个说法。不过,办法只有一个,就是假定李教授认为不存在宏观经济学理论,只有微观经济学理论,即只存在价格理论。

现在,里根经济计划的措施就是控制相对价格。我们完全可以单纯地将其理解为联邦政府想控制相对价格。我认为这种说法很实在。

我在思考图尔的意见时曾想把这种说法用我自己理解的方式表达出来。结果,我所能想到的最好的描述方法就是以下的这条法则:增加国防支出对诸如美国东南部或者西北部或者全国经济的产出水平没有任何影响。

我们只能影响某项军事项目的产出和收入;如果,实验性洲际导弹(MX Missiles)的价格比民兵式洲际弹道导弹(Minuteman Missiles)高,那么至少MX导弹的产出会增加。因此,最终的政策结论应该是政府会提高MX导弹价格,而且现在里根政府确实也在这么做。

可是,我认为,绝对坦白地说,这纯粹是胡说八道。我没有看到任何支持以上说法的证据。最后让人感到意外的是,现在里根政府对经济形势的表现表示出失望。

"失望"肯定是我们能想到的最温和的词了。首先,图尔曾经说过,我们并没有承诺过经济形势一片大好,同时他又坦诚,我们也没有承诺说经济会突然陷入可怕的衰退期。我们没有承诺说利率水平会上升而不是下降;没有承诺说金融结构仍将维持薄弱状态;除此之外,这些情况实际上并不是我们造成的。

直到最近,我们才发现,我们不是里根政府,或者进一步说,我们的时机还没到。里根政府上台时,美国经济已经处于衰退期。里根政府当时认为是它在一开始造成了美国的经济衰退。然后,里根政府就改变了政策方针。因为1981年第一季度的经济表现非常强劲,这确实让里根政府羡慕了一把。可惜,好景不长。在第二季度的时候,外生经济因素再次扰乱了经济,这或许是在惩罚某人吧,具体是谁,我并不知道。

俗话说,上帝非常眷顾酒鬼、孩子和美利坚合众国。因此,可以说,这种惩罚应该不是针对我们的,不过感觉好像一直在针对我们。对此,我实在搞不清楚。有人曾经针对图尔挑起过非常激烈的论辩,当然不是人身攻击。

如果里根总统的演讲都是经济学专业术语,而不是一些华丽简约的词汇——用图尔的话说,这些词汇只需要让人听着舒服就行了,除此之外,像数字和逻辑等内容通通没有,那么,我更会认为以上惩罚的对象就是里根总统。然而,如我所讲,我一路走来,大家知道我脾气很臭,很苛刻。这次,我想对里根计划说几点自己苛刻的看法。

第一点,里根总统的演讲稿作者并没有注意到,税收削减的额度,正如图尔所说,与里根经济计划根本没关系。不管作者是谁,他在稿子里差不多一直重复说着这句话——前三年,我们已经减少了 7 500 亿美元的税收。

很显然,这个数字和现在八竿子打不着。我想,赤字规模同样也没有用。图尔——为什么我老提他——曾经用稍微比较复杂的话来解释赤字。然而,从根本上讲,他认为赤字其实并不重要,在货币政策的落实过程中无需考虑赤字规模的问题。

里根政府中不是每个人都赞同这个观点。我从《纽约时报》报社中得知,默里·韦登鲍姆也反对这种观点。很明显,韦登鲍姆一直都想摆脱"赤字不重要"的观点。在里根政府中,显然这种观点并没有得到大多数人的支持。当然,从总统级别上讲,这个观点如果用亚布拉罕·林肯(Abraham Lincoln)的话讲,那就是大多数人支持了。林肯总统曾经在内阁会议上呼吁投票表决,结果没人投票支持他。然后,他说,我若投赞成票,那么投赞成票的人会赢。

我真的在考虑,如果在预算问题上内阁能够稍微让步一点,或许整个内阁(除了总统非正式顾问团的拥护者外)都会更满意。

威廉·E.西蒙(William E. Simon)一直力挺凯恩斯经济学。他曾经提出"挤出效应",也因此名声大噪。虽然在经济衰退中私人贷款需求并不存在,而"挤出效应"却在此时被美国政府误用,但共和党仍一度将"挤出效应"作为它的一项政策原则。不过,还有观点认为,比如里根政府中某些官员的观点,即便是在经济繁荣时期,就业水平很高,挤出效应也不存在。我仍然认为这种观点是没有道理的。

有段时间,美国的利率水平非常高,并一直保持在高水平上,同时政府部门在面对我们早已深陷的经济衰退时,还有很多事情要做。财政政策与货币政策之间的矛盾一直存在,而且很有可能持续很多年。

如果我们想知道未来确切的预算估计值(这得看我们想以谁的数据为标准了),那么,我们得小心了。相比里根政府的预算数据,我比较喜欢用国会预算办公室的数据。

现在,我担心如果两种政策之间的矛盾一直存在,那么这些矛盾不仅会推高利率水平,而且还会耗光私人部门的储蓄。

目前储蓄率面临的严重问题其实与赤字规模没有关系。为什么赤字不重要呢?政府必须得为赤字融资,这是政府的本意。不管政府是用非通胀型的方式来为赤字融资,还是得用通胀型方式来为赤字融资,这些融资肯定来自储蓄—私人储蓄。

根据国会预算办公室的合理预测,我们知道,在未来 3 年里,私人储蓄总量的90%可能会用来为联邦政府赤字提供融资。纽约美联储的吉姆·卡普拉（Jim Capra）的预测结果也是90%。如果我们有其他资金来源，比如国外资本流入，那么，我们可以调低这个比例。

神学不能解决所有问题，尤其是这种被奉为神学的经济学。我全力赞成另外一种神学——祈祷。

2

阿尔·F. 埃巴尔

主持人科赫：下面有请著名媒体人阿尔·埃巴尔。在这里，他将反驳里昂纳德·希尔克的观点。埃巴尔是《财富》杂志编辑董事会董事。1974年以来，他一直为《财富》撰稿写作，内容主要是货币政策、税收改革、联邦赤字，当然还有里根经济计划。其中，1982年2月22日《财富》刊登了他的一篇关于里根经济计划的文章，标题为"政府削减赤字的原因和措施"。他曾获得多种国家级新闻类奖项，其中包括约翰·汉考克奖，以鼓励他在撰写商业评论文章中的突出贡献。

在讨论会刚开始不久，我曾认为，当时演讲讨论的内容没有什么好评论的。但是，刚才里昂纳德·希尔克的演讲改变了我的想法。

我自己观察到了一些情况，当然比较随机。我发现，会议主持人中有一位是在美联储工作的，为了能与他保持一致，我尽量表现得像美联储那样，而且尽量让大家猜不透我。

以前，《财富》杂志还有我本人一直在谴责高税收的负面影响，随后，杰克·坎普才从朱迪·万尼斯基（Jude Wanniski）那里知道政府提高税收的真实面目。因此，考虑到这点，我很难评论《1981年经济复苏税收法案》，或者点评这部法案背后的思想观点。

我认为政府削减个税的力度远远不够，这是我最不满意的地方。如果我们运气好而且近期的通货膨胀数据又能够准确预测未来的经济形势，那么1981

年政府削减税收就会将个人税率降到 1976 年或者 1977 年的水平上。由于现在的通货膨胀率比大家感觉的水平稍微高点,所以真实所得税税率将停留在 1979 年的水平附近。我还没遇到有人认为 1979 年的税率水平太低了。去年,政府可以通过堵住一些税法漏洞来获得税收,比如州政府和地方政府税收减免以及消费者利息减免;政府通过利用从以上得来的收入弥补更多的税收削减,这样一来,政府就可以牺牲一定的收入并将这些收入退还到征税基础中。倘若政府果真如此,那么我们去年的经济形势应该会更好。我们希望里根政府会在第二个任期内考虑这个问题,或者希望下一届政府在其第一个任期内考虑这个问题。

因此,虽然税收法案中没有多少内容是关于削减税收的,但是,它在过去确实拉低了前几年的税收档级。再过三年,一直到 1985 年指数系统建立前,税收档级会有所回升,不过,政府的税收法案会对此产生一定的遏制作用。70 年代,国会通过了一项财富再分配的决议,当时并没有引起多少重视,而且这项决议也并不明智。如今,里根政府的税收法案在取消这项决议方面发挥了重大作用。现在已经有很多人,包括我的不少同行,指责说里根政府削减的税收是对有钱人的馈赠,而且诺曼·图尔曾经也是这么认为的。其实,这种说法是对的。我认为,这是里根政府采取的最有积极效应的措施之一。整个 70 年代,国会通过了一系列决议,如提高标准的税收减免和个人税收豁免水平。这样一来,税收档级就降下来了。当时的这种做法实际上最终是把政府的这部分收入退给中低档收入纳税人。高收入纳税人(换作今天,指的是收入在 35 000 美元或 40 000 美元以上的人)发现,当时只有他们的税收档级变得更高。其实,国会真正退给中产阶级的收入规模非常大,甚至把美国社会保障税的全部增长量都送出去了。

举个例子,假设在 1969~1979 年,一个 4 口人的美国家庭收入位于中值水平,而且仅有 1 人工作来养家糊口。这段时期内,该家庭所缴纳的联邦直接税,包括所得税和社会保障税,占其家庭收入的比例降低了几个百分点。然而,如果家庭收入水平稍微超过中值水平,那么,这种情况就不会出现了。当家庭收入超过中值水平 75% 或者 80% 时,政府税收占收入的比例将大幅度提高。

现在我们谈谈关于里根经济计划的几点反驳意见。马丁·费尔德斯坦曾经表示,里根政府承诺的目标太天真了。我认为他说得比较委婉。赫斯特集团曾有句老话——真相才能出好文。我认为,对于反驳里根经济计划的人,他们的言辞更契合这句老话。因此,这些人——我认为,不是诺曼·图尔、贝利尔·斯普林科以及其他我在财政部的一些老朋友,就捏造了一些预测结果。不过,当时美国政府管理和预算局以及白宫的某些政客曾经预测里根计划不可能成功。这纯粹是他们的胡编乱造。根据他们的预测，里根计划最终会带来大规模赤字。尽管当时的经济衰退程度并不是非常严重，持续时间也不长，但是，他们预测的赤字水平还是非常高。

对里根计划的种种驳斥加剧了人们对里根计划的幻灭。我觉得，当时的人们应该没有觉察出这一点。在人们放弃对里根计划的幻想时，这些驳斥言论还使未来的经济政策更加不确定，其不确定性的程度远超卡特政府时期。现在，国会正为未来的赤字问题发愁，并表示不会坐以待毙。国会的措施是动一动政府税收的指挥棒。国会不想再充当免费安全港的角色，打算制定公司所得税最低标准，取消或延迟1983年的个税削减决议。

现在参加白宫商业圆桌会议的人有很多是公司首席执行官，年薪不是80万美元就是100万美元。我们担心这群人会建议政府取消针对年薪2万美元的劳动者的税收削减政策。他们最好想想，万一政府真这么做了，那么他们的资本所得税税率将再次反弹至70%。我无法想象那些希望继续当选的国会议员将来会取消这项税收削减政策，而有钱人则继续拥有他们税后所得的财富。

目前，我们对未来经济政策的观望态度对美国经济发展造成了不利影响。大型公司因为不清楚国会安全港的地位是否持续，所以它们开始撤销资本投资计划。我认为，这对美国经济发展是不利的。

还有其他一些看法，我会快点讲：我确实认为，关于里根计划的很多类似讨论、政府内部的讨论以及本书中的各类讨论都太强调供给侧的税收削减主张以及税收削减在长期内可能带来的经济影响。

在本次研讨会上，很多人的演讲包含了这样一种笼统的假设：政府维持高税率和加速财政支出才是造成我们痛苦的源头。其实，我很想对这种假设谈谈自己的看法。就我个人而言，我不喜欢政府花钱。我宁可自己挣钱自己花，也不愿意把钱交给政府花。我对自己处于哪种税收档级也不是特别热心。虽然如此，但我认为把政府支出和税收当作痛苦的罪魁祸首其实误解了我们现在面临的问题。

为什么我们的经济环境越来越差？当我们提出这种疑问时，第一个具体问题应该是我们的经济出现了哪些变动。我希望以下几个观察实例能够指出经济中发生的某些变动。第一个，费尔德斯坦之前报出了几组关于联邦支出占GNP比例的数据，虽然比较吓人，但还是比较准确的。不过，美国不光只有一个联邦政府，除此之外，还有一些其他级别的政府。过去10~12年，美国所有级别的政府支出总和的增加幅度并没有像费尔德斯坦汇报的那么高。1970年，政府支出总和占国民总收入（GNI）的38.7%,1979年占38.4%,1981年占41.8%。因此，这个比例并没有上升太多。

第二个是名义税率。这些名义税率主要用于已知的收入水平，至少适用于那些真正的有钱人。这些税率一直没有发生变动，或者说，在里根政府削减税收前，名义税率并没有超过50年代的水平。

第三个是个人储蓄率。70年代后期，个人储蓄率确实下降了，而且跌得非常剧烈。为什么？至少一部分原因是关于人口的——出生在"婴儿潮"时期的那代人刚刚开始加入劳动力大军。当时的年轻人更愿意借钱花，而不是存钱花，而且人数越来越多，一发不可收拾。我认为，现在美国的储蓄规模是一个大问题，但是我仍然相信，因为"婴儿潮"这代人快要步入40岁，所以他们会开始存一些钱用于孩子的教育，这样，储蓄问题就可以部分地自我完善了。

第四个是工资率和生产能力。迈克尔·伯斯金认为，不可否认，这两者都出现了变动。不过，这个结论得在"婴儿潮"人口背景中才能成立。随着劳动人口的爆炸性增长，年轻劳动力的工资水平下降了，结果就扭曲了平均工资水平。结果，正如微观经济学家一般预测的那样，市场上廉价的劳动要素开始替代资本要素。资本—劳动比率以及资本—生产能力比率双双下滑。尽管这对出生在"婴儿潮"时期的劳动力是残酷的，对整个美国经济是残酷的，但我们目前仍不清楚联邦政府是否应该或者是否能够采取某些措施，来弥补这种自然的经济趋势。

最后一个是能源成本的暴涨在很多方面对美国经济造成了恶劣影响。曾经，联邦政府的一些经济政策对美国经济的损害程度达到无以复加的地步，并一直持续到1981年1月。这让人想起了本次研讨会的东道主——美联储。

过去20年，最重大的一次经济变动就是1965年前后政府改变支出融资方式。现在，政府越来越注重赤字融资以及通过货币创造来为赤字融资。

艾伦·雷诺兹指出，货币责任的终结和美元逐步与黄金脱钩正好赶在一起，两种情况造成的影响各不相同，泾渭分明。我认为，美元和黄金脱钩表明美元与黄金之间的关系十分脆弱，一旦货币当局决定贬值美元，两者之间的挂钩关系可以立刻解除。

我认为，与其说反储蓄和反投资的措施是一种税收问题，还不如说是税收制度影响通货膨胀的方式。虽然名义税率并没有发生太多变化，但是政府在将税收计划表用于名义收入时，有效税率却翻了好几倍。

如果一段时期内的通货膨胀率为8%,某收益率为6%,实际上这是一种损失。因此，政府对该笔6%的收益征税是对一种损失进行征税。政府无论怎么降低税收都无法扭转这种损失局面,但如果通货膨胀结束,那么收益损失也将消失。最近,有传言说美联储想考虑储备金问题和货币总量目标。现在,这种传言使我们的问题变得更为严重,而且可能已经引发了人们对经济萧条的担心。里昂纳德·希尔克的文章一直在阐述这种观点。现在美国的通货膨胀水平较低而且一直在下降,在这种形势下,利率一直处于很高的水平。因此,至少当前居高不下的利率有可能会抑制投资热潮。

希尔克、艾伦·勒纳以及其他人貌似都认为真实利率之所以这么高,就是因为美国经济面临滚滚而来的大量的政府赤字。这么说固然有些道理,不过,我认为假如市场对美联储抱有信心,那么政府赤字对利率水平只会造成非常温和的影响。然而,如果我们从另一种角度来看,政府赤字确实是一个大麻烦,原因就是人们害怕赤字被货币化,或者害怕国会针对赤字采取行动。

相对于最近和预计的近期通货膨胀水平,为什么目前的利率水平这么高?在考虑这个问题的同时,我们可以从有效市场理论中学到很多东西。过去20年,这一利率一直风靡股票市场。有效市场理论的一条原则是所有的证券都是有价格的,这样,它们的预期真实收益在经过风险调整后才能完全一样。

按照这种理解,美国真实的长期利率不可能比英国高,即使名义利率大致差不多,通货膨胀率也比英国高出很多。

按照这种理解,尽管美英两国的名义利率差不多且美国的通货膨胀水平比英国高,但美国的真实利率水平并不会比英国高。假如美国的真实利率更高一些,那么外国资金将大量涌入美国。结果造成美元需求量大涨,其他国家的真实利率就会升到与美国利率一样的水平,或者美国利率会降到与其他国家一样的水平。

更确切地说,现在国内外的真实利率都一样,不过,美国的利率风险溢价要比其他国家高。当然,其主要原因就是美国经济对保罗·沃克尔的政策不确定。

短期来看,这种不确定性风险还算适中。如果里根认为需要采取什么必要的措施,那就是想办法结束通胀。如果里根政府想要通过市政工程向市场注入资金,我认为没有问题。另外,我不是非常担心沃克尔。从种种迹象看,沃克尔希望在他离任一年之后,通货膨胀率比他刚接任时更低。这似乎就是他的核心目的。因此,即便里根政府要求沃克尔开闸放水,我认为沃克尔未必会照办。

不过,我相信市场的作用。我很担心里根和沃克尔各自的接班人将遵循里昂纳德·希尔克、亨利·考夫曼和其他人的意见,使美国重陷经济通胀的困境。他们还担心(我认为还蛮合理的)将来的通货膨胀有可能比我们之前遇到的更高。不过,1980年下半年和1981年第四季度货币供给量暴增肯定会让这种担心比1979年10月6日之前的担心更为真实。

这让我想起一个与大卫·梅瑟曼极为相似的建议:关于以下问题的争论通通先不要考虑:哪种货币比较重要？如何统计或测算这类货币的规模？美联储会采取何种措施来管理这类货币？美联储自己有一个非常清楚的替代选择,即美联储的资产负债表。该表不仅容易辨析、测算,而且还很方便监管。1年前,瑞士国家银行的研究主任科特·舒奈克特(Kurt Schiltnecht)对我讲过几个建设性的观点。他说:"我们现在连货币主义是什么都不知道,可是,我们在好几年前就发现了至今都很有用的观点,即基础货币扩张,物价会同时上涨。"我认为,如果沃克尔明天真的在宣布最新一周M1货币数量的同时宣布自此以后基础货币将每周增加100美元,那么我们将很快实现个位数的利率水平。我还在想,如果法律通过了这种政策调整,那么,不管1984年谁上台执政,我们维持住上述决定的机会将更大。

3

乔治·R. 麦隆恩

主持人科赫：乔治·麦隆恩是《华尔街日报》社论版副主编。他每天发表在《华尔街日报》上的文章多以辛辣的评论为主。1952年，麦隆恩加入《华尔街日报》，在芝加哥分社做采访记者。之后，他成为亚特兰大分社总编。1961年，麦隆恩被调往纽约，为报社献策献力，让《华尔街日报》头版新闻扬名四海。被任命为"每周商业快报"版编辑后，麦隆恩于1966年调到伦敦，担任国外驻地记者。从伦敦回纽约之后，麦隆恩成为社论作家。随后，他被晋升为社论版副总编。麦隆恩和妻子琼(Joan)合著过一本关于卡特经济现象的著作，这是他的其他闪光点之一。

在《华尔街日报》的社论版，我们曾预测未来几年本科生接受的当代经济学流派，当时我们并没有非常明显地具体指出哪个流派。不过，大家或许已经发现，过去10年，我们一直比较青睐供给侧经济学流派的观点。或许这是因为我们就像那些本科生，比较容易从18世纪的经济学中找到可以泰然自若的心态，而且我们还发现自己非常容易接受其中的某些经济思想，虽然不是全部。

现在，既然里根政府的蜜月期结束了(如果有的话)，我们并没有发现经济活动方式对我们造成了冲击。我们发现里根经济学中的政治因素越来越活跃，我认为以后更会如此。

目前，我们面临的是一个严肃的政治问题。去年的问题仅仅只是一场预演，当然，以后这些问题将出现在政治圈。在这个圈里，里根计划不成则败。里根计划中充斥着各种政治观点，而且它们现在肯定已经渗透在里根政府以及国会内部。正是白宫的总统助理将这些不同的政治观点交织在一起的。默里·韦登鲍姆早前曾评论过削减政府支出的难度。也许我可以说,虽然或许我们同意削减政府支出确实很困难,但韦登鲍姆的评论并不是在为我们某些人加油打气。

卢迪·佩纳(即鲁道夫·佩纳)的评论已经很肯定地表明,继续保持削减政府支出是非常重要的。我们知道,虽然国会没有制订出一套自己的预算编制流程,而且在编制预算和控制政府开支中表现得极不负责,但我们仍然要批评里根政府而不是国会,因为它并没有成功地控制住政府开支。

当然,长期以来,政治决策本身就存在一定程度的困扰。尽管如此,迈克尔·伯斯金之前已经发现里根政府至少主导了本次争辩的内容。也就是说,我曾经认为,到劳伦斯·克莱因发言的时候,他在回顾过去的一段历史之后提出了关于收入政策的问题,也许这表明现在反对里根经济计划的人已经使尽浑身解数、黔驴技穷了。

里根总统不会轻易认输,不管这个人是他的朋友还是政敌,现在我非常相信这一点。不过,弗里德曼之前曾提到里根经济计划到底能走多远,我对此持不太乐观的态度。

现在我们真正面临的问题是,里根政府能否坚持住这种政治热情,继续推动他的经济计划。毕竟这项计划实际上才刚刚施行,而且很不稳定,尤其是对于支持政府开支的人来讲。参加本次讨论会的人已经提出过,实际上里根政府的税收削减计划并没有很大的削减力度,它只不过是先通过这些税收削减计划把我们大部分人的情绪稳定住而已。

米尔顿·弗里德曼还提出过一个问题,即修订宪法。我觉得这件事挺有意思。但是,很显然,长期以来,政府开支的最高限额问题总是有办法解决。在预算外融资方面,国会一直是有新想法的。此外,国会还可以想到千奇百怪的方法,既推行它的计划又不会让计划费用纳入预算之内。

不过,现在我们看到里根政府在控制政府开支问题上还是有点成绩的。虽然现在从严格意义上讲新联邦主义并不是供给学派的观点,但它确实是我们当前所需要的一种观念。各级政府推行的各种计划措施根本没有得到有效管理,其实这些计划需要得到理性化的梳理。我认为,在这个问题上,现在不少州长都是支持里根总统的。里根总统其实需要更多的人来支持他有序地推行这些计划。这样,不久之后,美国的储蓄规模应该会扩大。

至于货币政策,我希望里根总统能够坚持原则。现在,美联储已经饱受批评了,而且美联储管理货币的方式也成了众矢之的,广受非议。因此,或许我应该为美联储说几句好话,至少得有人这么做吧。实际上,国内的 CPI 现在已经很低了,我不知道它是怎么降下来的,也许有什么魔力或者其他什么东西在作祟。保罗·沃克尔的货币政策工具看上去有点不太有效,而且我感觉这些政策工具的落实也不怎么样。

然而,至少现在的CPI降下来了,而且3个月以来一直都在4%以下的水平。因此,不管CPI是怎么下来的,我内心都很感激。我想,假如我们没有把通货膨胀水平降下来,假如我们继续坚持将通货膨胀控制在较低水平,那么70年代发生的通胀削弱经济形势的现实将给我们带来非常头痛的问题。马丁·费尔德斯坦已经详细地阐述过,未来美国的基础资本量将会被通货膨胀彻底摧毁。现在,美国经济或许已经快进入恶性通货膨胀阶段了。除非现在有人提出一种新的货币制度。实际上,大家都知道,目前有很多人都在努力研究货币制度问题——有的赞成金本位,有的不赞成——我很高兴美联储能够尽其所能地遏制通货膨胀。

在这次讨论中,我差点忘了还有一件事没说——美国经济政策施行期间的国际大环境。有时候,我们认为我们生活的经济环境四周都被包围着,当然,我们并没有。现在,我们不仅仅面临着美国政府在信贷市场上的压力,而且还面临着世界各国政府信贷需求的压力。

大家都知道,现今苏联和东欧国家正处在水深火热中。它们有大笔的政府债务还没还清,生产能力低下,债务偿还能力也不高。相对而言,德国的赤字比美国还大,这种情况在OECD国家中很常见。

因此,目前国际信贷市场上对大量信贷的需求已经成为一个全球问题。所有福利国家现在都有一本难念的经。它们在政治上面临的问题与美国的一样——很难撤销已经执行多年的政策,尽管这些政策会牺牲一国的经济增长。

在70年代,美国曾协助OPEC成员国成为信贷市场大户。毫无疑问,现在这些国家并没有给美国提供多少信贷资金。实际上,它们中有的国家自己都在借钱花了。

因此,里根政府现在得采取一些必要措施。我认为,我们不能简单地两手一摊,然后说我们可能会随波逐流。今年,对美国的经济政策而言是非常具有决定性意义的一年。里根政府最需要做的事情就是控制住政府的开支。

我不确定弗里德曼的鸭子是否真的按他说的方向飞。(有人告诉我说,应该是大雁才对,因为鸭子是不会按"V"字形飞的。)不管是鸭子还是大雁,我希望看到更多的鸭子往那个方向飞。里根总统需要更多人的支持。显然,今年里根总统将会在政治圈度过一段煎熬的日子。我们能想象到他在去年所取得的成绩可能会被抹杀掉,但我个人希望这种事情不要发生。

小马尔科姆·S. 福布斯

会议主持人科赫：我们的最后一位评论演讲嘉宾来自美国最悠久、最受人尊崇的商业出版物之一，即《福布斯》杂志。他就是该杂志社的总裁和首席运营官——小马尔科姆·S. 福布斯。他在社里有很多职务，其中之一就是撰写每期《福布斯》杂志的社论，这也是作为第三代家族掌门人继承下来的老传统。

有时候，他还会抽空参加纽约公共电视台的节目，发表一些经济评论。他经常会预测经济形势，而且一直表现得很不错。1975年和1976年他都荣获Crystal Owl年度大奖，以奖励他作为一名记者在经济形势上所做出的极为精准的预测。

我对供给侧经济学的好感并不单纯停留在思想层面上。我是一个继承了家族很多遗产的人。去年政府颁布削减遗产税的措施，我当时想它肯定与供给侧经济学有莫大关联。

不管我们今天讨论内容的主题是什么——供给侧经济学、古典经济学、新古典经济学或者巫术经济学（voodoo economics）——归根结底，说的就是一件事：经济刺激措施。政府通过制订一套对百姓而言更有价值的刺激措施，从而生产出更多商品，提高储蓄水平，刺激创新活动。

为了制订合理的刺激方案，我们需要：
（1）制订一套税法，奖励和鼓励成绩而不是遏制成绩。
（2）营造一种监管环境，但不要恶意针对私人部门。

(3)保持美元稳定。现在美元币值并不稳定,如果我们现在继续坚持现有的货币政策,未来的美元币值也不会稳定。

(4)政府部门应该学会既能在现有政策环境下生存,同时又不会增加纳税人的纳税负担。

(5)由于我们的生活受世界经济大环境影响,所以,毫无疑问,国际社会的安定最终还要靠美国的政治和军事实力。

我想,上面这5条建议没什么危害吧。这就带来下面的问题:为什么新闻界还有国内其他很多行业如此质疑供给侧经济学,甚至隐隐地还有一丝敌意呢?

原因确实有几个。第一,1981年夏,具体来说,在8月份,里根政府签署法令切实地削减了税收,至少是减少了名义税收。然而,美国经济没有出现复苏迹象。当时,美国道琼斯指数并没有在一夜之间回升到2000~3000点,相反,道琼斯指数大跌;利率水平也并未走低,而是进一步提高。对此,大卫·斯托克曼深感失望。当政府削减税收政策在吵吵闹闹中落实之后,好像并没有产生立竿见影的效果。这必然会引发我的某些同事之前曾经提到的问题——税收削减政策破灭了。

这项政策之所以没有立即取得成功,有几方面非常基本、非常重要的原因。首先,我们执行货币政策的方式仍然杂乱无章、一片混沌。其实,关于这个问题,有的供给学派经济学家在早期就已经开始解决了。

目前,这个问题不再是保罗·沃克尔是否应该放松或者紧缩货币政策。现在真正的问题是,美联储当前的政策流程、政策工具是否能够打造出币值坚挺的美元。如果大家提出这个问题,我想,这个问题会引发一场更热烈、更具活力、成果更为丰盛的大讨论。

税收削减没有产生杰克·坎普所说的效果,第二个原因就是,对大部分人而言,其实里根政府的税收削减并没有降低他们的税收负担,这种感觉一直持续到1982年夏天。真正从税收削减政策中受益的是那些减息票的有钱人。他们之前一直处在70%的税档,税收削减政策推行后,他们的税档就降到50%的水平上。这些人才真正享受了税收负担减少的好处。

至于市场对这项政策反应平平,我认为经济评论家、经济专家可能会把这视为非常良好的苗头。如果大家研究一下"二战"后市场对政策的反应,就会发现市场一直都没有积极响应过政府的经济政策。

举例来说,在"二战"后不久,华尔街的大部分人认为美国将陷入经济萧条期。因此,即便当时美国政府正积极筹备恢复经济健康增长,但是,1946~1949

年期间,美国股票市场仍然崩盘了。再举个例子,1962年,美国股票市场遭遇了一次灾难性崩盘。当时有人把这次崩盘与1929年的那次相提并论,然而,1962年的崩盘并没有影响美国的经济形势。60年代,美国经济仍然出现了大繁荣。

实际上,如果大家回头看看"二战"后的这段时间,在政府刚推出经济计划的时候,美国市场有过积极响应的情况,且只在理查德·尼克松(Richard Nixon)1971年强力推行工资和价格管制的时候出现过。也就这次,市场有所反应。

我们怀疑供给侧经济学的第二大原因其实是一份人员名单。上面的人就是现在公开十分推崇供给侧经济学的人物。

这份名单虽然十分有意思,但名单上的人或许就是这个完全崭新的经济学理论的先驱。曾有人认为,这种说法简直是无稽之谈。我们从赫尔伯特·斯坦因(Herbert Stein)发表在乔治·麦隆恩主持的《华尔街日报》版面上的文章中可以看出,大部分美国的经济权势团体对这种评论十分恼火。斯坦因在文中提到,说出这种评论的人竟然敢挑衅美国经济协会的15 000名会员,这真让人无法接受。

我认为之所以存在质疑,最后也是最重要的一点原因,就是我们在学校期间学习经济学的方式有问题。现在必须要抛弃很多我们本科阶段所学到的经济学知识。我们所吸收的经济学知识现在不再适用了。以前,我们评价经济政策往往是根据大萧条时期的痛苦经历。现在,这种评判标准虽然过于简单,但我认为,在供给侧经济学上它还是可以触及我们的基本问题的。

曾经,经济大萧条好像彻底摧毁了企业自由经营制度,即自由放任制度的可信性。在这种痛苦的经历中曾经萌发了一种经济思想和理念,即如果我们希望美国经济能够持续发展,那么美国政府必须要在市场中发挥巨大作用。

当时这种想法在美国最优秀、最聪明的人中很受欢迎,而且也很有启迪性。他们认为,美国政府可以积极出台措施,以便稳定、刺激、操控和微调国内的经济活动。这种想法现在还存在。

几个月前,国内关于赤字问题展开了一次大争论。大家也许还记得,有人,比如乔治·舒尔茨(George Schultz)和沃特·瑞斯顿(Walter Wriston)说过,政府别在经济衰退时期提高税收;为了证明这句话是合理的,舒尔茨还说赤字能够发挥稳定经济的作用。

我们不管赤字规模到底有多大,但是赤字绝对没有稳定经济的作用。当我们说政府能够激发经济活动,就像你和我这样的个人能够激发经济活动一样时,其实这种说法大错特错。然而,现在竟然还有很多经济学家从心底支持这种观念。目前,我们还能看到,在争论的时候,货币学派认为我们自己不仅能定义 M 货币,而且还能更精确地控制 M 货币数量。

我认为,我结束了自己对 M 货币的幻想是因为在我们的企业里,现在按照与其他国家的企业一样的方式管理现金。每个工作日结束后,屏幕上显示着各大银行户头的现金余额,然后我们再通宵决定如何处理这些现金余额。

假如我决定把这些资金投入比如欧洲定期存单中,那么,这笔钱将不会出现在每周货币供给,即旧 M1B 的数据中。假如我把这笔钱投到其他投资工具中,那么这笔钱也许还会出现。对我们来说,不管这笔钱是投到纽约、拿骚还是伦敦,这都不重要。但是,我们如何定义 M 是一件非常重要的事情。

因此,从根本上讲,经济大萧条让我们开始接受菲利普斯曲线。菲利普斯曲线描述了通货膨胀和失业率之间此消彼长的关系。也就是说,我们不可能在实现经济增长的同时实现较低的价格水平。我们开始认为不能过度依赖市场机制,因为 30 年代的时候市场毕竟失灵了。

我认为,从本质上讲,我们在大学期间所学的是经济系统就像一台发动机,除非政府通过某种方式为这台发动机加油,否则,它就熄火,并发出"噼里啪啦"的响声。现在,我们逐渐认识到,这种观念在现实世界中毫无作用。

经济大萧条爆发后,尤其是让人心惊肉跳之后,很多在此之前的事物都无法再让人信赖了——我认为,这有点过了。比如,我们曾经读过,麦隆恩认为 20 年代早期政府削减税收仅仅是对富人的一种福利,虽然削减税收没有导致大萧条,但也绝对不是什么好事情。

我们在大学时代学到的经济学观点认为,如果不是黄金导致 30 年代的大萧条,那么黄金肯定延长了大萧条的时间。布雷顿森林体系将黄金纳入其中,以便安抚苏黎世的国际银行家。我们在大学课堂上学到的观点认为,这种做法太老套了。我还学到黄金这个东西有点像我们的阑尾,对我们自己来说毫无益处,却有可能给我们带来不少麻烦。

如果我们回顾历史,就能发现,1968 年我们抛弃布雷顿森林体系留下来的没有意义的制度后,1968 年之前和之后两段时期美国经济的表现有着天壤之别。现在,即便我们重新建立起布雷顿森林体系,也不能彻底解决我们现在所有的问题。不过,除非我们的货币环境比较稳定——关于如何实现稳定的货币环境,我认为,大家会争论得你死我活——除非如此,否则,美国在未来几个月虽然有经济复苏的活力,但仍将面临严峻的复苏形势。

我们经常看到有种观点认为供给侧经济学是一种未经检验和证实的理论。有这种想法的人真应该回去翻翻历史书。我们可以看看"二战"后这段历史。30 年代恐怖的经济大萧条切切实实地给我们好好上了一课。我们从这次大萧条中认识到美国在战后这段时期应该有一个稳定的货币环境。因此，就有了后来的布雷顿森林体系。我们还认识到，美国在这段时期应该扩大自由贸易，减少保护主义壁垒。因此，就有了后来的关税及贸易总协定。"二战"后，我们并没有提出战争赔款，而是提出了马歇尔计划。在这段时间，美国需要一个稳定的国际大环境，而50年代和60年代的美国军事力量做到了这一点。

当然，布雷顿森林体系固然存在一些缺陷，但是，如果大家回头研究一下30年代以及70年代的经济制度，就会发现在50年代和60年代，美国经济制度所发挥的作用要比前两者好很多。

五六十年代，美国经济制度不仅促进了产出效率，而且让那些刚愎自用的政治家们乖乖听话。60年代早期的这段历史就是一个很好的案例。当时，约翰·肯尼迪（John Kennedy）当选美国总统。或许你们中有些年龄稍微大一些的人还记得1960年美国出现过一次美元货币危机。

肯尼迪刚上任的时候，大家认为他会提倡自由市场政策。然而，肯尼迪认为当时的经济重点是确保每35美元仍然能兑换一盎司黄金。

为此，肯尼迪采取了什么措施呢？当时，他任命了一名保守党成员道格·狄龙（Doug Dillon）担任政府财政部部长，以便稳住苏黎世的国际银行家。在肯尼迪政府期间，政府预算并没有像约翰逊政府期间那样猛涨。不过，军费支出确实是扩大了。

肯尼迪很走运。他提出的税收计划与麦隆恩的建议很相似，虽然没有披着麦隆恩经济思想的外套，但是却打着凯恩斯经济学的幌子。由于肯尼迪的目的就是刺激经济需求，所以当时大家认为这是不错的一揽子政策，还可以接受。

如果大家看过60年代初期的这段历史，会发现去年刚通过的里根经济计划现在饱受诋毁而且还被民主党批评，这正与60年代共和党批评肯尼迪经济计划遥相呼应。

从本质上讲，里根经济计划的很多内容与60年代初期的肯尼迪计划的基本原理是相通的。我认为，将来我们会建立起一个以黄金为依托的经济体系，这与60年代初期类似。军费开支问题就比较直接了。肯尼迪和里根两任政府都认为美国需要一个强有力的军事和政治姿态。至少我认为里根政府确实是这么想的。肯尼迪受古巴导弹危机的影响，所以才会这么想。我认为，里根可能是受援助尼加拉瓜反政府武装事件的影响，然后产生了这种想法。

里根政府确实采取了预算约束措施，而且也确实出台了刺激性的税收削减措施。那么，现在比较好笑的是，至少对这位新闻圈里人来说，泰迪·肯尼迪（Teddy Kennedy）也在批评里根的经济计划。大家可能认为他麾下的300员工也许有人会提醒他,其实,里根经济计划和约翰·肯尼迪的计划是一样的。然而,如果真有员工告诉泰迪·肯尼迪,我确信他未必能理解。

不过,从泰迪·肯尼迪的态度中,我们可以看出,虽然时代和环境变了,但是某些基本的原则还是存在的。如果我们要稳定经济增长,那么我们必须要营造一个可以促进生产能力的经济环境,并且还要鼓励人们竭尽全力、努力奉献。

目前,我们还没有提出关于货币政策的基本原理。不过,如果某一天我们要考虑这个问题,我认为社会现实自然会提出来的。到时候,关于供给侧经济学的各种说辞将会像60年代初那样产生"导弹差距"。

第六部分

供给侧经济学中的政治观点

会议主持人：威廉·F. 福特

菲尔·格莱姆出生于佐治亚州的班宁堡，之后从佐治亚大学取得哲学博士学位。他曾在得州农工大学和其他大学以经济学教授身份教过书。

1978年11月，格莱姆入选第96届国会成员。1980年和1982年再次入选。在国会工作期间，他代表的是得州第六区。第六区包括学院在内的各县郡以及周边的区域。

现在在国会，格莱姆在各大重要委员会中担任职务，其中包括预算委员会和商务委员会以及其他各种下属委员会。毫无疑问，格莱姆与他人共同提出了格莱姆—拉塔(Gramm-Latta)预算计划。这项计划强烈要求政府在未来3个财年里削减共计1 430亿美元的政府开支。大家现在对供给侧经济学肯定很熟悉了，格莱姆对供给侧经济学也做出了很多重大贡献。

1

关于政府支出的供给侧经济学

威廉·菲利普·格莱姆

因为政府开支往往牵扯到税收,所以我想谈一谈政府的费用开支问题。首先,我会先谈一下它的经济意义,然后再从它的政治意义上说几点。我先说一下里根政府刚推出减税政策时的税收基础吧,之后再对比一下 20 年代麦隆恩提出减税时的税收基础以及 60 年代肯尼迪削减税收时的税收基础。我还会聊聊我们的经济衰退问题以及层出不穷的赤字问题。我们现在关于赤字问题的讨论进行到哪一步了?讨论的最终解决赤字问题的方案又是什么?或者说根据讨论,我们的供给侧经济计划取得成功的机会有多大呢?最后,我会抛开自己老师的身份,简单地与大家聊聊上述问题。

首先,我们要找出政府削减税收和削减开支之间的关系,这点非常重要。如果大家先用一个简单、理想却没有信息传导机制的经济模型进行分析,那么根据这个模型,虽然政府削减税收会影响赤字水平,但它并不会从供给侧造成影响,对政府而言,它也不存在收入效应。政府削减税收意味着将来存在一种税收负担,而未来征税额的现值就是现在被削减掉的税额。减税还会导致政府必然在将来提高税收,从而引发通胀税问题。通过这种简单、理想化的经济模型,我们很清楚地看到税收削减和开支削减之间肯定存在关系——政府削减税收肯定会导致政府开支减少。

如果我们选择一种具备信息传导机制的经济模型,那么情况就稍微变得复杂,变得更有意思了。在大学二年级的教科书里,凯恩斯就通过一个简单的经济模型告诉我们,如果政府真的削减税收,那么受税收削减乘数因子的影响,凯恩斯经济模型会产生减税的传导作用。

正是因为大家没有在经济行为模型中发现消费（C）或者投资（I）或者政府开支（G）之间存在反常关系，所以大家可以看到，政府削减税收会提高纳税人的收入流。收入增加优惠则导致税收等额增加，因此，减税能够推动经济发展。

如果经济中存在失业问题，那么实际的经济资源将会扩大，随之而来的就是收入的增长。这些现象的信息传递也因此而来。

如果经济中出现了非充分就业问题，那么受政府减税措施的影响，政府开支的增长速度肯定会超过政府收入的增长速度，而且由于受政府债券或者通货膨胀税的影响，未来大家可能会面临一笔税收。这笔税收不会和现在被削减的税收额度一样大，因为我们的经济中存在一定的传导机制。

从根本上讲，按照供给侧经济学的说法——30年代之前，它基本上就是主流的经济分析方法——政府削减税收会从很多方面刺激人们工作、储蓄还有投资等。税收削减与收入流、收入增长之间并没有很固定的联系。

由于人们从政府那里得到了更多的刺激措施，因而更加努力工作、储蓄和投资，进而提高了收入水平。除非大家通过认真研究并量化人们的真实经济行为，否则，尽管上述的因果关系非常明确，但是我们仍然不能确定具体的效果。

从严格的逻辑意义上讲，这种效果意味着收入的增长幅度可能比减税金额高出许多倍。反过来说，如果把边际税率降到比基础税率还低的水平，那么政府的税收有可能会超过减税幅度，这反过来会促进预算的平衡。

这得耗费多长时间才能实现呢？最后到底会达到什么水平呢？很显然，这些问题目前还没有定论，而且答案还得看我们现在所处的经济环境如何。

20世纪最重要、最有意思的供给侧税收削减措施分别出现在20年代中期安德鲁·W.麦隆恩担任财政部长时期以及肯尼迪执政时期。为什么说20年代麦隆恩的税收削减政策那么重要呢？因为当时的税收削减充分显示了供给侧效应和避税的重要性。

麦隆恩经过5年的时间把最高税额从77％降到25％。他加大了减税力度，并花了5年时间取消了40％的美国纳税人资格。结果，大家猜猜怎么了？税收竟然增加了。百万富翁们的边际税率虽然从原来的77％降到了25％，但他们在25％的边际税率基础上所缴纳的税额是之前所缴的2倍。

这是什么情况？首先，税收削减和政府刺激措施增加对收入增加以及收入增长速度的提高都存在边际影响。其次，麦隆恩曾写过一本书，书中的相关观察结果显示，减少政府税收最确保的办法就是提高税率，这样就提高了大家的边际税率，从而促使人们开始选择避税措施。然而，在20年代中期那么短的时间内，我们很明显地看到，由于政府降低了边际税率，人们发现避税行为所带来的收益在不断减少，结果反而导致人们减少了避税行为。

在第一次世界大战中以及随后的一段时期内，人们基本上把自己的收入流全部冻结起来了。不过，他们发现如果将逃税和避税所得转成一般收入，对他们自己是有好处的。因为虽然人们会支付一笔所得税，但这样一来反而会使他们有机会拿到这笔一般性收入。

不过，我们关心的问题是麦隆恩主张削减税收的那个年代。在那段时期内，我们早已经熬过了"一战"期间痛苦的通货膨胀，战后的政府税收则一直居高不下，财政盈余也越来越多，而物价水平从1921年初就开始转入了下降通道。

麦隆恩提出削减政府税收时的美国经济还是非常稳定的，而且在此之前，美国的物价水平一直在下降，经济生产能力又一直处于上升期。60年代肯尼迪提出削减政府税收时，美国物价稳定的时代基本上快要结束了。

1947～1963年，美国产成品批发商从未调整他们的价目表。如果大家将1947～1963年（1950年除外）的产品质量问题考虑进去，会发现这段时期的物价明显降低了。

大家注意，在肯尼迪政府削减税收的这段时期内，美国不仅终结了物价稳定的时代，而且还进入了一个货币政策相当具有扩张性的年代。

既然里根政府的减税政策与削减政府开支有关，那他的这套政策现在是什么情况呢？第一点，大家注意，不管我们在什么时候提到税收削减的抽象传递效应以及当我们从抽象角度揣摩能够通过削减政府开支实现预算平衡的时候，一直都是绝对假设政府的开支规模是固定不变的。我们费尽心思就是想成功实施里根的经济计划，但这个假设却是我们所面临的首要难题。

现在的政府开支不但不固定，而且还在飞速扩张。在1981财年，联邦政府开支增长率几乎达到18％。在1981年1月20日里根刚刚入主白宫的时候，各种政府开支项目自身会产生一定的持续性影响，但影响到底有多大呢？假如美国没有通过一项单独的新法规，没有制订出一套新的政府开支计划，那么，现在的政府开支规模完全可能导致1984年的财政赤字达到1 000亿美元的水平，但前提是政府在此期间不会削减税收。

现在，我们费尽心思想让古典供给侧经济模型为我所用。古典供给侧经济学中曾有一个绝对假设，即政府开支水平固定不变，然而，我们现在的问题就是这个假设其实并不正确，因为当时的政府开支规模是一直不断扩大的。

通货膨胀自身不断扩大的特点从根本上决定了政府开支所固有的经济影

响力。当通货膨胀率持续上升时,由于我们要支付全部生活费的调整,包括从附加社会保障收入和食品券开始到社会保障的调整,随着通胀的不断上升,人们的税档级别也随之提高,政府的财政收入增长速度也超过开支增长速度。这是因为生活费的调整成本是根据去年的通货膨胀计算的,而不是过去几年的。

1982年的政府预算已经确定了美国经济的发展方向,不过,如果大家想要改变它的话,就会发现在延长的通货膨胀周期中,那些对我们有利的经济要素,即财政亏损年份中的政府预算、攀升的通胀、税档级别以及大额财政收入等,现在已经把我们塑造成一种形象,具体地说,就是从1960年到1983年,美国政府一直能够在第三个执政年度实现预算平衡,因为收入受到最低通货膨胀影响后,一方面用于缴纳政府税收,进而从另一方面大幅提高了政府收入。

我们在努力推行里根经济计划的过程中发现,美国联邦政府的开支增长速度实在太快了。之前为了确保供给侧经济理论的指导意义,我们不但要通过减税来提高政策刺激性,而且还要降低政府开支的增长速度。我们这样做并不是为了在静态经济环境中或者在削减税收的静态经济假设条件下来平衡减少的政府收入,而只是想要控制住联邦政府的开支规模。

里根政府在1982年的政府预算中并没有削减政府开支规模,1983年和1984年的预算也不会提出来。我们曾经把1981财年的联邦政府开支年增长率从18%降到1982财年的8%。我们希望这个水平能在1983财年和1984财年降到4%。

从根本上讲,我们想在现行经济环境中让供给侧经济学理论大行其道的话,就面临一个双重性的问题。一方面,根据我们当前的经济预测趋势,未来几年的政府赤字会给我带来一个非常现实的疑问:里根政府的税收削减政策到底能撑多久?此外,我认为,投资者肯定会有足够的理由提出疑问:这些预测的财政赤字是否意味着未来美国政府会提高税收?如果提高税收,期间是否会产生负面的供给侧效应?

另一方面,如果我们作壁上观,无动于衷,那么受通货膨胀因素的影响,我们将在供给侧面临税收提高的问题,而通货膨胀会严重影响储蓄水平,尤其是影响那些按照名义价值统计的资产。税收提高反过来会在某种情况下大幅削弱政府减税的供给侧效应。

在这种情况下,我们该如何选择呢?现在的问题其实很简单。不管是私人部门还是美国政府管理和预算局、美国国会预算局在1982年的经济预算中做出的经济预测结果,从季度统计上看,它们都表明美国经济在18个月的起起伏伏中基本上没有增长,之后,美国经济将会进入持续恢复期。

至于经济复苏的劲头到底有多强,当时并没有定论,不过,毋庸置疑的是经济肯定会复苏。之前曾经出现的情况是,我们5月份刚通过预算总量,7月份经济就出现了衰退,8月份我们确定了最终预算,10月份预算才生效。里根经济计划在经历了5个月经济衰退之后才正式生效。

假如1982年政府预算中的经济假设非常精确,那么1983年,我们的财政赤字有可能达到250亿美元,而不是当前1 500亿美元的财政赤字。

如何处理这种情况就是我们现在所面临的问题。答案很明确。我认为,现在我们正在给供给侧经济学处处设卡,阻碍了它在恢复美国经济过程中发挥指导作用。我想,当务之急是我们应该控制住政府赤字,而且虽然华盛顿政府似乎在关于赤字问题上争论不休且没有定论,但是,其中不少说法基本上都是对我们有利的。

当年里根总统提出预算时,我们听到的争议重点并不是政府的减税政策,而是听到有些人,特别是国会中25年来从未反对过控制赤字开支问题的人,如今却跳出来谴责里根削减赤字的邪恶做法。

蒂普·奥尼尔(Tip O'Neil)、吉姆·赖特(Jim Wright)还有那些靠纳税人还没有交到联邦政府手里的钱讨生活的人,认为里根经济计划带来的联邦赤字实在让人无法接受。华盛顿政府中曾经铁了心反对里根经济计划的人的态度似乎已经大幅转变,又重新支持保守型的财政政策。

其实,这给里根政府创造了一个机会。因为里根政府会通过编制一套新的政府预算,计划在1983财年把赤字降到可控水平,到1985财年彻底消除赤字问题。其间,这些改变了态度、支持保守型财政政策的人有机会重新选择他们的立场。

这套政府预算肯定会大幅削减政府支出并减少福利计划和临时性计划,从而控制国防开支的增长速度。此外,这套预算肯定会涉及税法中的边缘税种问题。

我认为,在削减个人所得税问题上,里根总统不会或者说应该不会让步,而且美国现在的国防形势或者说国防预算编制的方式不会允许存在国防性储蓄,但我确信国防预算中可以而且以后肯定会留出一部分储蓄资金。

有人认为,不管我们讨论的是烟酒税还是石油进口关税,我们都不应该盯着税法中这些边缘化的税种。

我的感觉是,我们应该在未来几年消除赤字;我们应该向国人表明,H.B. 1053条例,即现代版的资本回收法是固定不变的;未来3年,边际税率第一年降低5%,第二年降低10%,第三年降低10%,这种"5—10—10"的削减计划也是固定不变的。

如果这些措施的供给侧效应能够达到我们预期,那么政府就不用再通过提高边缘税种的税率来控制赤字问题了。或者说,我们还可以选择另外一种更好的替代措施,即更加具有供给侧经济效应的税收削减政策。

我认为,如果在1983年我们能够出台一套完善的预算计划,那么里根总统的经济计划就会生效。可惜,这是一项非常艰巨的政治任务,因为目前华府的问题并不是关于预算、赤字、通胀和利率,而是关于将来的总统人选。

如果里根经济计划成功了,那么保守派会继续执政而自由派将失去发言权。如果里根经济计划失败了,那么自由派将重返政治舞台,掌控本世纪末的国家大权。如果不从政治立场而是从两党的经济理念上看,那么大家将会看到本世纪以来最为激烈、最为残酷的一次政治角逐。

我的好朋友纽特·金里奇一直都在努力为保守派加油打气。我想说,我和他都认为保守派必胜。

2

供给学派经济政策的政治含义

纽特·金里奇

会议主持人福特:纽特·金里奇的国会选区包括与亚特兰大南部、西部毗邻的13个州县。《奥古斯塔先驱报》曾经在1980年2月25日评论说:"纽特·金里奇,这个来自卡罗敦市的新人,就任仅仅13个月就已经成为经济和财政政策方面的战略骨干,因此,可以说,他就是佐治亚州共和党里的山姆·那姆议员。"

金里奇来自军人家庭,父亲是一名职业军人。他从小就在当地各个学校里念书,之后转到了哥伦布贝克中学。金里奇从埃默里大学取得学士学位后考入杜兰大学继续深造,先后取得了历史学硕士学位和哲学博士学位。他曾与菲尔·格莱姆一样,也是一名大学教授。不过,他是历史学教授,而不是经济学教授。在卡罗敦市的西佐治亚学院教了7年书之后,金里奇在1978年被选入国会。与格莱姆一样,金里奇在国会重要的委员会如公共设施和交通委员会中担任了一些非常有意思的工作。

关于前述各种经济计划,我还了解到一些说法,即要求修正宪法、实现预算平衡。金里奇就是积极倡导修正宪法的先锋人物之一,这一点大家可能会觉得很有意思。

供给学派经济政策的政治含义非常重要。我认为菲尔·格莱姆讲得对。我们目前正处在十字路口,在随后6~8个月的时间里,我们将会指明到底哪些思想理念、哪些派别会最终引导未来几年美国的经济。

我与经济学教授非常不一样的地方就是我的历史学家的身份。之前我还研究过环境问题，所以我会从非常特殊的角度来分析这些问题。我会从整体解析而不是分开剖析这些问题。也就是说，我认为我们正在经历思想、文化和社会层面上的大变革，就像目前我们在经济和政治领域里的大变革一样。我们只有从整体上分析，才能明白目前面临的难题。

现在我们正处于经济过渡期，约翰·赫伊津哈（Johann Huizinga）在他著名的历史研究大作《中世纪的衰落》（*The Waning of the Middle Ages*）中提出，历史过渡期中的人对过渡时期的认识并没有 400 年后提笔撰写这段历史的人看得清楚。

他当时研究的历史阶段是文艺复兴时期。他发现，如果我们从那个时代的人的角度上看待文艺复兴，其实文艺复兴时期是非常恐怖和动乱的年代。当时的人认为简直就是世界末日。然而，他们并不知道米开朗琪罗（Michelangelo）的历史地位会这么重要，达·芬奇（Da Vinci）竟会如此出名。在那个年代，人们只知道他们的价值体系面临着严峻的挑战。

1982 年，面临政策调整和未知的经济形势，我们同样有这种担心。实际上，美国经济坚持了半个世纪的旧秩序马上就要寿终正寝了。"自由福利国家党"正在退出政治舞台。"自由福利国家党"主张提高税收，推行大型福利计划、集中化官僚体制、超储蓄借贷，而且认为国防支出不如社会支出重要；资本投资，无论是公共的还是私人的，都没有消费活动重要。其中，大型福利计划更加侧重财富再分配而不是消除社会的贫困，强调"大社会"方案而不是提出一种"新政"。

这种主张现在不行了，而且与"胡佛主义"以及中世纪同业公会制度一样，现在已经被抛弃了。其实，公众调查结果表明，关于前述的潜在问题，美国人民是支持我们的。我说的"我们"，指的就是供给侧思想的倡导者，我称他们为"保守机会型社党"。民意调查结果提供了一连串解决问题的办法，但是都比较基础，不可能会印在《华盛顿邮报》的核心版面上。

我有五个大问题需要说明。

第一个，花我们钱的人应该是谁？调查显示，大约有 80∶10 的人认为挣钱的才应该花钱，而不是把挣来的钱通过税收的形式转到中央政府手里。

第二个，我们的生活应该由谁来主导？约 74∶19 的人认为是最广义的新联邦主义，也就是说，他们相信州政府和地方政府的能力，而不是中央。

第三个，对待那些最需要扶持而且又丝毫没有劳动能力的人，我们会像罗斯福"新政"时期那样帮助他们吗？或者说，我们会像推出"大社会"计划那样推出大规模的再分配计划吗？支持"新政"和"大社会"计划的人数比例大约是 5∶1。

第四个，我们如何创造就业机会？我们是通过中央政府的大型公共项目开支以及"综合就业和培训法案"（CETA）计划来创造就业，还是通过制定法律来发展"婴儿生意"和小企业、鼓励私人产业，从而实现长期稳定的就业呢？很显然，美国人民会选择第二种。

最后一个问题，世界形势到底有多危险？在国内，个人遭遇犯罪活动的危险几率有多大？在国外，美国面临外敌入侵的危险几率有多大？民意调查显示，68∶20 的人认为，美国的形势对我们的经济政策有利。

在上述五个问题上，美国人民以压倒性优势支持我们的观点，反对"自由福利国家"的观念。结果，在我们彻底击垮自由派民主党的时候，只有那些抱有天真而且徒劳想法的愣头青给我们制造了一些麻烦。

我会把以上观点综合一下，而且按照托马斯·库恩（Thomas Kuhn）的《科学革命的结构》（*The Structure of Scientific Revolutions*）的描述，我认为，现在的美国出现了一种新的社党模式，我称其为"保守机会型社党"。

这种新型社党在很多普遍的价值观念上比较保守，这与自由派的价值观形成了鲜明对比。保守机会型社党非常重视"机会"，尤其是实现美好未来的机会。至于努力推行福利主义和教条化历史的问题，它不是特别强调。此外，在解决社会疑难杂症的时候，它还特别重视社会的整体性，而不是仅仅盯着国家的官僚系统。

下面我举几个例子来解释一下。农业部长布洛克（Block）最近对我说，如果当前美国政府将利率水平下调 1%，这意味着农业工人实际得到的工资水平将上涨 10%。"自由福利国家"通过提供相当于实得工资 10% 的联邦政府福利也可以解决农业问题。这种做法很可能成为头版新闻，而且老百姓也知道政客为他们提供什么福利。相比之下，如果没有国家干预或者没有政府福利计划，那么政府降低 1% 利率的政策含义是无法向老百姓解释清楚的，也正是如此，这项政策无法成为利益集团所关心的头版新闻。

在我的国会选区内，关于"自由福利国家党"和"保守机会型社党"两种理论模型，我曾抽样调查过民众的看法。结果令人意想不到。我认为，这些结果多少为我们提供了一些方向。当时我的问题是"如果共和党和民主党两党都没有了，美国新出现另外两个政党，你更会支持哪个呢？"调查结果显示，选区内支持"保守机会型社党"和"自由福利国家党"的人数比例为 59∶17，所以我的选民们更支持"保守机会型社党"。

然后，大家问："如果一位总统候选人支持保守机会型社党，另外一位支持自由福利国家党，那么大家会如何看待这两位候选人呢？"我的选民中有40％的人强烈反对自由福利国家党的候选人。

反对自由福利国家党候选人的群众基础是非常庞大的，虽然他们不知道"保守机会型社党"的确切含义是什么，但是，保守派候选人肯定是赢家。如果大家走遍美国，会发现就像我曾经在哈佛大学的研究发现的情况一样，甚至大学教师也不想与自由福利国家党有任何瓜葛，而且如果有人告诉老师他们所教的东西就是自由福利国家党的价值体系，那么这些老师会立刻反击这种价值体系。

然而，正如蒂普·奥尼尔经常在众议院所说，他现在仍然可以正大光明地支持大政府理论。其实，如果里根现在想要改变某些大政府理论；如果大部分美国人希望里根实现这些调整，那么，为什么我们现在还有这么多问题呢？

原因有三个：第一，利益集团的组织结构、立法专门委员会的组成以及新闻媒体的消息来源等很显然对过去的经济政策是有利的；第二，为了阐明"保守机会型社党"的含义或者说供给侧政策的含义，我们必须提出一些新思路和新术语；第三，我们中的大部分人虽然非常赞成里根总统的政策调整，但是他们却以非专业人士的身份做着专业人士做的事情。

利益团体的组织结构、立法专门委员会以及媒体的消息来源，这三者严重阻挠了我们的政策宣传。目前来看，里根毫无疑问是美国人民基本价值观的解说员。然而，我们的政策思路并不是特别详细具体，我们解释这些思路的效果也不是特别好，而且主流利益团体仍然是自由福利国家党利益团体的延续。因此，这就好比说唐纳德·里根把肉块放到了蒂普·奥尼尔的绞肉机里，再经过克劳德·派帕尔（Claude Pepper）的立法专门委员处理，结果出来的竟然是自由派的福利汉堡。

设想一位哥伦比亚广播公司（CBS）的主持人曾经在自由福利国家党开办的大学接受教育，听到并且还学会了自由福利国家党的说话方式和知识，现在这位主持人又站出来为某个立法专门委员会说话，因为这个委员会的领导是自由福利国家党的民主派，成员也都是来自自由福利国家党，所以换句话说，上面的结果意味着不管美国人民的普遍价值观念如何，这些价值观最终还得看这位主持人的报道。不过，结果是非常明显的。

由于我们自己没有解决好上述第二个和第三个问题，结果加剧了新闻媒体对我们的政策措施的理解难度。第二个问题，我们必须要提出新思路和新术语。用欧文·克里斯托（Irving Kristol）的话说，一直以来，我们最终变成了福利国家的"记账员和会计"。

老实说,如果供给侧经济学一定要有所指的话,那它更多讲的是人类本性和激励措施,相比之下,经济学与它毫无关系。如果大家读过乔治·吉尔德(George Gilder)的书,应该会明白我的意思。人们对经济奖罚措施的反应以及对未来生活的预测,其实,这就是我所说的大家会明白的问题。按照这种逻辑,供给侧经济学模型的特点就是整体性强、内部协同性强、社会性强,而还原论中的国家官僚政治制度,虽然我们早已习惯了,但并不是供给侧经济学的特点。

大家可以从我刚才的只言片语中看出我们并不知道如何描述供给侧经济学模型;我知道这些话都是最基本的理论化语言,然而,我们却不知道怎么样把这些话转化成真实的生活化的语言。

政府的某些政策倡议虽然能够得到人们的支持,但是却会产生一种"副作用"。我强调一下这个"副作用",因为其实它就是减少的政府开支。下面我给大家举两个正面的例子来说明预算削减与这些政策倡议之间的区别。

目前,里根政府正在研究两项法案。第一个是《生产型残障人士法案》(Productive Handicapped and Disabled Americans Bill),第二个是《家居办公机会法案》(Family Opportunity Act)。第一个法案受下面这件简单事情的启发。现在亚特兰大有一位四肢全部瘫痪的残疾人,他竟然是一名全职的计算机程序员。他靠这份工作自力更生,找回了自己的尊严。我们现在正在进行一场信息技术革命。通过信息技术,我们可以创造出更多的高薪工作机会,人们也可以通过更多意想不到的方式提高自己的生产能力;实际上,在不久的将来,我们有能力将残疾补助费转化成其他项目,比如用于诊断疾病的项目、就业再培训项目以及资本投资项目等。

这意味着,目前那些游离在主流生活圈之外的人可以通过这些措施自谋生路;同时,这也顺便解决了斯托克曼—史威克难题,即每年170亿美元残障福利计划。目前,政府的残障福利计划是,如果你背痛,而且还请了一名不错的医生,那么国家会负责你未来3年的护理任务。因此,如果政府想要创造上述机会,必须出台与目前的残障福利计划完全不同的、全新的一揽子计划。

我的第二个例子就是《家居办公机会法案》。对大部分家里有学前儿童的工薪妈妈族来说,如果家里的电脑是与固定电话相连的,那么现在的信息技术以及其他相关技术有机会让她们在家里的电脑上办公,实际工作内容可以是现有任何白领的工作或者行政工作。这是提出第二个法案的前提,而且这个法案会产生各种协同效应。

由于这套法案增加了人们在家的时间,所以它提高了家庭成员之间的凝聚力,提高了家庭周边抵御犯罪活动的安全系数。同时,它还降低了中产阶级开车上下班的成本,减少了大型公司为白领阶层建造新办公大楼的成本。这套方案有力地促进了计算机产业的发展,这是我们领先日本和德国为数不多的经济产业。

要达到这种目的,政府只需要减少税收或者向家庭中的每个人每年提供100美元税收优惠,但最多提供相当于家庭计算机成本50%的税收优惠——这项技术领域的"宅地法"再次让中产家庭拥有了他们自己的生产工具。

当大家仔细研究这两个法案时,肯定会提出这样的问题:根据当前还原论模型,谁会支持这两个法案呢?比如,《生产型残障人士法案》解决的是残疾人问题,那它的管理部门真的是卫生和福利部吗?或者,是负责教育的教育部?还是负责劳动技能培训的劳工部?甚至是担心计算机产业和就业机会的商务部?还有,财政部以及美国政府管理和预算局会把它作为节省预算的有效工具吗?

或者,如果大家看看家庭计算机法案,上面几个部门中还会再站出来一个支持它吗?还有,国防部会支持它吗?进入90年代后,我们的军事人才质量以及当前我们的军事系统越来越计算机化,这都是国防部非常关心的问题。(实际上,"吃豆豆"游戏和雅达利游戏公司在训练人们射击M-1坦克的能力上发挥了很大作用。这的确是真的。雅达利游戏公司已经接到邀请参与这项军事培训项目的投标。)

我们的问题是,一些特殊利益团体现在并不支持未来推行的供给侧经济政策。比如,IBM目前的员工人数已经超过了奶农数量。然而,由于奶农是按照自由福利国家的意志组织起来的,而IBM则远离了政治因素,所以我们为了支持奶农项目,现在就征收IBM未来的税金。

掌控着新闻媒体咽喉的利益团体大约占全国总人口的10%或者15%(估计有2 200万或者3 000万人)。这些人对保留自由福利国家的制度还是很热情的。有的人平时不理会政治形势,有的人则搞不清楚国家的政治状况,还有一些人一直被自由派政客们游说,认为参与政治生活的感觉并不好。这些人有可能会从供给侧经济政策中收益。

我们必须建立起支持供给侧政策的选民阵营。我们必须制订出详细的供给侧立法议程。我们必须要有供给侧利益团体,并让他们知道为什么参与到争取国家发展方向的斗争是合法的。

这就引出了我们的第三个问题。坦诚地说,我们是专业领域里的业余人士。国家电视台曾经播放过众议院共和党协商会议中的十二场采访,其中包括

4 名民主党议员、4 名共和党议员和 4 名白宫发言人。这些采访总计花了大约 6 个小时。我曾研究过这些采访内容,并且已经发表了研究成果。

如果大家读一读这些采访内容,分析一下他们的用词,就会发现自由派民主党很显然表现得非常专业,比如俄亥俄州的民主党议员,他们在每次游戏中都能拦截对方的前锋,最后自己得分。民主党的说话方式、用词技巧如出一辙。他们非常清楚如何通过比较腹黑的方式绕过那些带有偏见的言辞。此外,正是因为他们是专业的,所以他们才有胆量召开新闻发布会攻击里根总统没有代表两党利益。

相比之下,白宫发言人在 4 场采访中用赞扬的口吻提了 2 次"共和党"以及 6 次"民主党"。期间,他们至少有 90 次提到"白宫","国会"则提了 60 次。

假如你是一名来自火星的人类学家或者是一名外国大使,看完这段采访后,你可能会认为美国政治就是白宫和国会之间的斗来斗去,其中,白宫代表一大派,国会代表另一大派。倘若去年我们早就这样看待美国政局的话,现在我们就不可能通过《格莱姆—拉塔决议》或者《经济复兴税收法案》。

我想告诉大家,如果你们大学里有专业队,你应该押专业队。这样,我们不管怎样都会赢,真是太神奇了。

特别是在共和党更为熟练地把握大众媒体的报道方式之前以及我们在政治艺术中表现得更加专业之前,我们肯定还会接二连三地栽跟头。我们是应该栽些跟头,因为我们目前没有能力表现得非常专业。

有些共和党员非常熟悉政治套路,知道如何才能赢得选举。还有些共和党员擅长与政府往来(good at government)。然而,很少有共和党员通晓政府管理(good at governing)。政府管理(governing)其实是一门艺术。它将政府和政治学说综合起来用以实现人们的理想与希望,因为它们很显然是与你站在一派一起抵制对手的。现在我们之所以处境如此艰难,核心问题就是这个观点。

至于政策主题,民意调查显示,目前供给侧经济政策显然更能代表人们的理想和希望,而且,我代表共和党所问的问题,他们基本上也全部回答了。

除了里根本人,我们目前还无法与自由民主党一争高下。我们就像一支高校橄榄球队,尽管训练有素,却闯进了超级碗大赛和职业选手比赛。不过,我们可以学会如何做好政府管理工作,而且我们必须特别重视清晰、准确地将我们的政策主题和策略方针传达给民众,这样他们才会支持我们。

我举一个关于政策主题的例子。这个主题与我们的预算策略有关。保守派民主党的菲尔·格莱姆和共和党的纽特·金里奇在七个政策目标上(具体细节不要深究了)都持赞成态度。这七个目标分别是:降低通胀水平、降低利率水平、保障全民就业、维持较低的税负压力、到 1985 年实现预算平衡、以国力确保和平环境、维护"新政"。最后这个目标体现了我们要积极建立"社会安全网"的态度。

如果政府对转移支付毫无节制,在本世纪末之前,这块政府支出将占联邦政府预算的 93%。显然,政府是不会让这事儿发生的。因此,实际上,《商业周刊》的民意调查表明,80% 的美国人认为大家得控制一下自己的开销。在决定政府是提高税收还是降低联邦开支时,支持比例结果是 8∶12。更多的人会选择降低联邦开支。毫无疑问,人们会因为这种选择很快花光自己的钱,而且还要开始面对政府提税的现实。原因就在于,自由福利国家党的利益集团的专门委员会要比全美 80% 的大众利益团体更有势力。

我建议让自由福利国家党和保守机会型社党在政府债务的上限问题上一定要表明态度。今年春天,我们中有人认为未来是供给侧经济学的天下,他们会反对延期政府债务。(我肯定贝利尔·斯普林科稍后会非常开心地就这一点予以反驳。)

我们不应该支持政府债务的延期,除非我们实现了三种承诺。第一,修订宪法以实现预算平衡的提案投票通过,就个人来讲,我更希望通过的是康乐伯—詹金斯法案(Conable-Jenkins Bill)。第二,保证政府会在第三年削减个人所得税,并将其指数化。第三,政府会大幅调整联邦政府开支,从而在 1983 年显著降低赤字水平,到 1985 年实现预算平衡。

以上三个目标一旦实现,利率水平将迅速回落。这将使就业和经济突飞猛涨,进而加快实现预算平衡。

大家知道,财政赤字每变动 250 亿美元,失业率就会变动 1%。我想告诉大家,假如我们从根本上调整了政府开支政策,而且还制定了要求平衡预算的宪法修正案,亨利·考夫曼肯定会非常开心。

我们开出限制政府债务的这剂猛药主要有三个原因。

第一,如果我们拿着利率 16%、失业率 9% 的答卷参加今年秋季的选举,那么我们中支持供给侧经济政策的人还欠缺充足的实力。如果我们被人下了套,在未来几个月推行自由放任的政策,那我们真是笨到家了,因为自由派民主党正看着我们吃亏的笑话。如果我们此刻(也就是今年春天)还在犹豫不决,那么我们哪来的自信说在秋季选举后再行决定?

第二,今年的赤字实在太大了,结果政府的利息支付超过了陆军和海军军费总和。因此,现在出于道德上的责任感,我们一直反对这种赤字的继续存在。实际上,如果不是因为里根政府支付了利息,那么里根的预算就会出现盈余。

如今是时候别再让美国政府用商品和劳务的噱头乱开空头支票了,因为我们现在根本兑现不了。

第三,我们要么改变自由福利国家党,从而实现更低的利率,促进就业和经济发展,要么我们必须在公众面前公开现身说法,向美国人民证明操控众议院的并不是我们,而是蒂普·奥尼尔和自由派民主党。如果我们通过一项非常普通的法律,那么,我们一方面对该法律没有实际控制权,另一方面却会因为通过了这项法律而承担全部的责任。因此,我们承担不起通过这种普通法律的风险。

反对政府债务上限策略的观点主要有两种。第一种,这其实是政府不负责的表现;第二种,我们从心理上是占统治地位的,而且无法阻拦公众预期我们会批准通过政府债务上限的政策。

关于第一点,那些强调"政府责任"的人近几十年越来越失势。现在,美国政府所能做出的最不负责任的行为就是终止现行的变革措施,因为我们没有勇气和义务做出重大的政策变动。最不负责任的表现就是我们经历未来 6 个月的放任自流后最终在利率走高、失业率上升的经济形势中参加选举,而不是直截了当地解决选举问题。

至于第二点,有人认为我们掌握着控制权。我们做个简单的小测试,即我们提出的三个要求都能被满足。如果我们是老大,那好,让我们来投票通过宪法修正案吧,然后实现预算平衡的目标;让我们来投票从根本上调整政府的开支政策吧,还有,让我们一起来坚持推行供给侧的所得税削减吧。如果满足不了这三点,那么,显然并不是我们说了算。鱼和熊掌不能兼得啊!至关重要的是,我们得确保美国人民知道谁才是真正的掌权人。

自由派民主党的竞选经理约瑟夫·拿波里坦(Jeseph Napolitan)曾经讲过:"你永远不要低估美国人民的聪明才智,也不要高估他们手里的信息价值。"

我非常希望里根政府在今年春天 2～4 周的时间里按兵不动,而电视上天天放的都是关于经济危机的新闻。我还希望确保让美国人民知道蒂普·奥尼尔和詹姆斯·琼斯(James Jones)以及他们的朋友现在控制着众议院。

我真希望面向美国人民,告诉他们:"好啦,现在你们还想支持他们的政策吗?还想忍受这些痛苦吗?还想面对他们的政策所导致的利率吗?还会继续支持他们的税收计划吗?或者说,你们想不想改变这种情况?"换个思路,如果奥尼尔不想看到危机出现,那么我很希望他能够协助通过我们的经济计划,这样也会帮他躲过危机。现在,我不想通过他的计划,于是我们就承担了压力;双方之间的对峙肯定会随之而来。

最后，我想谈谈关于美国的最后一点看法，还有大家在其中的作用。参加本次研讨会的各位嘉宾在未来几个月里将会发挥巨大的作用。用菲尔·格莱姆的话讲，我们当前的确处于美国的历史转折点上。如果我们在未来5~6个月内失策，1982年的选举就输定了。

1934年，詹姆斯·法雷（James Farley）曾在一封写给富兰克林·罗斯福（Franklin Roosevelt）的著名信函里警告他说，美国经济形势实在太差了，民主党可能会丧失40个席位。他们最终拿到了9个席位，这是20世纪白宫党唯一一次在非大选年拿下众议院席位。

现在，我们又处在这种转折点。如果我们能够制定和推行有效、有力的政策，或者我们败得光明正大，而且人们知道是谁赢了我们，不管未来是哪种情况，我们都能赢。不过，我恳请各位不要期望罗纳德·里根去坚守这种变革，不要期待菲尔·格莱姆去继续周旋，不要依靠杰克·坎普和纽特·金里奇。

美国是一个自由社会。大家都有自己的朋友，都有自己支持的国会议员和参议员，都有自己的关系网。在美国，你有权利发表自己的观点，你的领导最终得仰仗你来支持他们的领导地位。如果你能够拿出时间、精力和勇气，那么你自己就有机会引爆一场巨大的变革，而你也可以将这场大变革讲给儿孙们听。

3

里根经济学中的货币主义因素

贝利尔·W. 斯普林科

会议主持人福特：我想大家和我一样，感觉前面其他人的演讲让我们全面认识了供给侧经济学。豪华盛宴的最后总有一道品味丰富、味道极美的甜品。本次大会就像一次盛宴，而财政部副部长贝利尔·斯普林科将给我们带来这样的甜品。

斯普林科目前是分管货币事务的财政部副部长。他从芝加哥大学取得了货币经济学哲学博士学位。在去财政部工作前，斯普林科曾在哈里斯信托和储蓄银行担任执行副总裁。这家银行在国内是管理最佳的区域银行之一。斯普林科在那里工作了28年，其中，最后的大约10年里他一直是这家银行的经济学家。在此之前，他一直在经济学部工作。在哈里斯信托和储蓄银行期间，斯普林科开创了一套关于经济形势的广播节目，名叫"哈里斯经济学"。这套节目的听众遍布全国各地。

斯普林科很荣幸地被他的商业经济学家同行协会推选进入《时代》周刊的经济学家董事会。他曾担任过美国银行家协会经济顾问委员会主席。现在，斯普林科写的关于货币理论和世界货币体系运行原理的系列丛书非常受读者欢迎。此外，斯普林科还在很多专业期刊上发表了大量论文。

大家从报纸上有多少次读到过以及在这次研讨会上听到过里根政府的财政政策和美联储紧缩型货币政策现在是针尖对麦芒？先不说财政部的事情，大家有多少次读到过里根政府的供给学派和货币学派，目前吵得不可开交？我真希望诺曼·图尔别再在他的演讲里提这套东西了。如果他还是要提,那我自己就不提了。

虽然这两种情况经常被媒体报道,然而它们都错得离谱。它们就是不对。因为现在的供给侧政策、货币主义政策和个体经济学之间不但很默契,而且它们还被放在一起实施。

经济政策面临着三方面的挑战:第一,政策制定要正确;第二,政策落实,大家都知道在民主国家实施这种政策有多难;第三,政策宣传。通过宣传,政府应该让美国人民知道这套政策,不过在宣传问题上,我们也比较头疼。

目前,仍有一些人认为供给侧经济学与货币经济学之间存在冲突,如果他们按照下面的思路想一想,或许会帮他们看清问题:经济学的核心和精髓就是自由、机会以及它赋予人们的一些刺激措施,而这些措施又激发了人们的积极性。财富的增长和生活水平的提高归根结底都是源于个人的积极性。这是货币经济学和供给侧经济学的共同理论基础。这两套理论都认为政府政策会严重扼杀个人积极性,所以它们坚持要减少政府政策的这些不良影响。

政府开支和政府融资往往对个人发展生产性企业的意愿和能力造成巨大影响,目前,人们认为供给侧板块的经济政策针对的就是政府的开支和融资行为。我们政策中的货币主义部分解决的就是货币问题,因为货币学派认为货币供给速度过快、波动过大,再加上通货膨胀,往往对就业、储蓄和投资造成不利影响,而且它还认为通货膨胀主要是一种货币现象。

我们政策中的供给侧部分和货币主义内容有着同样的目标:提高美国经济的生产潜力。两部分唯一的分歧就是它们对政府行为的关注点不同:一个强调政府加强需求管理;一个则要求政府注重供给侧管理。

里根经过精心设计提出了里根经济学,并希望通过控制货币增长、抑制通胀,同时通过更多地刺激商品和劳务的实际产出,实现消除经济滞胀。

里根总统整体经济计划的货币主义内容必须得放在我们唯一终极目标的背景下分析。之前我曾提过,这个目标就是实现真实、持续无通胀的国内经济增长。这是当前我们奋斗在经济学前沿所要最终实现的目标。

我们希望通胀回落并且维持在较低水平;我们希望利率水平回落并保持较低水平;我们想要平衡预算,降低联邦支出占 GNP 的比例。虽然这些目标非常重要,但它们在实现国内强劲、持续的经济增长的目标过程中不过是关键性的一步。

在实现终极目标的过程中,货币以及货币政策的作用是什么?要回答这个问题,我们必须首先清楚什么是货币,又或许更应该清楚什么不是货币。货币是一种抽象概念。货币唯一的目的就是为贸易提供便利,提高市场效率。货币是衡量当前和未来实际资源相对价值的一致性工具。综合而言,货币是一种交易媒介。货币不是棒球赛,只是赛场的入场券而已。

我们认为,要实现货币制度效率最大化,制定一套简单而且直接的政策——维持温和、稳定的货币供给速度——是很有必要的。

今年初,美联储公布了1982年的货币供给目标。这些目标均在我们的预期范围内,而且里根政府也给予了全力的支持。或许我还要补充一点,我们完全赞同美联储的政策目标,即在一段时期内逐渐减少货币供给,直到我们实现零通胀目标。

不过,金融市场始终担心这项货币政策会一直存在。出现这种忧虑有很多原因,而这种情况又构成了阻碍经济形势扭转的重要因素之一,因为我们想从当前现行的高通胀/低增长的经济发展道路上转到低通胀/高增长的道路上。

大家设想一下,在一段时期内,投资者、银行家和老百姓中的大部分人都非常坚定地认为货币供给肯定是会有的,而且速度稳定、增长缓慢。不管美国是否出现政治大选、经济衰退还是预算赤字等,货币供给政策始终不变。这种信念对我们的增长型真实经济增长目标会产生影响吗?我承认会,因为未知经济因素大规模消失后,储蓄、投资和资本扩张等经济行为将会踊跃出现。

其他国家,比如日本和德国,已经出现了上述情况,两国的通货膨胀率、利率以及经济增长率也让我们十分羡慕。它们之所以能实现这种经济环境,是因为日本和德国都制定了稳健、可信的货币政策。

如果货币供给的波动性一直非常剧烈,特别是在过去两年中,那么这将给金融市场带来非常大的不确定性和波动性。假如我们要通过图表来表现最近几年的货币供给情况,最终呈现的可能就是一个过山车式的曲线。

货币供给不稳定有什么影响呢?货币供给波动经过短暂时滞后会影响人们的收入。此外,它还影响到利率水平。虽然这种影响不是偶然的,但是在去年货币供给从原来的大规模增长沦落到6个月内零增长的时候,我们的收入增长却降低了。现在,我们的收入仍在承受这样的影响。

货币供给不稳定造成利率起伏不定,这是很正常的情况。一旦利率水平走低,美联储就会和之前利率下降之后一样施行大规模的货币扩张政策,结果利率水平回升。我们无法通过这样的货币管理政策实现经济稳定。

换个角度,货币政策的目标就是营造和维护一种有利的经济环境,从而确保供给侧经济措施的积极效应能够最大化。稳健的货币政策仅仅促进了名义经济产出,这样,供给侧经济政策才能真正地促进真实的经济产出。这一点非常重要，而且这也解释了为什么供给侧经济学一定要与稳健的货币政策搭配使用。两者相辅相成，缺一不可。

把利率分成三部分研究更能帮助我们理解利率的概念。这三部分分别是：真实利率、通货膨胀溢价和不确定性溢价。如果赤字规模非常大——除非国会议员们之前提到的赤字目标的确实现了，否则赤字规模将与我们预期的一样大——那么，这很可能给真实利率造成巨大压力。从美国的历史数据看，真实利率已经从3%左右涨到4%。如果我们用几百个百分点来描述真实利率的影响，则这种影响肯定是非常小的，因为基数区间仅为3%~4%。

通货膨胀溢价最近也产生了非常重要的影响。以前，我们曾遇到过两位数的通胀，现在当然已经下降了很多。如果债权人认为未来的通货膨胀率更低，那么他将会逐渐降低整体利率，而且预期还能挣一大笔钱。

目前，缓慢的货币供给和不断下降的通货膨胀率对真实利率与不确定性溢价施加了巨大压力。尽管如此，不确定性溢价仍然存在。这种不确定性不仅体现在我们对美联储未来措施的不确定，而且还表现在我们对国会未来措施的不确定以及对里根政府下一步计划的不确定。我们必须认真研究这种不确定性溢价。

我发现，现在有三份尚未发表的研究论文表明利率水平和货币供给波动性之间的相关性极高。最近，货币供给已经很稳定了，但是，我希望未来的货币供给速度能够更加稳定。

怎样才能实现稳定的货币政策呢？近几年来，金融创新工具的蓬勃增长使我们更加认为货币政策已经或者说正在变得毫无用武之地，尤其是在稳定经济方面。然而，支持这种观点的资料大部分都是坊间趣闻而已。

现在，有人通过研究新型转移账户和货币市场共同基金的快速增长得出结论，认为这两种金融工具肯定会对货币关系产生根本性影响。

从坊间趣闻中，我们可以推测美国经济中货币的本质含义正在发生巨大的变化，结果造成：一是美联储现在再也无法定义货币的概念，更别说有力地监管货币了；二是即便能够监管，但货币监管目前再也不是一套行之有效的措施了。

不可否认，我们正在面临以上所有的变化，而这些变化对某些经济问题来说非常重要。然而，这些变化还不至于让我认为美联储实施货币政策的能力被削弱了，或者货币政策的经济影响被削弱了。

有效的货币政策措施只需要存在某些经济变量就行，比如货币供给量、基础货币量或者物价水平，这些变量至少必须满足以下两项条件：第一，变量必须可控而且美联储最好能提供精确的数据。这种情况可以剔除很多潜在的经济变量，包括物价；第二，变量应该与经济表现之间存在一种可靠的关联性，特别是与通货膨胀及利率造成的名义收入创造数量变化之间的关联。

我们先看第一个条件。我们在国内定期收集的经济数据信息达成千上万条，然而，相比之下，美联储能够监管的经济变量则十分有限。这些变量包括货币供给的几种测量口径、基础货币量和银行储备金。

虽然我应该说利率或者银行信贷量也应该列入这些变量中，但我认为，从长期看，美联储无法提供让我们满意的精准变量数据，也无法有效监管这些变量。有些人希望美联储能够监管信贷总量，但是显然美联储无法做到。

个人认为，基础货币是衡量美联储系统货币措施的有效、可靠的经济变量。基础货币就是美联储资产负债表上特定项目的货币总和。由于基础货币可以非常精准地控制规模最大的资产，即政府债券的投资组合，所以它在短期内得到美联储的严密监管。不过，对货币存量而言，这种情况就没那么乐观了，因为我们将货币统计口径从 M1 转向了更为宽泛的 M2 或者 M3 的时候，美联储监管货币存量的精准度随之下降。

美国经济中的交易余额是由某些资产组成的，而金融创新势必会对这些资产重新洗牌。有时候，这些调整迫使我们调整货币概念，比如 1981 年在全国推行 NOW（可转让支付命令）账户。不过，鉴于美联储现在已经掌握的信息资源和技术能力，美联储可以而且已经做出了适应性调整。

货币测量口径中所包含的特定方法并不是现在最关键的问题。目前的头等大事是我们要对美联储能够监管的货币总量作出一个明细的概念界定。

现在，金融创新对基础货币的监管毫无影响。虽然 1981 年 NOW 账户增长迅猛，但是相对来讲，美联储对 M1 平均增长速度的监管能力并没有被削弱。实际上，这种监管能力压根儿没受到任何影响。

基础货币和 M1 在过去 10 年中一直维持着非常稳定的关系，尽管在此期间大家议论纷纷的金融创新活动的步伐不断加快。如果大家看看过去 10 年的趋势，就会发现基础货币和 M2 供给量之间的联系随着金融创新活动的加快变得越来越不可预测。

假如金融领域的变动阻碍了美联储发挥监管 M1 的能力，那么尽管美联储对基础货币的监管非常精准，但是基础货币和货币供给之间关系的变动方差将会扩大。不过，当前货币乘数的稳定性表明，实际情况与上面的假设情形完全不同。

现在，我们再来谈谈经济变量的第二个要求条件。一旦对货币量进行监管，那么我们真正想影响的经济变量必须要与这个条件存在可预测的牢固关系。如果现在金融创新已经削弱了货币政策的有效性，那么我们可以预测，货币和 GNP 或者个人收入之间的关系，也就是流通速度的波动性会更大。

虽然货币流通速度在前后两个季度之间的变动幅度非常大，然而，从多个季度观察数据来看，流通速度变动其实并不大，而且从 1959 年以来一直维持 3.1% 的增长趋势。现在，我们看不出最近几年的金融创新已经打破了这种稳定的增长趋势。

最近几年，金融创新显然加大了各种货币统计口径增长率之间的差距。这一点都不奇怪。因为 M2 中涵盖了很多利息刺激型变量，所以，利率的变动一直都在拉大 M2 和 M1 增长率之间的差距。

在货币市场以及其他可以执行市场利率的投资项目获准运营之前，如果当时将资金从储蓄账户提出并转入其他市场投资工具中，那么 M2 的增长速度会放慢，现在由于利率上限放开管制，而且那些支付市场回报率的投资工具也被纳入了 M2，所以一旦利率水平提高，M2 的增长速度就会超过 M1。

1981 年就出现了这种情况。当时，M2 的增长速度远远超过了 M1B。然而，这并不意味着货币政策的效力已经被削弱了。因为 M2 的增长率和 M1 出现差距时，GNP（实际上这才是我们要影响的目标）已经在继续遵循 M1 的途径增长，而不是 M2 的途径。也就是说，虽然 M2 的增长率出现了偏差，但是这并没有改变 M1 和 GNP 之间可预测的牢固的关系。之前提到的 1981 年的例子再次证实了这种说法。

从春天到秋天，货币供给没有发生任何变动，而 M1 的收入创造量却出现了巨额下滑，对此，我们不应该感到意外。也许我得补充一点现实背景，即在过去几个月货币供给一直增长迅速，这使我产生了一种预测，以为在未来几个月内收入创造将迎来一次大幅的扩张机会。

M2 与 M1 不同往往会引发一些问题和麻烦。到底哪一种货币总量才更适合指导货币措施呢？回到我刚才提到的两个变量要求条件，这种货币总量一方面必须是美联储可以监管的，另一方面必须与我们的经济活动存在牢固的关联性。对于任一条标准，只有 M1 符合。

当前，我认为没有必要对监管措施进行调整，或者没有必要对美联储关于金融创新影响补偿能力进行调整。实际上，我们需要调整的是里根政府取消金融监管的意愿。通过取消金融监管，里根政府可以允许更多的金融创新活动。

金融机构和金融组织之间的公平问题或许也是某些人支持改变监管政策的一大理由。无论这样的动机是什么（要么出于对货币监管的担心，要么出于对公平性问题的关心），通常情况下任何降低或者阻碍金融创新作用的措施都存在政府监管的影子。

最近几年,我们已经见识过多种金融创新工具,其中的大部分受到监管政策的影响。认识这一点对我们来说非常重要。美国 Q 监管法曾衍生出不少金融创新工具,而货币市场共同基金很可能是最成功的金融创新案例。如果现在的货币供给速度慢且稳,那么这不仅对投资决策有利,而且还能降低利率。

目前,美国经济正在悄悄发生细微的变动。我们回顾一下在通胀加速的时期,比如去年之前的一段时间,经过两年的时间美联储现在已经大幅降低了货币供给速度,所以我认为美联储在降低通胀方面厥功甚伟。

在通胀加速的那段时期内,实体资产好像比金融资产拥有更高的真实回报。因此,在过去几年,懂行的投资者喜欢将他们的资金从金融投资工具比如股票和债券中撤出,然后投到实体资产中,比如房地产、土地、金、银和古董等。

相反,在通胀减速时期(现在就是)投资者的行为正好相反。虽然我不是说每个人都在把手里的波斯毛毯和公寓楼卖出去,然后再买入股票,然而,这种情况确实正在发生。当然,过去一两年里实体资产的价格表现也非常符合我的观点描述。

可惜,截至目前,以上大部分资金已经投向高流动性的资产中。我们的经济总量即将达到 4 万亿美元,而其中的 1%、2% 或者 3%,数目高达几十亿美元的资金则投向扩展性潜在信贷,以支持金融市场发展。

正是由于通货膨胀水平不断降低,所以这种现象才逐渐开始显现。我们一直希望政府通过调整税收政策从而有更多的储蓄来促进经济扩张,除此之外,还需要更多的信贷资源来实现这一目标。

我认为,政策波动会延迟投资者将资金转投到股票和债券市场的意愿,进而延迟利率下降的时间。如果经济复苏是一个资本密集型的过程,其实这就是我们想要的东西,而非常有必要的一点就是,在通货膨胀持续下降之前,利率水平必须维持几个月的下滑趋势。

总之,第一点,里根经济学中的货币因素非常重要,对整个经济计划非常重要。我们有句老话,"什么样的园子配什么样的土"(garden-and-soil),这个比喻在这里很适用。供给侧政策许诺可以带来实际的经济增长和货真价实的经济繁荣;我们已经尝试过很多次供给侧措施,效果一直都很好。

80 年代之前,无论是美国还是其他国家,经济刺激措施被用了成百上千次,效果一直都很好,80 年代的美国政府所推行的经济刺激措施仍与之前一样发挥出它的积极作用。然而,如果一国推行了有利的、稳定的货币政策,那么这些刺激措施将再无用武之地。我们手里可能握着世界上最好的种子,但如果没有合适的土壤,我们仍然无法耕种。

第二点,美联储能够监管货币供给,所以它也能调控整个经济的货币大环境。虽然美联储在一两年里没有稳住货币供给,但是,我认为它一直在努力实现这个目标。

为什么我们总是提到货币供给速度呢？通货膨胀、名义 GNP 以及利率水平的增长都遵循着 M1 的增长途径,而 M1 的增长反过来受基础货币增长的制约。美联储曾经可以,如果它想的话,监管全部的基础货币。关于这点,我想对那些仍持有怀疑态度的人说,只要试一试这种方法,你会喜欢上它的。

最后,我的结论是,历史将会铭记这届政府——当然,这是一种预测,但是我感觉这么说很自然——因为这届政府实现了低通胀、低利率和高增长。但是,请大家记住,在这届政府刚接手执政时美国经济是非常严峻的。

当年我和唐·里甘第一次去华盛顿的时候,感觉我们就像两个正在参观一所现代艺术画廊的十几岁的孩子,我们发现自己当时独自站在一间现代雕塑馆里,眼睛盯着那些拧巴的管道、碎成渣的玻璃,还有乱七八糟的各种模型,然后,一个人开口说,"我们赶紧撤吧,免得他们说我们破坏了这里的东西"。

我们当时确实想过离开,但是我们没有走,而且现在还没走。过去 12 个月里,我们已经花了大把大把的时间收拾上届政府遗留下来的烂摊子。

然而,我认为,我们现在正在实现一个可靠、稳定的经济发展道路。在这条路上,美国的通货膨胀率、利率水平将会更低,实体经济也会出现增长。为了全部实现这种前景,必须要有一个更加稳定的货币供给环境。

"20世纪80年代供给侧经济学研讨会"与会人名册

Alexander, John, Jr., City National Bank of Birmingham
Alvelda, Philip, The Coca-Cola Company
Anderson, B. B., Anderson Brothers Bank
Anderson, Robert R., Cohutta Banking Company
Anderson, William H., II, Southern Trust Corporation
Andrews, Dan B., First National Bank
Auchmutey, Pamela, Emory University Publications
Barney, Thomas P., Marathon Oil Company
Bartel, Dick, *Challenge Magazine*
Bedwell, Donald E., Federal Reserve Bank of Atlanta
Berenson, Heidi, Cable News Network
Bills, Steve, *The Macon News*
Blanco, Roberto Gonzalez, Republic National Bank of Miami
Blankenhorn, Dana, *Atlanta Business Chronicle*
Blanksteen, Merrill B., Amerifirst Federal S&L Association
Bluestein, Paul H., Paul H. Bluestein & Company
Botifoll, Luis J., Republic National Bank of Miami
Bragg, Roy F., Guaranty Savings and Loan Association
Brandt, Harry, Federal Reserve Bank of Atlanta
Breitmeyer, Philip, McDermott, Inc.
Brents, Jerry W., First National Bank of Lafayette
Brown, Homer B., First National Bank
Brune, Karen, *The Florida Times-Union*
Brunie, Charles H., Oppenheimer Capital Corporation
Bussman, W. V., TRW, Inc.

Butler, Larry, U.S. Chamber of Commerce
Byrd, James A., InterFirst Corporation
Caldwell, Eugene, Oppenheimer Capital Corporation
Caldwell, Ronnie, Federal Reserve Bank of Atlanta
Catto, Vladi, Texas Instruments Incorporated
Chapman, Stephen, *The Chicago Tribune*
Ciccone, P. M., New York Telephone
Cieszynski, Henry, McLeod, Young, Weir, Ltd.
Clark, Lindley, *The Wall Street Journal*
Clements, Charles L., Jr., Chase Federal Savings & Loan Association
Cohn, Michael, U.S. Merchant Marine Academy
Colbert, Thomas W., Farmers and Merchants Bank
Cooper, Fred, Flowers Industries
Corpora, Tom, NBC News Bureaus, Inc.
Cowan, Joel H., FSB Bancorp, Inc.
Cox, Carroll, Atlanta Capital Management Company
Cox, William N., III, Federal Reserve Bank of Atlanta
Crane, Philip U., Girard Bank
Crowder, Moncure G., First National Bank of Atlanta
Currey, Bradley, Jr., Rock-Tenn Company
Dahlberg, A. W., Georgia Power Company
Davis, Don, Southern Bell
Day, Frank R., First National Bank of Jackson
Deaver, John V., Ford Motor Company
Del Guercio, Michael T., U.S. Postal Service
Deming, Frederick W., Chemical Bank
Dick, Joseph H., Southern Trust Corporation
Dill, Arnold A., Citizens and Southern National Bank
Dinkel, Jon C., The First National Bank in Fort Myers
Dinwiddie, John A., Midwest Research Institute
Dorn, James A., Cato Institute
Dougharty, Marcus H., First Security Bank of Beaumont, N.A.
Doyle, Joe, Federal Reserve Bank of Atlanta
Drewry, L. Aubrey, Jr., Birmingham-Southern College
Duddy, Catherine E., Jennison Associates
Dunlap, Craig, *The Journal of Commerce*
Echart, Harold, The McCallie School

Edinburg, Peter J., E. I. Du Pont De Nemours & Company, Inc.
Ellingson, E. G., Georgia Power Company
Everett, Britt S., American National Bank
Fackler, Walter D., University of Chicago
Fiala, Larry A., Tenneco Inc.
Ford, C. Michael, Charter Medical Corporation
Franckle, Charles T., First City Bancorporation of Texas, Inc.
Franta, Laura L., E. I. Du Pont De Nemours & Company, Inc.
Galbraith, G. Locke, First National Bank of Tuscaloosa
Gamble, Richard H., The Southern Banker/McFadden Business Publications
Gardner, Greg, *The Columbus Enquirer*
Garner, Cordell L., Lee County Bank
Ginden, Charles B., Peachtree Bank
Godfrey, John M., Barnett Banks of Florida
Goldberg, Barton S., Jefferson National Bank of Miami Beach
Gomez, Jose L., Alexander Grant & Co.
Goodman, Robert, J&W Seligman & Company, Inc.
Gordon, Joyce, Capital Strategy Research
Goudreau, Robert, Federal Reserve Bank of Atlanta
Greene, Roy M., Farmers & Merchants Bank of Russell County
Grier, Peter, *The Christian Science Monitor*
Guy, Charles E., U.S. Postal Service
Guynn, Jack, Federal Reserve Bank of Atlanta
Guyton, Robert P., Bank South Corporation
Hales, Wayne D., Rollins College
Hall, George H., The Georgia Bank and Trust Company
Hall, J. P., Jr., The Bank of Green Cove Springs
Hancock, Fred H., The National Bank of Fitzgerald
Hand, Larry, The Peoples Bank & Trust Company
Hargett, Billy H., Federal Reserve Bank of Atlanta
Harris, T. K., Citizens National Bank
Harris, William C., Illinois Commission of Banks & Trust Companies
Hatch, Ira C., Jr., Broward Federal Savings & Loan Association
Haulk, Jake, Mellon Bank
Helton, Donald M., Birmingham Trust National Bank
Henken, Richard J., Harris Trust & Savings Bank

Henry, David, *The Nashville Banner*
Herman, Robert, Comptroller's Office
Hetherington, Bruce, Oglethorpe University
Hobbs, Kevin A., Holiday Inns, Inc.
Hoffman, Stuart, Pittsburgh National Bank
Holen, Eugene D., Safeco Asset Management Company
Horan, Lawrence J., Equitable Life Assurance Society of the U.S.
House, W. R., First State Bank of Decatur
Hurley, W. L., First Alabama Bank of Birmingham
Hutchins, Ralph E., Jr., Bank South Corporation
Jackson, Marhn L., Continental Telephone Corporation
Jedel, Peter H., Cities Service Company
Jenks, Alan, *Jenks Southeastern Business Letter*
Johnson, Sam F., The Bank of Vernon
Johnston, W. F., Jr., First United Corporation
Jones, Ralph L., HEW Atlanta Federal Credit Union
Jones, Wade H., III, Bank of Lecompte
Jursa, Paul E., College of Charleston
Karczmar, M., European American Bank
Katz, Evelyn J., Morgan Guaranty Trust Company
Keeley, Terrence R., Argus Research Corporation
Keen, E. F., Jr., Ellis Banking Corporation
Keleher, Robert E., Federal Reserve Bank of Atlanta
Kelley, Harold J., Park Bank of Florida
Kelly, Cathy, Burlington Industries, Inc.
Kilgore, Robert H., Home Mission Board of the Southern Baptist Convention
King, B. Frank, Federal Reserve Bank of Atlanta
Kirk, Douglas D., Transcontinental Gas Pipe Line Corp.
Kirtland, Clifford M., Jr., Cox Broadcasting Corporation
Kitter, Gregory, National Bank of North America
Kline, Duane, Federal Reserve Bank of Atlanta
Koch, Donald L., Federal Reserve Bank of Atlanta
Kositz, Joan M., New York Life Insurance Company
Krisko, Robert S., Skandia Corp.
Kuh, Charlotte V., American Telephone & Telegraph Company
Kuhlman, Merle F., Merchants National Bank & Trust Company

Lacey, Nick, Moody Air Force Base Federal Credit Union
Lapidus, Leonard, Mutual Savings Central Fund, Inc.
Lathrop, Donald B., American Bank & Trust Company of Houma
Laub, P. Michael, American Bankers Association
LeFevre, William M., Purcell, Graham & Company, Inc.
Lefton, Norman B., Lefton Iron and Metal Company
Lendman, William M., Glasrock Medical Services Corp.
Leopard, Mitchell L., WATL-TV "Financial News Today"
Levinson, Marc, *Time* Magazine
Levy, Michael E., The Conference Board
Levy, Mickey, Southeast Bank, N.A.
Lewis, Jack, Jon R. Brittenum, Inc.
Loewy, Arthur F., Zayre Corporation
Loftus, Joseph A., The Pace Company
Lucius, Carleton S., First Marion Bank
Lundy, Earl W., Jr., First National Bank of Vicksburg
Lusk, William C., Shaw Industries, Inc.
Lynch, Terence J., First United Bancorporation, Inc.
Malcuit, Stanley V., Aluminum Company of America
Maloney, John P., Deposit Guaranty National Bank
Manning, William S., The Bibb Company
Marbut, John W., Jr., Marbut Company
Marshall, Murray S., Atlantic Bank & Trust Company
Mast, J. Kurt, American Telephone & Telegraph Co.
Mathews, Larry R., City National Bank of Birmingham
Mauldin, E. F., First Colbert National Bank
McCallin, Nancy J., United Banks of Colorado, Inc.
McCarthy, J. Michael, Waffle House, Inc.
McCarthy, Thomas A., Jr., INA Corporation
McCulley, Paul A., Conoco Inc.
McDonough, Roland L., Whayne Supply Company
McGrath, A. W., New York Telephone
McGratty, Gerald, University of Central Florida
McNulty, James E., Federal Home Loan Bank of Atlanta
Meador, C. Edwin, TBW Industries, Inc.
Mellin, Gilbert M., Whitney National Bank
Menashe, Isaac, Chemical Bank

Mendel, Bill, Cable News Network
Meyer, Eugene N., Oak Industries, Inc.
Miles, Jerry G., American Telephone & Telegraph Company
Miller, Charles M., First National Bank
Milne, John K., Grumman Corporation
Minter, W. Bethel, Trust Company of Georgia
Monroe, Thomas J., The Citizens and Southern National Bank
Morrell, Steve, Federal Reserve Bank of Atlanta
Morris, G. W., Lockheed-Georgia Company
Morthland, Richard P., The Peoples Bank & Trust Company
Moses, Edward A., University of Central Florida
Mounts, Skip, Southern Trust Corporation
Murrah, Nolan, Royal Crown Companies
Newton, William J., North Carolina National Bank
Noel, Richard A., Ascension Savings & Loan Association
Oliver, L. Eugene, Jr., Bank of Florida
Owings, Thomas D., Carroll, McEntee & McGinley, Inc.
Palmer, Whitfield M., Jr., Mid-Florida Mining Company
Parker, Joel, Federal Reserve Bank of Atlanta
Paul, Rusty, *Dixie Contractor Magazine*
Patterson, Solon P., Montag & Caldwell, Inc.
Pearson, Charles, Bank Building Corp.
Pierce, George C., The First National Bank of Opp
Pierce, Jess S., Jr., First Federal S&L Association of Warner Robins
Peterson, Dean A., Nabisco Brands, Inc.
Plumly, L. Wayne, Jr., Valdosta State College
Pollock, Ralph, IBM Corporation
Pope, Robert R., The Commercial Bank
Porter, G. Rodman, Jr., American National Bank
Poulos, Nick, *Atlanta Constitution*
Purdy, Kathleen D., Harvey Hubbell, Inc.
Ramsey, Garrard S., Jr., Farmers Bank and Trust
Rast, L. Edmund, Southern Bell Center
Rawson, Merle R., The Hoover Company
Reich, G. A., U.S. Public Health Service
Reid, James S., Purcell, Graham & Company, Inc.
Reinders, David, Farmbank Services

Renda, Steven L., Ideal Pool Corporation
Ridgway, Melvin V., GULFCO Capital Management, Inc.
Robbins, David L., The First National Bank in Fort Myers
Rose, Emily, Cable News Network
Rossin, Thomas E., Flagler National Bank of the Palm Beaches
Royer, Kenneth W., Travelers Express Company, Inc.
Russell, James, *The Miami Herald*
Schaeffer, Jonathan, International Communication Agency
Schmitz, Werner, Deutz Corporation
Schoentgen, William P., Continental Illinois National Bank & Trust Company of Chicago
Shapiro, Herbert L., Bay State Bank
Signorelli, Pete, *Producers & Investors Magazine*
Simoneaux, M. J. Kelly, City National Bank
Smallwood, Jim L., First National Bank
Smith, David P., Bank of Lecompte
Smith, James F., Jr., Park National Bank
Smith, J. F., Union Carbide Corporation
Smith, William Doyle, The University of Texas at El Paso
Smith, William Robert, Georgia Southern College
Soter, Dennis, Brown-Forman Distillers Corporation
Sprague, William, First Federal Savings & Loan of Broward County
Stanaland, Eugene, The Farmers National Bank of Opelika
Stewart, Susan, Jon R. Brittenum, Inc.
Stein, Joan W., Regency Square Properties, Inc.
Stuart, Reginald, *The New York Times*
Suckow, Paul E., Delaware Investment Advisors
Sullivan, Timothy J., Arnhold and S. Bleichroeder, Inc.
Tapp, Gary, Federal Reserve Bank of Atlanta
Taylor, Charles, United Press International
Taylor, Kenna C., Rollins College
Teasley, Colleen, *The Atlanta Journal*
Thornhill, Thomas, Mellon National Southeast, Inc.
Townley, Richard, Independent News Network
Tyre, MacDonell, Century First National Bank
Van Cranebrock, Allen, Reuters News Service
Vereen, W. Jerry, Riverside Manufacturing Company

Von Thaden, John, Pfizer Inc.
Wade, D. Douglas, Jr., Planters National Bank
Walker, Tom, *The Atlanta Journal*
Walter, John D., Jr., Dow Corning Corporation
Washington, Stan, WCLK Radio
Weberman, Ben, *Forbes*
Webster, Gerald L., American State Bank
Weimer, Paul E., Ethyl Corporation
Wells, W. H., Jr., The Bibb Company
Westbrook, W. L., Georgia Power Company
White, David, *The Birmingham News*
Whitehead, David D., Federal Reserve Bank of Atlanta
Widmer, Tom, Thermo Electron Corporation
Williams, Bruce L., The First National Bank of Atlanta
Williams, C. Glyn, University of South Carolina
Wilson, Anne L., SGL Employees Federal Credit Union
Willson, Hugh M., Citizens National Bank
Winship, H. Dillon, Jr., Georgia Highway Express, Inc.
Winter, Eric H., National Bank of Detroit
Wolf, Martin H., American Telephone & Telegraph Company
Wood, Steven A., Chase Econometrics
Wright, John Parke, IV, Northeast Bank of Clearwater
Yeager, James H., McDermott, Inc.
Young, Robert M., American Can Company
Zvejnieks, Andrejs, AZS Corporation

参考文献精选

Bartlett, Bruce, *Reagonomics: Supply-Side Economics in Action*, Arlington House Publishers, Westport, Connecticut, 1981.

Boskin, Michael, "Some Issues in 'Supply-Side' Economics," Carnegie-Rochester Conference Series on Public Policy 14 (1981), 201–20, North Holland Publishing Co.

Canto, Victor, Arthur Laffer, and Onwochei Odogwu, "The Output and Employment Effects of Fiscal Policy in a Classical Model," Graduate School of Business Administration, University of Southern California.

Evans, Paul, "An Analysis of the Kennedy Tax Cut," Unpublished Manuscript, Stanford University.

Fink, Richard, *Supply-Side Economics: A Critical Appraisal*, University Publications of America, Frederick, Maryland, 1982.

Fullerton, Don, "On the Possibility on an Inverse Relationship Between Tax Rates and Government Revenues," Working Paper Series, National Bureau of Economic Research, Working Paper No. 467.

Gwartney, James, and Richard Stroup, *Tax Rates, Incentive Effects, and Economic Growth*, Preliminary manuscript, Florida State University.

——————,"Tax Cuts: Who Shoulders the Burden?" *Economic Review*, Federal Reserve Bank of Atlanta, March 1982.

Hailstones, Thomas J., *A Guide to Supply-Side Economics*, Robert F. Dame, Inc., Richmond, 1982.

—————— (Ed.), *Viewpoints on Supply-Side Economics*, Robert F. Dame, Inc., Richmond, 1982.

Keleher, Robert E., "Historical Origins of Supply-Side Economics," *Economic Review*, Federal Reserve Bank of Atlanta, January 1982.

——————, "Supply-Side Economics and the Founding Fathers: The Linkage," Working Paper Series, Federal Reserve Bank of Atlanta, June 1982.

——————, "Supply-Side Effects of Fiscal Policy: Some Preliminary Hypotheses," Research Paper Series, Federal Reserve Bank of Atlanta, June 1979.

——————, "Supply-Side Tax Policy: Reviewing the Evidence," *Economic Review*, Federal Reserve Bank of Atlanta, April 1981.

——————, and William P. Orzechowski, *Supply-Side Economics: The Reagan Experience*, Forthcoming.

——————, "Supply-Side Effects of Fiscal Policy: Some Historical Perspectives," Working

Paper Series, Federal Reserve Bank of Atlanta, August 1980.

Kemp, Jack, *An American Renaissance*, Harper & Row, New York, 1979.

Laffer, Arthur, "The Iniquitous Wedge," *The Wall Street Journal*, July 28, 1976.

─────, and Jan P. Seymour, *The Economics of the Tax Revolt: A Reader*, Harcourt Brace Jovanovich, New York, 1979.

Meyer, Lawrence H. (Ed.), *The Supply-Side Effects of Economic Policy*, Proceedings of the 1980 Economic Policy Conference, Center for the Study of American Business, Washington University, St. Louis, and the Federal Reserve Bank of St. Louis, 1981.

Raboy, David G. (Ed.), *Essays in Supply-Side Economics*, Institute of Research on the Economics of Taxation, Washington, D.C., 1982.

Roberts, Paul Craig, "The Breakdown of the Keynesian Model," *The Public Interest*, No. 52, Summer 1978.

─────, "The Economic Case for Kemp-Roth," *The Wall Street Journal*, August 1, 1978.

Roth, Timothy P., and Mark R. Policinski, "Marginal Tax Rates, Savings, and Federal Government Deficits," A Staff Study for the Subcommittee on Monetary and Fiscal Policy, July 9, 1981.

Tatom, Jack, "We Are All Supply-Siders Now," *Review*, Federal Reserve Bank of St. Louis, Volume 63, No. 5, May 1981.

Ture, Norman, "The Economic Effects of Tax Changes: A Neoclassical Analysis," Institute for Research on the Economics of Taxation, 1981.

Wanniski, Jude, *The Way the World Works*, Basic Books, Inc., New York, 1978.